第3版

建築職公務員試験

専門問題と解答 構造・材料ほか編

米田 昌弘

大学教育出版

まえがき

　土木系学科では，4年生になると公務員試験にチャレンジする学生が多くいます．そこで，土木職公務員を目指す学生の一助になればとの思いを込めて，

　土木職公務員試験　専門問題と解答　[必修科目編]

　土木職公務員試験　専門問題と解答　[選択科目編]

という2冊の公務員受験のテキストを出版しましたが，これを契機に著者が所属する学科の学生も今まで以上に公務員試験にチャレンジするようになり，沢山の合格者を出せるようになりました．それ以降も，学生の要望に応えて，

　土木職公務員試験　専門問題と解答　[数学編]

　土木職公務員試験　専門問題と解答　[物理編]

　土木職公務員試験　専門問題と解答　[実践問題集　必修・選択科目編]

　土木職公務員試験　専門問題と解答　[実践問題集　数学・物理編]

を出版して，土木職公務員試験の対策本としてのシリーズを完成させ，一息ついておりました．

　それから月日か過ぎて，“就職氷河期”と呼ばれる時代を再び迎えた頃，建築学を学んだ修士の学生と大学院の講義を通して知り合いになりました．その学生から，技術職公務員試験について聞かれ，建築学を学んだ学生の中にも，公務員を希望している学生が少なからずいるんだということに気づきました．

　当然ですが，公務員になるためには，公務員試験に合格しなければなりません．実は，公務員になるのであれば，採用枠が最も多い土木職公務員を目指すのが一番で，建築職公務員試験で合格するのは土木職に比べて何倍も難しいのです．しかしながら，技術職公務員の中で，**土木職の次に募集枠が多いのは建築職で，行政職の公務員試験に比べたら，ずっとハードルが低いのも事実です．**

　建築職公務員試験用の対策本は皆無に等しく，建築職公務員を目指している学生は2級建築士や1級建築士の受験対策本で勉強されているのではないでしょうか？　確かに，建築職公務員試験では，建築士試験とよく似た問題が出題されますが，**公務員試験に合格するためには，公務員試験に特化した対策本で，基礎からしっかりと勉強するのが効率的で，かつ最善の策であることは言うまでもありません．**

　そこで，「読んで理解して覚えれば，建築職公務員試験に合格するだけの実力が確実につくようなテキスト」を目指し，以下の点に留意して本書を執筆することにしました．

　① 　理論的な内容はできるだけ省略し，学生が短時間で要領よく理解できるように，各章のはじめに重要ポイントを要領よく記述する．

　② 　学生諸君が親しみを持って読み進められるように，「です」・「ます」調で文章を記述する．

③　学生諸君が自分で勉強しても十分に理解できるように，国家公務員Ⅱ種試験（平成24年度からは一般職試験）問題をはじめとする過去の公務員試験問題を数多く含めて十分な解説を行う．

　ところで，読者の皆さんは，土木工学科を卒業した著者が，建築職公務員試験のテキストを執筆することに少し驚かれるかも知れません．確かに，著者の専門は橋梁工学（橋梁振動学）ですが，構造系の科目に限定すれば，「専門用語の呼び方」，「応力図（土木では断面力図と言います）の描き方」，「符合のつけ方」などで，建築と土木に多少の違いはあるものの，大学では本質的にほとんど同じ内容を教えているのです．実際，**著者は，資格取得を支援する民間の専門学校で，一級建築士の構造系科目を担当した経験があります**が，ほとんど違和感を覚えずに授業をすることが出来ました．

　公務員試験に合格する最善の秘訣は，最小の労力で最大の効果が得られるテキストを見つけ出し，そのテキストがボロボロになるまで何回も何回も繰り返し勉強することです．本書は，まさしく，建築職公務員試験に最少の労力で合格するために執筆したテキストです．公務員受験を考えている学生には，是非とも本書を公務員試験のバイブルとして有効に活用していただきたいと願っております．なお，本書は2012年1月に初版第1刷を発行した後，刷と版を重ねてきましたが，平成24年度から従来の「国家公務員Ⅱ種試験」が「一般職試験」に，「国家公務員Ⅰ種試験」が「総合職試験」にそれぞれリニューアルされたこともあり，一般職試験や総合職試験で出題された問題も新たに追加して，第3版として発行することにしました．

　参考までに，**建築職試験で出題される数学や物理の問題は土木職試験と同一ですので，"土木職"というタイトルはついていますが，先に掲げた[数学編]と[物理編]および[実践問題集　数学・物理編]で勉強されることをお勧めします．**

　最後になりましたが，本書を執筆するにあたり，参考文献にあげました多くの図書を参照させていただきました．これらの参考文献を執筆された先生方に敬意を表するとともに，心から厚くお礼を申し上げたいと思います．

2021年4月

著　者

建築職公務員試験 専門問題と解答　[構造・材料ほか編] [第 3 版]

目　次

まえがき …………………………………………………………………………………… *i*

第1章　構造力学 …………………………………………………………………………… 1
　1.1　不静定次数　1
　1.2　反力の求め方と応力図　6
　1.3　トラスの軸方向力　35
　1.4　断面2次モーメント　42
　1.5　応力度とひずみ度（伸び）　53
　1.6　構造物の変位　71
　1.7　短い柱と長い柱　104
　1.8　不静定構造物の応力　116
　1.9　塑性ヒンジと崩壊荷重　128

第2章　構造設計 …………………………………………………………………………… 135
　2.1　荷重・外力　135
　2.2　構造計算　137
　2.3　耐震設計　140
　2.4　維持管理　154

第3章　建築材料 …………………………………………………………………………… 155
　3.1　木材・木質系材料　155
　3.2　鋼材　159
　3.3　セメント・骨材・コンクリート　167
　3.4　ガラス　179
　3.5　仕上げ材料　183

第4章　一般構造 …………………………………………………………………………… 193
　4.1　地盤・基礎構造　193
　4.2　木構造　200
　4.3　鉄筋コンクリート構造　205
　4.4　鉄骨構造　227

第5章　建築施工 …………………………………………………………………………… 243
　5.1　工程計画　243
　5.2　各部工事　247

参考文献 …………………………………………………………………………………… 262

索　引 ……………………………………………………………………………………… 263

建築職公務員試験 専門問題と解答　［構造・材料ほか編］［第3版］

第 1 章

構造力学

1.1 不静定次数

●支点に作用する反力

　構造物を支える**支点**には，

　①回転と水平方向の動きを許し，鉛直方向の動きだけを止める**可動支点**

　②回転だけを許し，鉛直方向と水平方向の動きを止める**ヒンジ支点（回転支点）**

　③回転，水平方向，鉛直方向のすべての動きを止める**固定支点**

があります．それぞれの支点に作用する反力を表 1-1 に示します．

表 1-1　支点に作用する反力

支点の種類	模式図	反力と支点の図示法	反力数
可動支点 （ローラー）	←ヒンジ ←ローラー	V	1
回転支点 （ヒンジ）	←ヒンジ	H　V	2
固定支点		M　自由端 H　V	3

●**不静定次数**

(1) 外的不安定構造と内的不安定構造

　図 1-1 に示すように，外力（荷重）が作用すると動いてしまう構造を**外的（外部的）不安定構造**，外力（荷重）が作用すると形を崩してしまう構造を**内的（内部的）不安定構造**といいます．

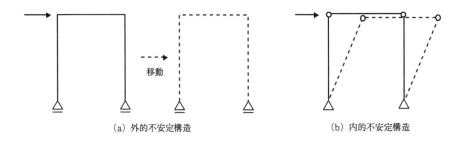

（a）外的不安定構造   （b）内的不安定構造

図 1-1　外的不安定構造と内的不安定構造

（2）静定構造物と不静定構造物

　力のつり合い式だけで未知反力を求められる構造物を**静定構造物**，力のつり合い式だけで未知反力を求められない構造物を**不静定構造物**といいます．

（3）不静定次数の判別式

　図 1-2 の静定トラスを見て下さい．支点での反力総数 r が 3 で，部材数 m が 3（軸力数が 3）です．また，節点数 j は 3 で，この 3 つの節点で $2j$ 個のつり合い式が成り立ちますので，**不静定次数** N は，確かに

$$N = m + r - 2j = 3 + 3 - 2 \times 3 = 0$$

となります．次に，図 1-3 のトラスを見て下さい．このトラスは節点 C で剛結されていますので，この点で曲げモーメントが存在し，不静定次数は 1 つ増えて $N = 1$ になります．ここで，節点 C は 2 本の部材が剛結されて $2 - 1 = 1$ だけ部材力が増加しましたので，m_r を**剛節接合部材数**（各節点に集まる部材のうち，剛接合された部材の数から 1 引いた数）とすれば，不静定次数 N は，次式で計算することができます．参考までに，剛節接合部材数の例を図 1-4 に示します．

$$N = m_r + m + r - 2j \tag{1.1}$$

なお，式(1.1)を適用すれば，「$N < 0$ なら不安定，$N = 0$ なら安定で静定，$N > 0$ なら安定で不静定」と判別できますが，この式は必要条件ですが十分条件ではないことに留意が必要です．

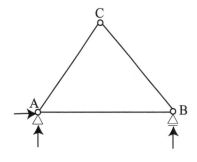

図 1-2　静定トラス

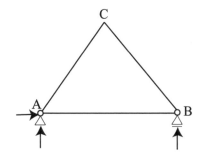

図 1-3　N=1 の不静定トラス

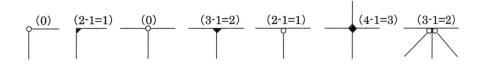

図 1-4　剛節接合部材数

【**問題** 1.1（**不静定次数**）】図（問題 1-1）に示す構造物について不静定次数を求めなさい．

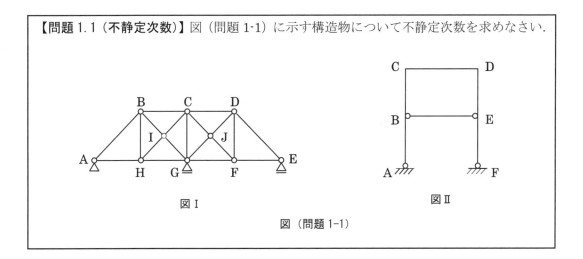

図（問題 1-1）

【**解答**】m_r を剛節接合部材数（各節点に集まる部材のうち，剛接合された部材の数から 1 引いた数），m を部材数，r を反力の総数，j を節点数（支点と自由端も数える）とすれば，**全体の不静定次数** N は，次式で求められます．

$$N = m_r + m + r - 2j$$

したがって，図 I と図 II に示した構造物の全体の不静定次数 N は，次のようになります．

図 I の構造物：$N = m_r + m + r - 2j = 0 + 19 + 4 - 2 \times 10 = 3$

図 II の構造物：$N = m_r + m + r - 2j = (1+1+1+1) + 6 + 4 - 2 \times 6 = 2$

　　　（B 点，C 点，D 点，E 点での剛節接合部材数はそれぞれ $2-1=1$ なので，$m_r = 4$）

【問題 1.2（不静定次数）】図Ⅰ～Ⅳに示す構造物のうちから，静定構造物のみを選び出しなさい．

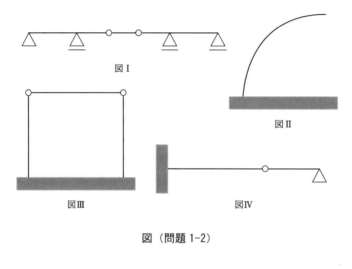

図Ⅰ

図Ⅱ

図Ⅲ

図Ⅳ

図（問題 1-2）

（国家公務員Ⅱ種試験［土木］）

【解答】　公式に代入して不静定次数 N を求めれば，

図Ⅰ：$N = m_r + m + r - 2j = (1+1) + 5 + 5 - 2 \times 6 = 0$　したがって，静定

図Ⅱ：$N = m_r + m + r - 2j = 0 + 1 + 3 - 2 \times 2 = 0$　したがって，静定

図Ⅲ：$N = m_r + m + r - 2j = 0 + 3 + 6 - 2 \times 4 = 1$　したがって，1次の不静定

図Ⅳ：$N = m_r + m + r - 2j = 0 + 2 + 5 - 2 \times 3 = 1$　したがって，1次の不静定

したがって，静定構造物は図Ⅰと図Ⅱになります．

【問題 1.3（不静定次数）】図（問題 1-3）に示す構造物の不静定次数を求めなさい．ただし，点 A は固定端，点 B および C はピン支持，点 D および F はピン接合，点 E は自由端とし，その他の節点は剛接合とします．

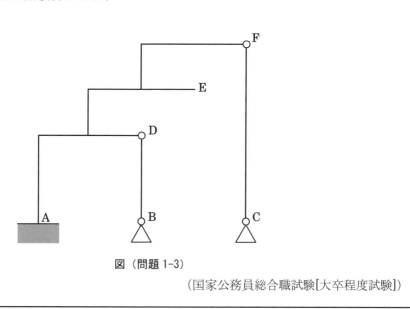

図（問題 1-3）

（国家公務員総合職試験[大卒程度試験]）

【解答】m_r を剛節接合部材数（各節点に集まる部材のうち，剛接合された部材の数から 1 引いた数），m を部材数，r を反力の総数，j を節点数（支点と自由端も数える）とすれば，**全体の不静定次数** N は，次式で求められます．

$$N = m_r + m + r - 2j$$

したがって，与えられた構造物の全体の不静定次数 N は，次のようになります．

$$N = m_r + m + r - 2j = (1+2+1+2+1) + 10 + 7 - 2 \times 11 = 2$$

1.2 反力の求め方と応力図

●反力の求め方

(1) 力のつり合い

橋（構造物）が水平方向や鉛直方向に動いたり，あるいは回転したりしないようにするためには，次の3つのつり合い式（条件式）が成立しなければなりません．

$$\sum X = 0 \quad \text{（水平方向に働くすべての力がつり合っている）}$$

$$\sum Y = 0 \quad \text{（鉛直方向に働くすべての力がつり合っている）} \quad (1.2)$$

$$\sum M = 0 \quad \text{（回転させようとするすべての力がつり合っている）}$$

したがって，支点に作用する**反力の総数が3つの静定構造物**では，反力をすべて書き込んだ後に，3つのつり合い式（条件式）を立てれば反力を求めることができます．ただし，等分布荷重と等変分布荷重が作用する場合には，図1-5に示すようにして，合力（集中荷重）の大きさと作用位置を求めなければなりません．

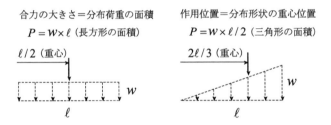

図1-5　合力の大きさと作用位置

(2) 反力の公式

図1-6に示すような単純梁（単純桁橋や単純トラス橋）に集中荷重Pが作用する場合，鉛直反力V_A，V_Bは次式で求めることができます．

$$V_A = P \times \frac{b}{\ell} \quad (1.3)$$

$$V_B = P \times \frac{a}{\ell} \quad (1.4)$$

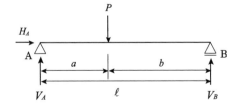

図1-6　集中荷重 P が作用する単純梁

　ただし，単純梁であっても図1-7のようにモーメント荷重 M が作用する場合には，反力の公式は適用できません．この場合は，力のつり合いから，以下のように反力を求めます．

$$\sum M_{B点まわり} = V_A \times \ell - M = 0 \quad （時計回りを正）\qquad ゆえに，\ V_A = \frac{M}{\ell}$$

（正号なので，最初に仮定した方向と同じく上向きに作用）

$$\sum Y = V_A + V_B = 0 \quad （上向きを正）\qquad ゆえに，\ V_B = -V_A = -\frac{M}{\ell}$$

（負号がつくので，実際には最初に仮定した方向と反対の下向きに作用）

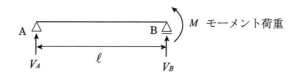

図 1-7　モーメント荷重 M が作用する単純桁橋

●応力の符号

　部材に生じる**応力（軸力，曲げモーメント，せん断力）**の符号を図1-8に示します．

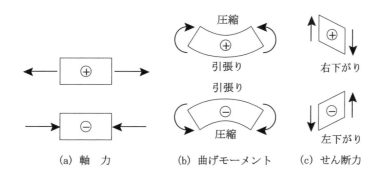

(a) 軸　力　　　　(b) 曲げモーメント　　　(c) せん断力

図 1-8　応力の符号

●応力の求め方

　図1-9に示すように，**切断面に正の応力を作用**させて力のつり合いを考えれば，曲げモーメント M_x やせん断力 Q_x が求められます．

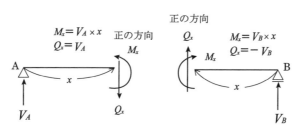

図 1-9　切断面に作用させる正の応力

なお，せん断力 Q_x と曲げモーメント M_x には，

$$M_x = M_{x=0} + \int_0^x Q_x dx \tag{1.5}$$

$$Q_x = \frac{dM_x}{dx} \tag{1.6}$$

（ただし，左端の A 点から x をとる）

の関係が成立します．

●代表的な応力図
①単純梁の応力図（図 1-10 参照）

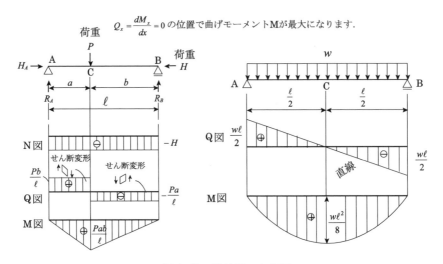

図 1-10　単純梁の応力図

②張出梁の応力図（図 1-11 参照）
③片持梁の応力図（図 1-12 参照）

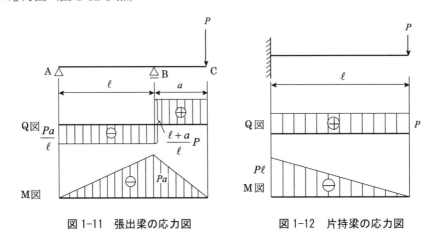

図 1-11　張出梁の応力図　　　　図 1-12　片持梁の応力図

④不静定構造物の曲げモーメント図（図 1-13 参照）

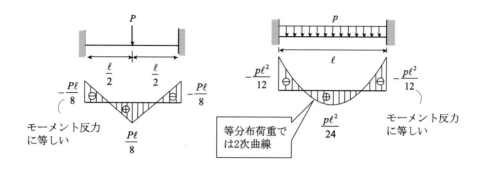

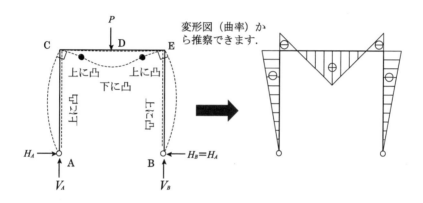

図 1-13　不静定構造物の曲げモーメント図

【問題 1.4（力のつり合い）】 図（問題 1-4）のように，直方体上面の辺の中央に水平力を作用させ，徐々に強めたところ，この直方体が転倒し始めました．このときの水平力 P の大きさを求めなさい．ただし，直方体は等質で 100kg，重力加速度は 10m/s^2 とし，底面は滑らないものとします．

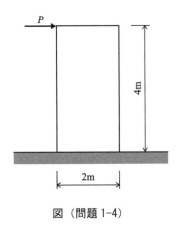

図（問題 1-4）

（国家公務員Ⅱ種試験）

【解答】 底面は滑らないことから，解図（問題 1-4）の O 点回りに回転し，転倒するのは O 点回りのモーメントが

$$P \times 4 > W \times 1 \quad （W は重量）$$

の場合です．したがって，転倒し始める水平力 P の大きさは，

$$P = \frac{W}{4} = \frac{100 \times 10}{4} = 250 \, \mathrm{kg \cdot m/s^2} = 250 \, \mathrm{N}$$

となります．

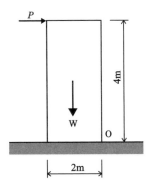

解図（問題 1-4）

【問題 1.5（力のつり合い）】 図（問題 1-5）の状態でつり合っている構造物の支点 B における反力の大きさ V_B を求めなさい.

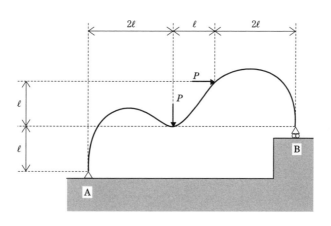

図（問題 1-5）

（国家公務員 II 種試験）

【解答】　構造物が曲がっていても同じです. A 点におけるモーメントのつり合いを考えれば,

$$P \times 2\ell + P \times 2\ell - V_B \times 5\ell = 0$$

したがって, 求める答えは,

$$V_B = \frac{4}{5}P$$

となります.

【問題 1.6（反力）】 図（問題 1-6）のように，張出梁の点 A に 6.0 kN の集中荷重，区間 CD に点 D において 3.0 kN/m となる等変分布荷重が作用しているとき，支点 B における梁の鉛直反力 V_B を求めなさい．ただし，梁の自重は無視します．

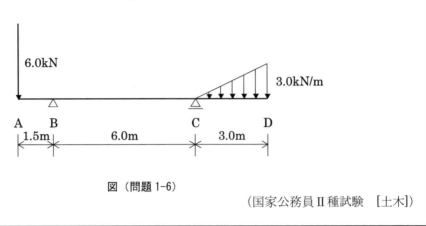

図（問題 1-6）

（国家公務員 II 種試験 ［土木］）

【解答】 時計回りを正として，C 点回りのモーメントのつり合いを考えれば，

$$-6 \times (1.5 + 6.0) + V_B \times 6.0 + \left(3 \times 3 \times \frac{1}{2}\right) \times 3 \times \frac{2}{3} = 0$$

（三角形の図心位置を求めるときに**ケアレスミスをしない**こと）

ゆえに，求める答えは，

$$V_B = 6.0 \, \text{kN}$$

となります．

【**問題** 1.7（**反力**）】図（問題 1-7）のように，A 点から $\dfrac{L}{4}$ の距離にヒンジが存在する構造物に，等分布荷重 w と集中荷重 P が作用するとき，B 点の支点反力 V_B を求めなさい．

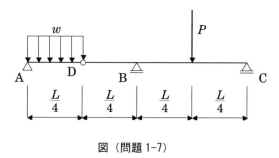

図（問題 1-7）

（国立大学法人等職員採用試験）

【**解答**】解図（問題 1-7）を参照して，C 点でのモーメントのつり合いを考えれば，

$$-\frac{wL}{4}\times\frac{1}{2}\times\left(\frac{L}{4}+\frac{L}{4}+\frac{L}{4}\right)+V_B\times\left(\frac{L}{4}+\frac{L}{4}\right)-P\times\frac{L}{4}=0 \qquad (時計回りを正)$$

ゆえに，求める答えは，

$$V_B=\frac{3wL}{16}+\frac{P}{2}$$

となります．

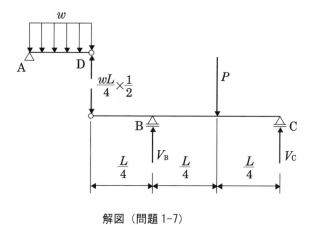

解図（問題 1-7）

【問題 1.8（反力）】図（問題 1-8）のような，上部の部材をヒンジで結合したラーメン構造において，点 A に水平集中荷重 60kN が作用しているとき，点 B に生ずる鉛直反力 V_B と水平反力 H_B の大きさを求めなさい．

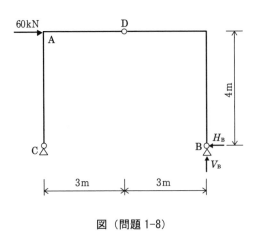

図（問題 1-8）

（国家公務員 II 種試験）

【解答】時計回りを正として，C 点回りのモーメントのつり合いを考えれば，

$$60 \times 4 - 6 \times V_B = 0 \quad \therefore V_B = 40 \, \text{kN}$$

また，D 点より右について，モーメントのつり合いを考えれば，

$$-3 \times V_B + 4 H_B = 0 \quad \therefore H_B = \frac{3}{4} V_B = \frac{3}{4} \times 40 = 30 \, \text{kN}$$

となります．

【**問題1.9（曲げモーメント）**】図（問題1-9）のような荷重を受ける梁において，支点 A における鉛直反力 V_A の大きさと，点 B における曲げモーメント M_B の大きさを求めなさい．

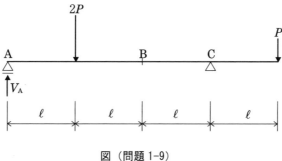

図（問題1-9）

（国家公務員 II 種試験）

【**解答**】C 点回りのモーメントのつり合いを考えれば，
$$3\ell \times V_A - 2P \times 2\ell + P\ell = 0 \quad \therefore V_A = P$$
また，解図(問題1-9) に示すように，B 点で部材を切断して曲げモーメント M_B を正の方向（図中における破線が引っ張りになる方向）に作用させれば，
$$V_A \times 2\ell - 2P \times \ell - M_B = 0$$
$$\therefore M_B = V_A \times 2\ell - 2P \times \ell = P \times 2\ell - 2P \times \ell = 0$$
となります．

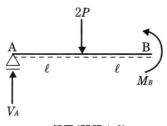

解図(問題1-9)

【**問題 1.10（曲げモーメント）**】図（問題1-10）のような荷重と曲げモーメントを受ける梁ABにおいて，支点Bにおける鉛直反力V_Bの大きさと，点Cにおける曲げモーメントM_Cの大きさを求めなさい．

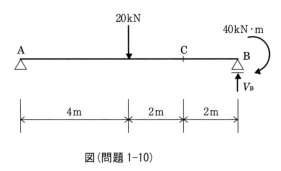

20kN

40kN·m

A

C

B

V_B

4m

2m

2m

図（問題1-10）

（国家公務員Ⅱ種試験）

【**解答**】時計回りを正として，A点回りのモーメントのつり合いを考えれば，

$$20 \times 4 + 40 - 8 \times V_B = 0 \quad \therefore V_B = 15\,\text{kN}$$

また，C点で部材を切断し，右側について，モーメントのつり合いを考えれば，

$$M_C = -40 + V_B \times 2 = -40 + 15 \times 2 = -10\,\text{kN・m}$$

$$（大きさは 10\,\text{kN・m}）$$

となります．

【問題 1.11 **（曲げモーメント）】**図 I のような逆 T 型のはりに，集中荷重 $P=5\text{kN}$ と単位長さ当たり $w=1\text{kN/m}$ の等分布荷重が作用しています．このとき，点 C に作用する曲げモーメント M_C を求めなさい．ただし，曲げモーメントは，図 II に表した向きを正とします．

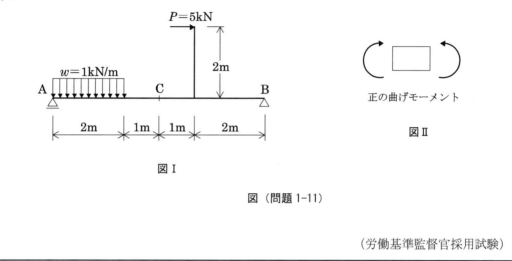

図 I

図（問題 1-11）

（労働基準監督官採用試験）

【解答】A 点の上向きに V_A の鉛直反力が作用すると仮定します．B 点回りのモーメントのつり合いから，

$$6V_A - 2\times5 + 5\times2 = 0 \quad \text{ゆえに，} \quad V_A = 0\,\text{kN}$$

したがって，求める答えは，

$$M_C = 0\times(2+1) - 2\times(1+1) = -4\,\text{kN}\cdot\text{m}$$

となります．

【**問題** 1.12（**曲げモーメント**）】図Ⅰのような，等質等断面の部材からなる構造体に集中荷重 P が作用しています．このとき，点 A に作用する曲げモーメント M_A を求めなさい．ただし，曲げモーメントは，図Ⅱに表した向きを正とします．

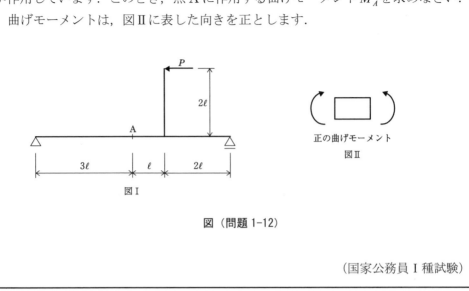

図（問題 1-12）

（国家公務員Ⅰ種試験）

【**解答**】左側のヒンジ支点を a，右側の可動支点を b とします．支点 a の上向きの鉛直反力を V_a として，支点 b でのモーメントのつり合い（時計回りを正）を考えれば，

$$V_a \times 6\ell - P \times 2\ell = 0 \quad \therefore V_a = \frac{P}{3}$$

したがって，点 A に作用する曲げモーメント M_A は，

$$M_A = \frac{P}{3} \times 3\ell = P\ell$$

となります．

【**問題** 1.13（**曲げモーメント**）】図（問題 1-13）のような集中荷重 P が作用するラーメン構造の曲げモーメント図を描きなさい．ただし，部材は等質等断面とし，曲げモーメントは部材の引張側に描くものとする．

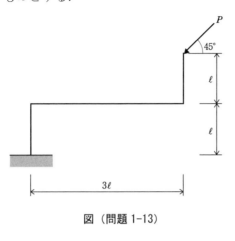

図（問題 1-13）

（国家公務員Ⅱ種試験）

【**解答**】集中荷重 P を水平方向と鉛直方向に分解します．また，解図 1（問題 1-13）の破線で示したように，部材の下側を定義します．この破線の側が引っ張られるような（凸になるような）モーメントが正となります．そこで，解図 2（問題 1-13）に示すように，各部材を切断し，破線の側が引っ張られるような方向（正の方向）に曲げモーメント M_x を作用させ，切断面においてモーメントのつり合いを考えれば，

$$M_x - \frac{P}{\sqrt{2}}x = 0 \quad \text{ゆえに，} \quad M_x = \frac{P}{\sqrt{2}}x$$

$$M_x + \frac{P}{\sqrt{2}}x - \frac{P}{\sqrt{2}}\ell = 0 \quad \text{ゆえに，} \quad M_x = \frac{P}{\sqrt{2}}(\ell - x)$$

$$M_x + \frac{P}{\sqrt{2}} \times 3\ell - \frac{P}{\sqrt{2}}(\ell + x) = 0 \quad \text{ゆえに，} \quad M_x = \frac{P}{\sqrt{2}}(\ell + x) - \frac{3P}{\sqrt{2}}\ell$$

したがって，曲げモーメント図は解図 3（問題 1-13）のようになります．

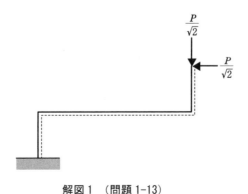

解図 1　（問題 1-13）

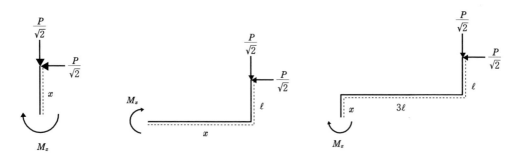

解図 2 （問題 1-13）

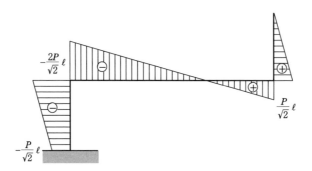

解図 3 （問題 1-13）

【問題 1.14（曲げモーメント）】 図（問題 1-14）のようなラーメン構造において，点 A に水平荷重 P，点 B に鉛直荷重 $2P$ がそれぞれ作用しているとき，点 A と点 B に生ずるそれぞれの曲げモーメント M_A，M_B の大きさを求めなさい．

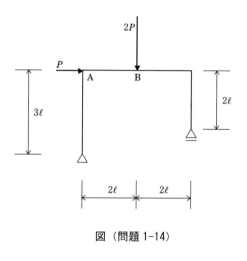

図（問題 1-14）

（国家公務員 II 種試験）

【解答】 明らかに C 点には左向きに水平反力 P が作用します．また，C 点と D 点には解図 1（問題 1-14）に示す方向にそれぞれ鉛直反力 V_C，V_D が作用するとします．なお，解図 1（問題 1-14）中に示した破線は，この解答で定義した下側（正側）を表しています．

時計回りを正として，C 点回りのモーメントのつり合いを考えれば，

$$\sum M_{C点回り} = P \times 3\ell + 2P \times 2\ell - V_D \times 4\ell = 0 \quad \therefore V_D = \frac{7}{4}P$$

また，鉛直反力 V_C は，

$$V_C + V_D = 2P なので，\quad V_C = 2P - V_D = 2P - \frac{7}{4}P = \frac{P}{4}$$

解図 2（問題 1-14）に示すように A 点と B 点でそれぞれ正の方向に曲げモーメント M_A と M_B

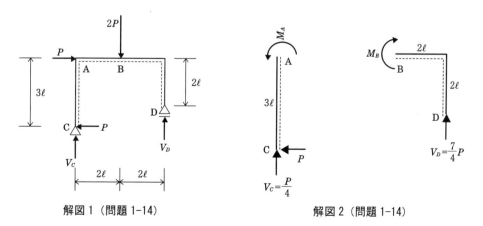

解図 1（問題 1-14）　　　　　解図 2（問題 1-14）

を作用させて，切断面でモーメントのつり合い（時計回りを正）を考えれば，

$$P \times 3\ell - M_A = 0 \quad \therefore M_A = 3P\ell$$

$$M_B - \frac{7}{4}P \times 2\ell = 0 \quad \therefore M_B = \frac{7}{2}P\ell$$

となります．

【問題 1.15（曲げモーメント図）】 図（問題 1-15）のような荷重を受ける骨組みの曲げモーメント図を解答群から選択しなさい．また，斜材 a の軸方向力を求めなさい．ただし，曲げモーメントは部材の引張側に描くものとします．

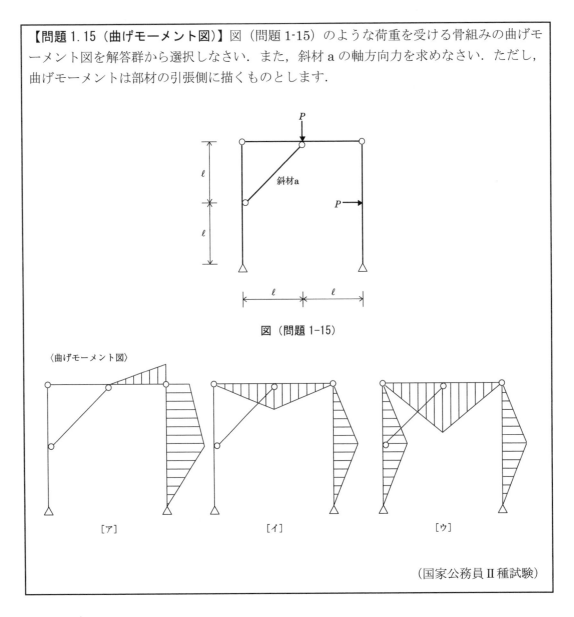

図（問題 1-15）

（国家公務員 II 種試験）

【解答】 解図 1（問題 1-15）において，力のつり合いを考えれば，

$$V_A + V_B = P, \quad H_A + H_B = P$$

$$\sum M_{A点回り} = P \times \ell + P \times \ell - V_B \times 2\ell = 0 \quad （時計回りのモーメントを正）$$

また，ヒンジ点である D 点より下側の部材についてモーメントのつり合いを考えれば，

$$-P \times \ell + H_B \times 2\ell = 0$$

以上より，

$$V_A = 0, \quad V_B = P, \quad H_A = P/2, \quad H_B = P/2$$

したがって，正しい曲げモーメント図は[ウ]であることがわかります．また，解図 2（問題 1-15）において，C 点におけるモーメントのつり合いを考えれば，

$$\frac{P}{2} \times 2\ell - \frac{a\ell}{\sqrt{2}} = 0$$

ゆえに，

$$a = \sqrt{2}P \quad （引張力）$$

となります．

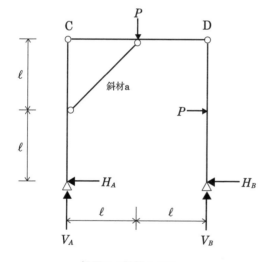

解図 1（問題 1-15）

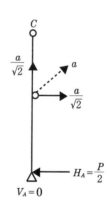

解図 2（問題 1-15）

【問題1.16（合成骨組の軸方向力）】 図（問題1-16）のような集中荷重Pを受ける合成骨組において，部材Aに生ずる軸方向力を求めなさい．ただし，軸方向力は，引張力を「＋」，圧縮力を「－」とします．

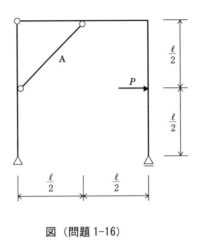

図（問題1-16）

（国家公務員Ⅰ種試験）

【解答】 解図1（問題1-16）に示すように支点反力を作用させて，支点bでモーメントのつり合い（時計回りを正）を考えれば，

$$V_a \times \ell + P \times \frac{\ell}{2} = 0 \quad \therefore V_a = -\frac{P}{2} \quad （下向きに作用）$$

また，水平方向の力のつり合い（右向きを正）から

$$H_a + P = 0 \quad \therefore H_a = -P \quad （左向きに作用）$$

ここで，解図2（問題1-16）に示すように部材Aを切断します．なお，部材Aは，両端ヒンジのトラス部材なので軸方向力しか作用しません．点cはヒンジなので，この点回りのモーメントは0となります．すなわち，

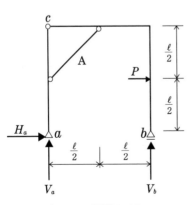

解図1（問題1-16）

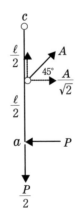

解図2（問題1-16）

$$P \times \ell - \frac{A}{\sqrt{2}} \times \frac{\ell}{2} = 0$$

したがって, 求める答えは,

$$A = 2\sqrt{2}P$$

となります.

【問題 1.17（曲げモーメント図）】 図（問題 1-17）のように，等分布荷重 w が作用している梁の曲げモーメント図を描きなさい.

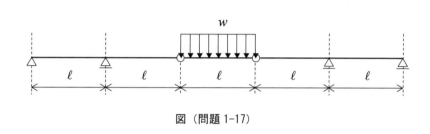

図（問題 1-17）

（国家公務員 II 種試験[土木]）

【解答】 解図（問題 1-17）のように反力を書き込み，**等分布荷重が作用する区間の M 図は2 次曲線，集中荷重が作用する場合の M 図は直線である**ことを知っていれば，簡単にしかも間違いなく解図（問題 1-17）のようにモーメント図を描くことができると思います.

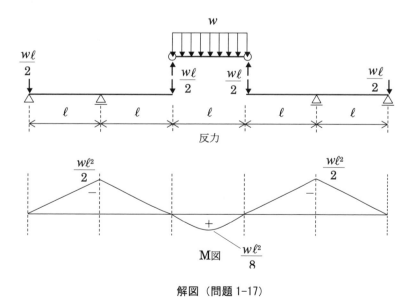

解図（問題 1-17）

【問題 1.18（反力と応力）】 図（問題 1-18）のように，集中荷重$4P$が水平右向きに作用する３ヒンジラーメン構造に関する記述[ア]〜[エ]の下線部の正誤を答えなさい．

[ア] 支点 A に作用する反力のうち，鉛直方向には上向きに <u>$2P$</u> の反力が作用する．

[イ] C−D 間に作用するせん断力の大きさは <u>$2P$</u> である．

[ウ] B−C 間に作用する軸方向力の大きさは <u>P</u> である．

[エ] 荷重位置 E に作用する曲げモーメントの大きさは，点 C に作用する曲げモーメントの大きさの <u>3/2</u> 倍となる．

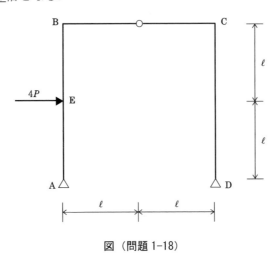

図（問題 1-18）

（国家公務員 II 種試験）

【解答】 解図 1（問題 1-18）に示したように反力が作用すると仮定します．

上向きを正として，鉛直方向の力のつり合いを考えれば，

$$V_A + V_D = 0$$

右向きを正として，水平方向の力のつり合いを考えれば，

$$H_A + H_D + 4P = 0$$

時計回りを正として，A 点回りのモーメントのつり合いを考えれば，

$$4P \times \ell - V_D \times 2\ell = 0$$

梁中央のヒンジ点より右側の部材について，時計回りを正としてヒンジ点回りのモーメントのつり合いを考えれば，

$$-H_D \times 2\ell - V_D \times \ell = 0$$

以上より，

$$V_A = -2P \quad （[ア]は誤），\quad V_D = 2P, \quad H_A = -3P, \quad H_D = -P$$

が得られます．

解図 2（問題 1-18）に示すように，仮定した正の方向を破線で描いた後，水平方向の力のつり合いを考えれば，

$$Q_{CD} = P \quad （[イ]は誤）$$

解図 3（問題 1-18）より，水平方向の力のつり合いを考えれば，

$$N_{BC} = -P \quad （大きさは P なので，[ウ]は正）$$

解図 4（問題 1-18）より，仮定した正の方向を破線で描いた後，モーメントのつり合いを考えれば，

$$M_E = 3P\ell, \quad M_C = -2P\ell \quad （大きさの比は M_E / M_C = 3/2 なので，[エ]は正）$$

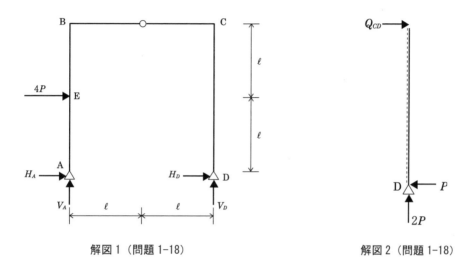

解図 1（問題 1-18）　　　　　　解図 2（問題 1-18）

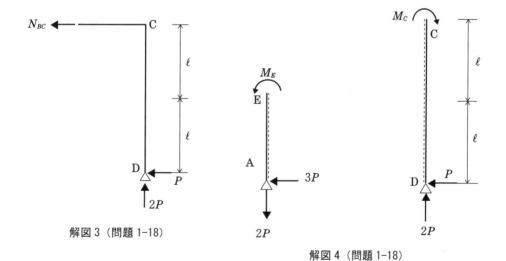

解図 3（問題 1-18）　　　　　　解図 4（問題 1-18）

【**問題 1.19（曲げモーメント）**】図（問題1-19）のような，上部の部材をヒンジで結合したラーメン構造において，点 A に鉛直集中荷重40 kN が作用しているとき，点 A と点 B に生ずるそれぞれの曲げモーメントの大きさを求めなさい．

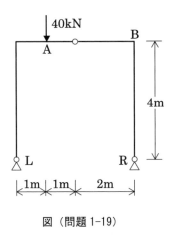

図（問題1-19）

（国家公務員 I 種試験）

【**解答**】解図1（問題1-19）のように反力を作用させると，

　水平方向の力のつり合い：$H_L + H_R = 0$　　（右向きを正）

　鉛直方向の力のつり合い：$V_L + V_R = 40$　　（上向きを正）

　L 点でのモーメントのつり合い：$40 \times 1 - 4V_R = 0$　　（時計回りを正）

　ヒンジでのモーメントのつり合い（ヒンジより左側）：$V_L \times 2 - H_L \times 4 - 40 \times 1 = 0$

これらの式から，

$$V_L = 30 \, \text{kN}, \quad V_R = 10 \, \text{kN}, \quad H_L = 5 \, \text{kN}, \quad H_R = -5 \, \text{kN}$$

が得られ，解図2（問題1-19)を参照すれば，求める答えは，

$$M_A = V_L \times 1 - H_L \times 4 = 30 \times 1 - 5 \times 4 = 10 \, \text{kN} \cdot \text{m}$$
$$M_B = H_R \times 4 = -5 \times 4 = -20 \, \text{kN} \cdot \text{m}$$

となります．

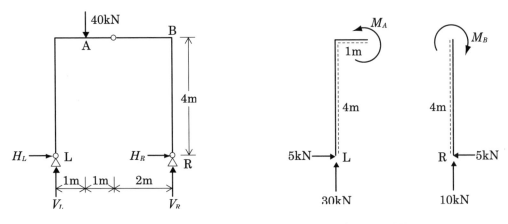

解図1（問題1-19）　　　　　　　　　　　　　解図2（問題1-19）

【問題1.20（せん断力）】 図A〜図Dのような単純梁に生ずる最大せん断力の絶対値をそれぞれQ_A，Q_B，Q_C，Q_Dとするとき，その大小関係を求めなさい．

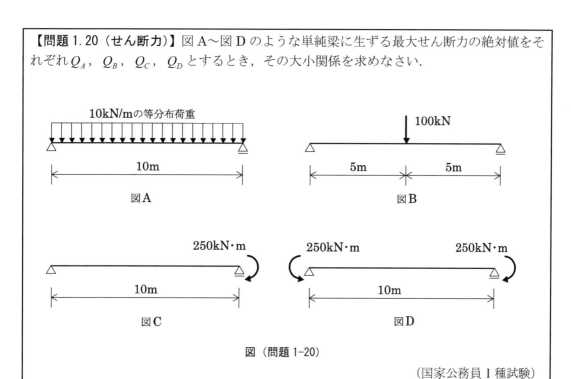

図（問題1-20）

(国家公務員Ⅰ種試験)

【解答】 左側の支点をa，支点aに生じる鉛直上向きの反力をV_aとします．また，右側の支点をb，支点bに生じる鉛直上向きの反力をV_bとします．

図A：$V_a = 50\,\text{kN}$なので，a点からxだけ離れた位置でのせん断力Q_xは，

$$Q_x = 50 - 10x$$

よって，最大せん断力の絶対値Q_Aは$Q_A = |Q_{\max}| = 50\,\text{kN}$

図B：$V_a = 50\,\text{kN}$なので，最大せん断力の絶対値Q_Bは$Q_B = |Q_{\max}| = 50\,\text{kN}$

図C：a点でのモーメントのつり合いから，

$$10V_b = 250 \quad \text{ゆえに，} \quad V_b = 25\,\text{kN}$$

$$V_a + V_b = 0 \quad \text{ゆえに，} \quad V_a = -25\,\text{kN}$$

よって，最大せん断力の絶対値Q_Cは$Q_C = |Q_{\max}| = 25\,\text{kN}$

図D：a点でのモーメントのつり合いから，

$$-250 - 10V_b + 250 = 0 \quad \text{ゆえに，} \quad V_b = 0\,\text{kN}$$

$$V_a + V_b = 0 \quad \text{ゆえに，} \quad V_a = 0\,\text{kN}$$

よって，最大せん断力の絶対値Q_Dは$Q_D = |Q_{\max}| = 0\,\text{kN}$

以上より，求める答えは，

$$Q_D < Q_C < Q_A = Q_B$$

となります．

【問題 1.21 (曲げモーメント図)】　図 (問題 1-21) のように，分布荷重が作用しているラーメン構造物があります．図中の破線を記した側が引っ張られる場合を正として，曲げモーメント図の概略を描きなさい．ただし，構造物の自重は無視するものとします．

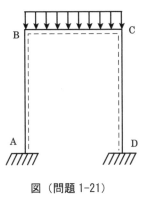

図 (問題 1-21)

(国家公務員Ⅱ種試験　［土木］)

【解答】　等分布荷重が作用する場合，曲げモーメント図は 2 次曲線になります．また，A 点と D 点が固定されていますので，AB 部材と CD 部材の剛性を大きく（AB 部材と CD 部材の長さを短く）していった場合を想定すれば簡単に予想できるように，BC 部材は両端固定梁の曲げモーメント図と類似しているはずです．一方，B 点と C 点には外力モーメントが作用していませんので，BC 部材の B 点側と AB 部材の B 点側の曲げモーメントは同じ大きさのはずです．同様に，BC 部材の C 点側と CD 部材の C 点側の曲げモーメントは等しくないといけません．そこで，解図 1 (問題 1-21) に示すように，AB 部材の B 点側と CD 部材の C 点側に内力に相当する曲げモーメントを作用させて変形図を描きます．この図の曲率を考えれば，与えられたラーメン構造物の曲げモーメント図は解図 2 (問題 1-21) のように描くことができます（モーメントだけが作用する区間の M 図は直線です）．

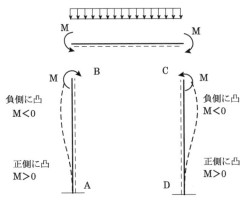

解図 1 (問題 1-21) 変形図

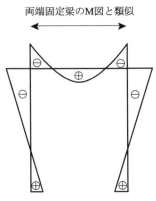

解図 2 (問題 1-21) M 図

【**問題 1.22（曲げモーメント図）**】　図（問題 1-22)のように，集中荷重が作用しているラーメン構造物があります．図中の破線を記した側が引っ張られる場合を正として，曲げモーメント図の概略を描きなさい．ただし，構造物の自重は無視するものとします．

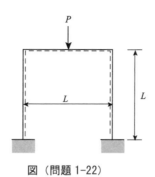

図（問題 1-22)

(国家公務員 II 種試験［土木］)

【**解答**】　この構造物は **3 次の外的不静定構造物（反力の総数 6−3=3）**ですので，簡単には反力を求めることができません．そこで，解図 1（問題 1-22)のように変形図を描きます．**集中荷重が作用する場合の曲げモーメント図は直線**になりますので，曲げモーメント図の概略は，解図 2（問題 1-22)のようになります．

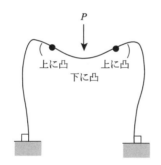

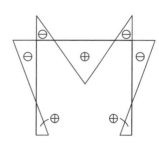

解図 1（問題 1-22)　変形図の概略　　解図 2（問題 1-22)　曲げモーメント図の概略

【**問題 1.23（モーメント図）**】図（問題 1-23）に示すラーメンの B 点に水平荷重が作用しています．モーメント図の概略を描きなさい．

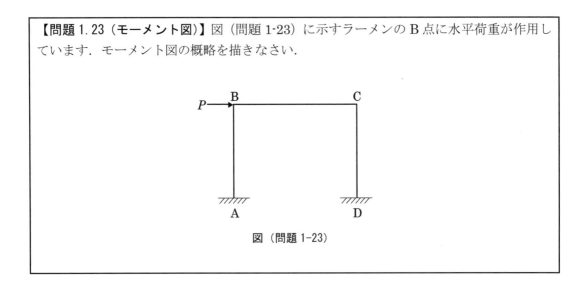

図（問題 1-23）

【**解答**】変形図は解図 1（問題 1-23）のようになりますので，M 図は解図 2（問題 1-23）のように描くことができます．ちなみに，この問題では M 図の正が定義されていませんので，**部材に曲げモーメントを作用させて曲率が凸になる方向に M 図を描いています**．

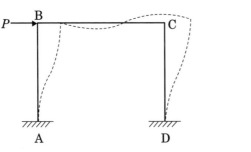

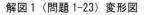

解図 1（問題 1-23）変形図

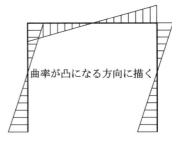

曲率が凸になる方向に描く

解図 2（問題 1-23）M 図

　なお，解図 3（問題 1-23）のように，AB 区間に等分布荷重が作用する場合にも同じような変形を示します．したがって，等分布荷重が作用する区間の M 図が 2 次曲線になることに留意すれば，この場合の M 図は解図 4（問題 1-23）のように描くことができます．

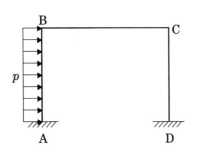

解図 3（問題 1-23）

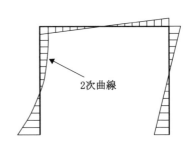

2次曲線

解図 4（問題 1-23）M 図

【**問題 1.24（曲げモーメント図）**】図（問題 1-24）のような水平集中荷重を受ける 3 ヒンジラーメン構造において，曲げモーメント図を定性的に表したものとして最も妥当なものを解答群から選びなさい．ただし，曲げモーメントは部材の引張側に描くものとし，部材の自重は無視するものとします．

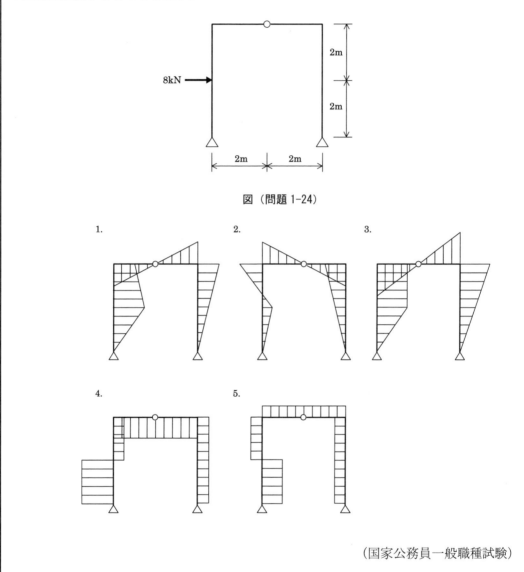

図（問題 1-24）

（国家公務員一般職種試験）

【**解答**】梁上のヒンジ点（○を記載した箇所）ではモーメントは 0 ですので，正解は 1，2，3 のいずれかです．次に変形図を描けば解図（問題 1-24）のようになりますので，集中荷重が作用する場合のモーメント図は直線になることを知っていれば，正解は 1 であることがわかります．

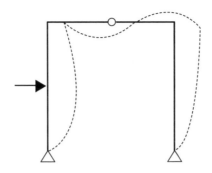

解図（問題 1-24）　変形の概略図

1.3　トラスの軸方向力

　トラスの格点（節点）はヒンジになっており，トラス部材には軸力（軸方向力）しか作用しません．トラスの部材力を求める方法には**節点法**と**切断法**（土木では**断面法**とも言います）があります．

(1) 節点法（図 1-14）

　節点法（格点法）で単純（支持）トラスの部材力を求める場合は，以下の手順にしたがいます．

　①切断した部材を引っ張る方向（正の方向）に矢印を記入する．

　②反力の公式で反力を求めた後，未知部材力数が 2 つ以下の節点から力のつり合いを考える（A 点あるいは B 点から未知部材力を求める）．

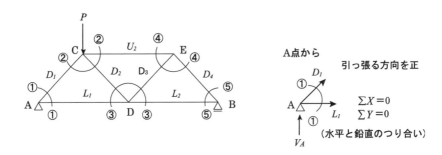

図 1-14　節点法（格点法）

(2) 切断法（図 1-15）

　切断法でトラスの部材力を求める場合は，以下の手順にしたがいます．

　①切断した部材（3 部材以下）を引っ張る方向（正の方向）に矢印を記入する．

　②反力の公式で反力を求めた後，3 部材以下を切断した仮想断面で力のつり合いを考える．

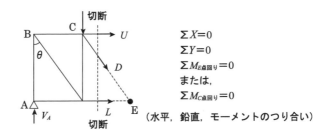

図 1-15　切断法

【**問題 1.25（トラスの軸方向力）**】図（問題 1-25）のような鉛直方向の荷重が作用する静定トラス構造物の部材 A および B に生ずる軸方向力を求めなさい．ただし，部材の自重は無視するものとします．また，＋は引張力，－は圧縮力を示します．

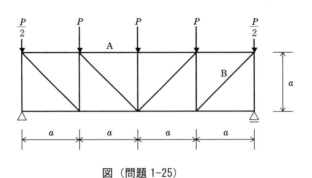

図（問題 1-25）

（国家公務員 II 種試験）

【**解答**】いずれの支点の鉛直反力も $V = 2P$ ですので，解図のように切断して力のつり合いを考えます．解図 1（問題 1-25）において，O 点回りのモーメントのつり合いを考えれば，

$$2P \times 2a - \frac{P}{2} \times 2a - P \times a + A \times a = 0 \qquad （時計回りのモーメントを正）$$

ゆえに，

$$A = -2P$$

また，解図 2（問題 1-25）において，鉛直方向の力のつり合いを考えれば，

$$-\frac{P}{2} - B \times \cos 45° + 2P = 0 \qquad （上向きの力を正）$$

$$ゆえに， \quad B = \frac{3\sqrt{2}}{2}P$$

となります．

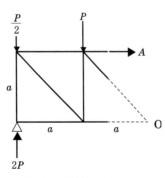

解図 1（問題 1-25）

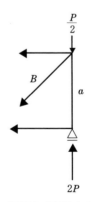

解図 2（問題 1-25）

【**問題 1.26（トラスの軸方向力）**】図（問題 1-26）のような荷重を受けるトラスにおいて，部材 A に生ずる軸方向力を求めなさい．ただし，軸方向力は，引張力を「＋」，圧縮力を「－」とします．

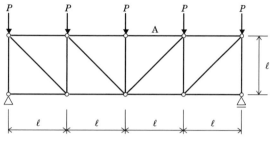

図（問題 1-26）

（国家公務員 II 種試験）

【**解答**】支点の鉛直反力は $5P/2$ です．解図（問題 1-26）のように，部材 A を含む 3 本の部材を切断し，時計回りを正として O 点（部材 A 以外の 2 本の部材が交わる点）回りのモーメントのつり合いを考えれば，

$$-Al + Pl + 2Pl - \frac{5P}{2} \times 2l = 0$$

したがって，求める答えは，

$$A = -2P$$

となります．

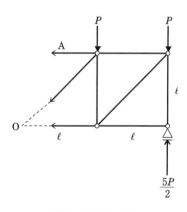

解図（問題 1-26）

【問題 1.27（トラスの部材力）】図（問題 1-27）のように，トラスの点 C，点 J に集中荷重 P，点 E，点 G，点 I に集中荷重 $2P$ が鉛直下向きに作用しています．このとき，部材 EF の部材力の大きさを求めなさい．ただし，部材の自重は無視します．

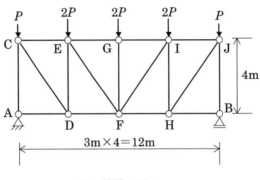

図（問題 1-27）

（国家公務員Ⅱ種試験　[土木]）

【解答】反力 V_A は明らかに $V_A = 4P$ ですが，単純支持形式なので，念のために反力の公式を適用すれば，

$$V_A = P \times \frac{12}{12} + 2P \times \frac{9}{12} + 2P \times \frac{6}{12} + 2P \times \frac{3}{12} + P \times \frac{0}{12} = 4P$$

解図（問題 1-27）を参照して，鉛直方向の力のつり合いを考えれば，

$$4P - P - 2P - EF\cos\theta = 0$$

$\cos\theta = \dfrac{4}{\sqrt{4^2 + 3^2}} = \dfrac{4}{5}$ を代入すれば，

$$EF = \frac{5}{4}P$$

が得られます．

左右のどちらで考えてもよいが，ここでは左側で考える．

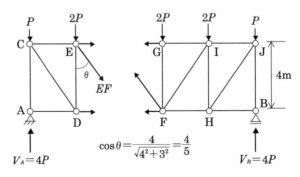

$$\cos\theta = \frac{4}{\sqrt{4^2 + 3^2}} = \frac{4}{5}$$

解図（問題 1-27）

【**問題 1.28（トラスの部材力）**】図（問題 1-28）のような荷重を受けるトラスにおいて，部材 A に生ずる軸方向力を求めなさい．ただし，軸方向力は，引張力を「＋」，圧縮力を「－」とします．

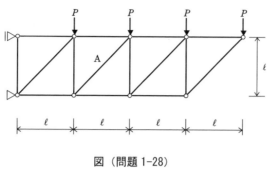

図（問題 1-28）

（国家公務員 II 種試験）

【**解答**】反力を解図 1（問題 1-28）のようにとり，鉛直方向の力のつり合いを考えれば，

$$V_b = 4P$$

解図 2（問題 1-28）のように，部材 A を含む 3 本の部材を切断し，鉛直方向の力のつり合いを考えれば，

$$A\sin 45° - P + V_b = 0$$

したがって，求める答えは，

$$A = \frac{-V_b + P}{1/\sqrt{2}} = \frac{-4P + P}{1/\sqrt{2}} = -3\sqrt{2}P$$

となります．なお，当然ですが，部材 A を含む 3 本の部材を切断した後，右側の部分で鉛直方向の力のつり合いを考えても同じ結果が得られます．

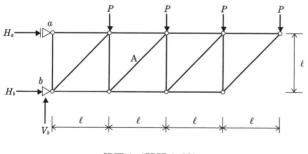

解図 1（問題 1-28）

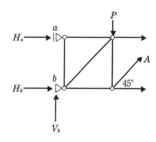

解図 2（問題 1-28）

【問題1.29（トラスの部材力）】図（問題1-29）のように，節点荷重として$P/2$およびPを受けている静定トラス構造において，部材 A，B，C，D に生じる軸方向力を求めなさい．

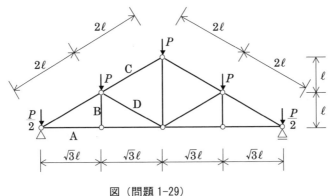

図（問題 1-29）

（国家公務員Ⅰ種試験）

【解答】部材 A の軸方向力は，解図1（問題1-29）から，

水平方向の力のつり合い：$X\cos 30° + A = 0$

鉛直方向の力のつり合い：$-\dfrac{P}{2} + 2P + X\sin 30° = 0$

ゆえに，

$$A = \frac{3\sqrt{3}}{2}P, \quad X = -3P$$

となります．

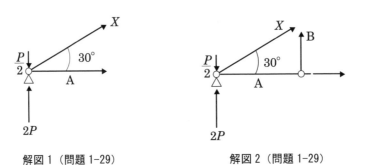

解図1（問題 1-29）　　　　　　　解図2（問題 1-29）

　次に，部材 B の軸方向力は，解図2（問題1-29）において支点回りのモーメントのつり合いを考えれば明らかなように，

$$B = 0$$

となります．

　さらに，部材 C と D の軸方向力は，解図3（問題1-29）から，

水平方向の力のつり合い：$(3P + C)\cos 30° + D\cos 30° = 0$

鉛直方向の力のつり合い：$(3P + C)\sin 30° - P - D\cos 60° = 0$

ゆえに,

$$C = -2P, \quad D = -P$$

となります.

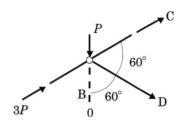

解図 3（問題 1-29）

1.4 断面2次モーメント

●図心^{ずしん}

図 1-16 に示すように，断面積が A_1，A_2，A_3 の図形がある場合，全図形の**図心位置**(x_G, y_G) は次式で計算することができます．

$$x_G = \frac{A_1 \times x_1 + A_2 \times x_2 + A_3 \times x_3}{A_1 + A_2 + A_3} = \frac{\sum_{i=1}^{3} A_i \times x_i}{\sum_{i=1}^{3} A_i} \tag{1.7}$$

$$y_G = \frac{A_1 \times y_1 + A_2 \times y_2 + A_3 \times y_3}{A_1 + A_2 + A_3} = \frac{\sum_{i=1}^{3} A_i \times y_i}{\sum_{i=1}^{3} A_i} \tag{1.8}$$

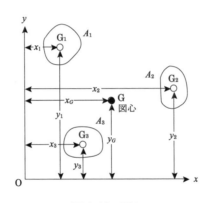

図 1-16 　図心

●**断面2次モーメント**

x 軸，y 軸に関する断面2次モーメント I_x，I_y は次式で定義される諸元です．

$$I_x = \int_A y^2 \times dA \tag{1.9}$$

$$I_y = \int_A x^2 \times dA \tag{1.10}$$

なお，**図心軸に関する断面2次モーメントI_{nx}，I_{ny} は最小**で，図 1-17 に示すように，図心軸から平行移動した x 軸，y 軸に関する断面2次モーメント I_x，I_y は，次式で求めることができます．

$$I_x = I_{nx} + A \times y_1^2 \tag{1.11}$$

$$I_y = I_{ny} + A \times x_1^2 \tag{1.12}$$

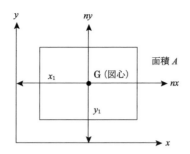

図 1-17 図心軸から平行移動した x 軸, y 軸

● 簡単な図形の図心軸に関する断面 2 次モーメント

図 1-18 に示した**簡単な図形の図心軸に関する断面 2 次モーメント I_{nx} は絶対に暗記してお**く必要があります. また, 長方形断面と三角形断面の x 軸に関する断面 2 次モーメント I_x を暗記していれば, 計算時間の短縮に多いに役立ちます.

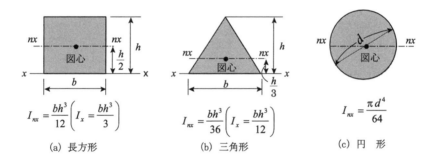

$$I_{nx} = \frac{bh^3}{12}\left(I_x = \frac{bh^3}{3}\right)$$

(a) 長方形

$$I_{nx} = \frac{bh^3}{36}\left(I_x = \frac{bh^3}{12}\right)$$

(b) 三角形

$$I_{nx} = \frac{\pi d^4}{64}$$

(c) 円 形

図 1-18 簡単な図形の断面 2 次モーメント

【**問題1.30（断面2次モーメント）**】図（問題1-30）のような長方形断面部材の X－X 軸に関する断面2次モーメントを求めなさい.

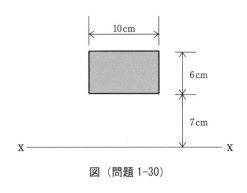

図（問題1-30）

（国家公務員Ⅱ種試験）

【**解答**】断面2次モーメント I_{X-X} は,

$$I_{X-X} = \frac{10 \times 6^3}{12} + 10 \times 6 \times (3+7)^2 = 180 + 6{,}000 = 6{,}180 \, \text{cm}^4$$

となります.

【**問題1.31（断面2次モーメント）**】図（問題1-31）のような断面形状の部材の X 軸に関する断面2次モーメントが 31cm^4 となるとき, x を求めなさい.

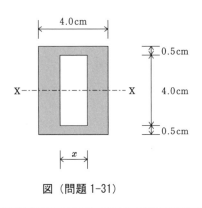

図（問題1-31）

（国家公務員Ⅱ種試験）

【**解答**】与えられた条件から,

$$31 = \frac{4 \times 5^3}{12} - \frac{x \times 4^3}{12}$$

したがって,

$$x = 2.0 \, \text{cm}$$

となります.

【**問題 1.32（断面 2 次モーメント）**】図（問題 1-32）のような中空断面の X 軸に関する断面 2 次モーメント I_X を求めなさい.

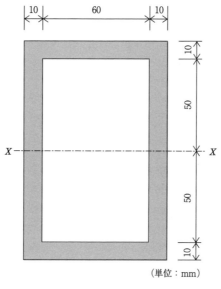

（単位：mm）

図（問題 1-32）

（国家公務員 II 種試験）

【**解答**】ケアレスミスしないように，次元を[cm]として計算すれば，

$$I_X = \frac{8 \times 12^3}{12} - \frac{6 \times 10^3}{12} = 652 \text{ cm}^4 \quad (= 6.52 \times 10^6 \text{ mm}^4)$$

となります.

【**問題1.33（断面2次モーメント）**】図（問題1-33）のような断面形状の部材のX軸に関する断面2次モーメントが 3510cm^4 となるとき，a の値を求めなさい.

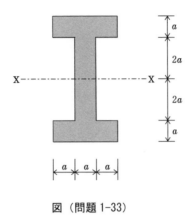

図（問題1-33）

（国家公務員II種試験）

【**解答**】題意から，

$$I_X = \frac{3a \times (6a)^3}{12} - \frac{a \times (4a)^3}{12} \times 2 = \frac{648a^4 - 128a^4}{12} = 3510 \quad \therefore a^4 = 81$$

したがって，

$$a = \left(3^4\right)^{1/4} = 3 \text{ cm}$$

となります.

【**問題** 1.34（**断面 2 次モーメント**）】図（問題 1-34）のような合同な正三角形の断面 A，B，C があります．断面 A，B，C の X 軸に関する断面 2 次モーメントをそれぞれ I_{XA}，I_{XB}，I_{XC} とするとき，I_{XA}，I_{XB}，I_{XC} の大小関係を求めなさい．ただし，正三角形の太線の辺は X 軸に平行であるものとします．

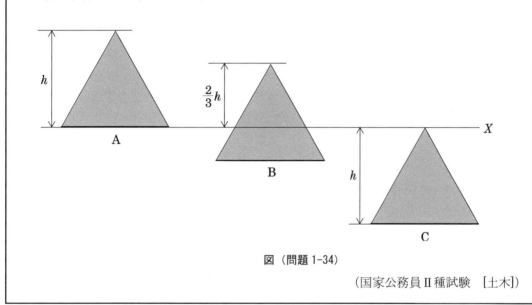

図（問題 1-34）

（国家公務員 II 種試験　［土木］）

【**解答**】底辺の長さ b は，

$$b = 2 \times \frac{h}{\tan 60°} = \frac{2}{\sqrt{3}} h$$

ですので，これを用いて断面 A，B，C の断面 2 次モーメントを求めても良いのですが，大小関係を比較するだけなら，

(1) **図心を通る軸に関する断面 2 次モーメントが最小**

(2) $I_{XA} = I_{XB} + A \times \left(\dfrac{h}{3}\right)^2$　（A は三角形の面積）

(3) $I_{XC} = I_{XB} + A \times \left(\dfrac{2h}{3}\right)^2$　（A は三角形の面積）

であることから，答えは，

$$I_{XC} > I_{XA} > I_{XB}$$

であることがわかります．

【問題 1.35（断面 2 次モーメント）】 図Ⅰ，図Ⅱ，図Ⅲに示す断面の，図心を通り x 軸に平行な軸に関する断面 2 次モーメントの大小関係を求めなさい.

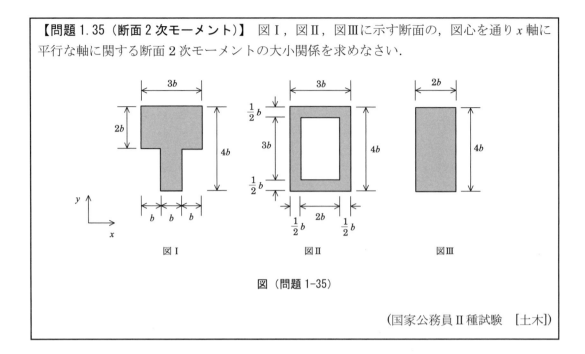

図（問題 1-35）

（国家公務員Ⅱ種試験 ［土木］）

【解答】それぞれの断面 2 次モーメントを計算すれば，

図Ⅰ：図心位置は

$$y_G = \frac{\sum A_i \times y_i}{\sum A_i} = \frac{2b \times b \times b + 2b \times 3b \times (2b+b)}{2b \times b + 2b \times 3b} = \frac{20b^3}{8b^2} = \frac{5b}{2}$$

図心を通り x 軸に平行な軸に関する断面 2 次モーメント I_{nx} は

$$I_{nx} = \frac{3b \times (2b)^3}{12} + (2b \times 3b) \times (5b/2 - 3b)^2 + \frac{b \times (2b)^3}{12} + (b \times 2b) \times (5b/2 - b)^2 = \frac{104}{12}b^4$$

図Ⅱ：図心を通り x 軸に平行な軸に関する断面 2 次モーメント I_{nx} は

$$I_{nx} = \frac{3b \times (4b)^3}{12} - \frac{2b \times (3b)^3}{12} = \frac{138}{12}b^4$$

図Ⅲ：図心を通り x 軸に平行な軸に関する断面 2 次モーメント I_{nx} は

$$I_{nx} = \frac{2b \times (4b)^3}{12} = \frac{128}{12}b^4$$

よって，答えは， 図Ⅰ＜図Ⅲ＜図Ⅱ となります.

【問題 1.36（断面 2 次モーメント）】図（問題 1-36）に示す T 形断面の一様な梁において，鉛直下向きの荷重が梁の上面中央に作用したときの，中立軸まわりの断面 2 次モーメントを求めなさい．ただし，梁の自重は無視し，梁に生ずる応力度は弾性範囲にあるものとする．

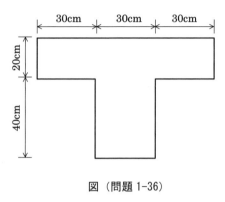

図（問題 1-36）

（国家公務員総合職試験[大卒程度試験]）

【解答】「鉛直下向きの荷重が梁の上面中央に作用したとき」という説明文は，求める断面 2 次モーメントの方向について記述したものです．それゆえ，「梁の下面に沿う方向を x 軸としたときに，x 軸に平行な中立軸に関する断面 2 次モーメント I_{nx} を求めなさい」という文章に置き換えることができます．

まず，図心位置 y_0 を求めます．梁の下面に沿う方向を x 軸とすれば，

$$y_0 = \frac{40 \times 30 \times 20 + 20 \times 90 \times 50}{40 \times 30 + 20 \times 90} = 38 \text{ cm}$$

したがって，中立軸まわりの断面 2 次モーメント I_{nx} は，

$$I_{nx} = \frac{30 \times 40^3}{12} + 40 \times 30 \times (38-20)^2 + \frac{90 \times 20^3}{12} + 20 \times 90 \times (50-38)^2$$
$$= 868,000 \text{ cm}^4$$

となります．

【問題 1.37 （断面 2 次モーメント）】図 I のような三角形と長方形からなる五角形断面の図心軸（X 軸）に関する断面 2 次モーメントの値を求めなさい. ただし, 図心軸（X 軸）は, 長方形部分の長辺と平行であるものとします.

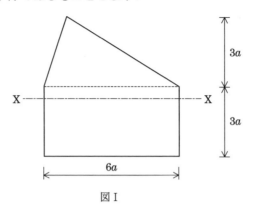

図 I

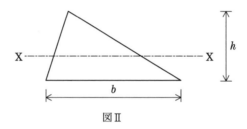

図 II

図 （問題 1-37）

（国家公務員総合職試験[大卒程度試験]）

【解答】長方形の面積 A_1 と三角形の面積 A_2 は, それぞれ $A_1 = 18a^2$, $A_2 = 9a^2$ なので, 長方形の底辺から測った図心位置 y_G は,

$$y_G = \frac{18a^2 \times \frac{3}{2}a + 9a^2 \times (3a + 3a/3)}{18a^2 + 9a^2} = \frac{63a^3}{27a^2} = \frac{7}{3}a$$

したがって, 五角形断面の図心軸（X 軸）に関する断面 2 次モーメント I_X は,

$$I_X = \frac{6a \times (3a)^3}{12} + 18a^2 \times \left(\frac{3}{2}a - \frac{7}{3}a\right)^2 + \frac{6a \times (3a)^3}{36} + 9a^2 \times \left(4a - \frac{7}{3}a\right)^2 = \frac{111}{2}a^4$$

となります. なお, 注意深く計算を進めないと, 上式においてうっかり $(3a)^3$ を $3a^3$ にしてしまうことがあります. くれぐれもケアレスミスをしないようにすることが大切です.

【問題1.38（断面2次モーメント）[やや難]】図Ⅰのような半径rの円形の断面をもつ円柱状の丸太から，図Ⅱのように，幅b，高さhの長方形の断面をもつ角柱部材を切り出すとき，DCに垂直な外力によるたわみに対して，最も抵抗の強い断面になるようなbとhの比$b:h$を求めなさい.

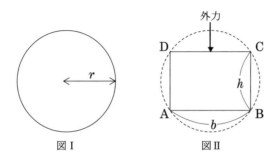

図（問題1-38）

（国家公務員Ⅱ種試験　[土木]）

【解答】最も抵抗の強い断面とは，解図（問題1-38）のようにxy座標をとれば，

$$I_x = \frac{bh^3}{12} \quad (\text{中立軸を通る}x\text{軸に関する断面2次モーメント}) \tag{a}$$

が最大になる断面のことです. ところで，半径がrの円上の点Cは座標が$(b/2, h/2)$なので，

$$\left(\frac{b}{2}\right)^2 + \left(\frac{h}{2}\right)^2 = r^2 \tag{b}$$

が成立し，式(b)から求まる

$$h = \sqrt{4r^2 - b^2} \quad (h > 0) \tag{c}$$

を式(a)に代入すれば，

$$I_x = \frac{bh^3}{12} = \frac{b}{12} \times \left(4r^2 - b^2\right)^{3/2}$$

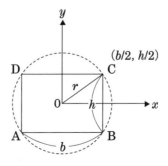

解図（問題1-38）

最大となる条件は$\dfrac{dI_x}{db}=0$なので，これを計算すれば，

$$\frac{dI_x}{db}=\frac{1}{12}\times\left(4r^2-b^2\right)^{3/2}+\frac{b}{12}\times\frac{3}{2}\left(4r^2-b^2\right)^{3/2-1}\times\left(4r^2-b^2\right)'=0 \quad ゆえに，\ b=r \qquad (d)$$

式(d)を式(b)に代入すれば，

$$h=\sqrt{4r^2-b^2}=\sqrt{4r^2-r^2}=\sqrt{3}r$$

したがって，求める答えは，

$$b\ :\ h=1\ :\ \sqrt{3}$$

となります．

1.5　応力度とひずみ度（伸び）

●軸応力度 σ と軸ひずみ度 ε の関係

軸方向力を P，部材の断面積を A とすれば，**軸応力度 σ（シグマと読みます）** は

$$\sigma = \frac{P}{A} \tag{1.13}$$

で計算できます．なお，**軸応力度は一般に引張応力度を正とします**．

応力度 σ とひずみ度 ε（イプシロンと読みます）には

$$\sigma = E\varepsilon \tag{1.14}$$

の関係が成立します．ここに比例定数 E は**ヤング係数（縦弾性係数**または**弾性係数）** で，鋼のヤング係数 E_S はおおよそ $200\,\text{kN/mm}^2 = 200 \times 10^3\,\text{MPa}$（MPa はメガパスカルと読み，$1 \times 10^6\,\text{N/m}^2$ です），コンクリートのヤング係数 E_C はおおよそ $25 \sim 35\,\text{kN/mm}^2$ です．

●温度変化による伸び

拘束のない長さ ℓ の棒があり，棒の温度が一様に $t\,℃$ だけ上昇した時，線膨張係数を α（/℃）とすれば，伸び量（変形量）$\Delta\ell$ は，

$$\Delta\ell = \alpha t\ell \tag{1.15}$$

で求められます．

●鉄筋コンクリート柱の軸応力度（図 1-19）

鉄筋とコンクリートのヤング係数を E_S，E_C とし，**ヤング係数比 n** を

$$n = \frac{E_S}{E_C} \tag{1.16}$$

とすれば，鉄筋に生じる軸応力度 σ_S は $n \times A_S$

$$\sigma_S = \frac{P}{A_S + \dfrac{A_C}{n}} \tag{1.17}$$

コンクリートに生じる軸応力度 σ_C は，

$$\sigma_C = \frac{P}{A_C + nA_S} \tag{1.18}$$

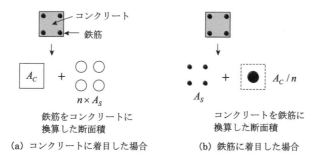

（a）コンクリートに着目した場合　　（b）鉄筋に着目した場合

図 1-19　鉄筋コンクリートの圧縮応力度

で計算することができます．ただし，Pは作用する軸力，A_sは鉄筋の断面積，A_Cはコンクリートの断面積です．

●曲げ応力度σ（図 1-20）

中立軸からy(mm)だけ離れた位置での**曲げ応力度**σは，次式で計算することができます．

$$\sigma = \frac{M}{I}y \quad (\text{N/mm}^2) \tag{1.19}$$

ここに，Mは曲げモーメント，Iは中立軸に関する断面2次モーメントです．ちなみに，カッコ内の**N**は**ニュートン**で，質量が**1kg**の物体に**1m/s²**の等加速度運動をさせる力が**1N**です．

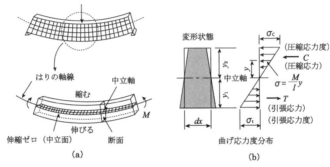

図 1-20　曲げ応力度

●断面係数と縁応力度

図 1-20 中に付記したように，y_1とy_2を引張側と圧縮側の縁端距離（中立軸から最も遠い縁までの距離）とすれば，**断面係数**Z_1とZ_2は

$$Z_1 = \frac{I}{y_1} \quad , \quad Z_2 = \frac{I}{y_2} \tag{1.20}$$

で計算することができます．ちなみに，長方形断面（幅b，高さh）の断面係数は

$$Z_1 = Z_2 = \frac{bh^3}{12} / \frac{h}{2} = \frac{bh^2}{6}$$

となります．

断面係数が求まれば，式（1.23）から，**縁応力度**（断面内の最大応力度）は

$$\sigma_t = \frac{M}{Z_1} \quad (\text{引張り}), \qquad \sigma_c = \frac{M}{Z_2} \quad (\text{圧縮}) \tag{1.21}$$

$$(\text{引張応力度が正})$$

で求められます．

●せん断応力度τ

中立軸からyだけ離れた位置での**せん断応力度**τ（タウと読みます）は次式で求められます．

$$\tau = \frac{G_1 Q}{Ib} \tag{1.22}$$

ここに，I は中立軸に関する断面 2 次モーメント，b はせん断応力度を求めようとする位置での断面幅，G_1 はせん断応力度を求めようとする位置より外側断面（図 1-21 中の斜線部分）の中立軸に対する断面 1 次モーメント，Q は断面に作用するせん断力です．

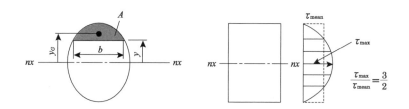

| 図 1-21　せん断応力度の G_1 | 図 1-22　長方形断面のせん断応力度 |

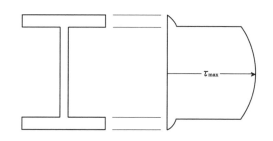

図 1-23　I 型断面のせん断応力度

図 1-22 からもわかるように，せん断応力度は 2 次曲線分布となり，長方形断面では，**最大せん断応力度** τ_{max} と**平均せん断応力度** τ_{mean} に以下の関係が成立します．

$$\tau_{max} = \frac{3}{2} \tau_{mean} = \frac{3}{2} \frac{Q}{A} \tag{1.23}$$

なお，I 型断面では，フランジとウェブの接合点で断面幅 b が異なるため，せん断応力度は図 1-23 に示すように急変します．

●せん断応力度 τ とせん断ひずみ γ の関係

G をせん断弾性係数（横弾性係数）とすれば，せん断応力度 τ（タウと読みます）とせん断ひずみ γ（ガンマと読みます）には次の関係が成立します．

$$\tau = G\gamma \tag{1.24}$$

なお，せん断弾性係数 G とヤング係数 E の関係式

$$G = \frac{E}{2(1+\nu)} \tag{1.25}$$

に，鋼の $E = 200 \, \text{kN/mm}^2$，ポアソン比 $\nu = 0.3$ を代入すればわかるように，鋼のせん断弾性係数はほぼ $G = 80 \, \text{kN/mm}^2$ となります．

【**問題 1.39（ひずみ度と伸び）**】図（問題1-39）のように，一辺が 100mm の立方体状でヤング係数 E が 100N/mm² の弾性体が天井に取りつけられ，この弾性体に対し，鉛直下向きに引張力 100N が作用しています．このとき，鉛直方向における弾性体のひずみ度 ε と伸び δ [mm] の値を求めなさい．ただし，弾性体の自重による影響は考えないものとします．

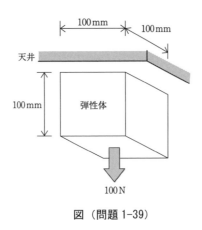

図（問題1-39）

（国家公務員Ⅱ種試験）

【**解答**】弾性体の応力度を σ とすれば，$\sigma = E\varepsilon$ の関係式から，ひずみ度 ε は，

$$\varepsilon = \frac{\sigma}{E} = \frac{100 \, / \, (100 \times 100)}{100} = 1.0 \times 10^{-4}$$

となります．また，伸び δ は長さが $\ell = 100 \, \text{mm}$ なので，

$$\delta = \ell\varepsilon = 100 \times 1.0 \times 10^{-4} = 1.0 \times 10^{-2} \, \text{mm}$$

となります．

【**問題1.40（ひずみ度）**】 図（問題1-40）のように，長さ ℓ の均一材料でできた断面積 A の棒の上端を支持したところ，棒の自重によって下端で $\Delta\ell_1$ の伸びが生じました．ここで，同一材質で，断面積を $3A$，長さを 2ℓ とした棒を同様に支持したときの伸び $\Delta\ell_2$ は $\Delta\ell_1$ の何倍になるか求めなさい．

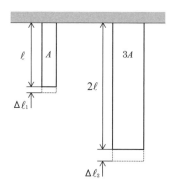

図（問題1-40）

（国家公務員Ⅰ種試験［機械］）

【**解答**】 単位体積あたりの重量を w とし，まず，断面積 A の棒を考えます．下端から x だけ離れた位置で棒を切断し，力のつり合いを考えます．解図（問題1-40）からわかるように，切断した部分 abcd には自重 wAx が下向きに作用しますので，切断面 ab には上向きの力 N が作用していないとつり合いを保つことができません．この上向きの力 N は，上向きを正として力のつり合いを考えた

$$N - wAx = 0$$

から，$N = wAx$ となります．したがって，切断面 ab には

$$\sigma_x = \frac{N}{A} = \frac{wAx}{A} = wx$$

の応力度 σ_x が生じることになります．また，この応力度に起因した切断面 ab でのひずみ度 ε_x を求めれば，

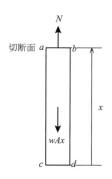

解図（問題1-40）

$$\varepsilon_x = \frac{\sigma_x}{E} = \frac{wx}{E} \tag{a}$$

となります．ところで，棒の微小区間 dx での伸び Δdx は，

$$\varepsilon_x = \frac{\Delta dx}{dx}$$

から

$$\Delta dx = \varepsilon_x dx \tag{b}$$

となりますので，式(b)に式(a)を代入し全長にわたって積分すれば，自重による棒下端での伸び $\Delta \ell_1$ は，

$$\Delta \ell_1 = \int_0^\ell \Delta dx = \int_0^\ell \varepsilon_x dx = \int_0^\ell \frac{wx}{E} dx = \frac{w\ell^2}{2E} \tag{c}$$

と求められます．

一方，断面積が $3A$，長さが 2ℓ の棒についても式(c)の結果を適用できますので，自重による棒下端での伸び $\Delta \ell_2$ は，

$$\Delta \ell_2 = \frac{w(2\ell)^2}{2E} = \frac{4w\ell^2}{2E} = 4\Delta \ell_1$$

と求められます．よって，答えは 4 倍になります．

【**問題 1.41（ひずみ度）**】　図（問題 1-41）のように途中で断面積が変化している物体（ヤング係数 E は一定）が上端および下端で固定されています．断面の変化する位置に力 P を鉛直に作用させたところ変形が生じました．このとき，上部材の軸引張力の大きさと下部材の軸圧縮力の大きさを求めなさい．ただし，荷重を作用させる前の上部材の長さは ℓ，断面積は A，下部材の長さは $3\ell/2$，断面積は $2A$ とします．なお，部材の自重による影響および水平方向の変形は無視し，軸引張力および軸圧縮力は断面の全面に垂直かつ一様に生ずるものとします．また，変形は弾性の範囲内にあるものとします．

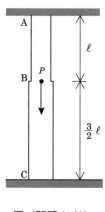

図（問題 1-41）

（国家公務員 I 種試験［土木］）

【**解答**】　B 点に P の軸方向荷重が作用していますので，A 点と C 点にはそれぞれ鉛直反力 V_A，V_C が生じることになります．鉛直反力 V_A，V_C は解図 1（問題 1-41）に付記したように鉛直上向きに作用するものとします．鉛直上向きを正として力のつり合いを考えれば，

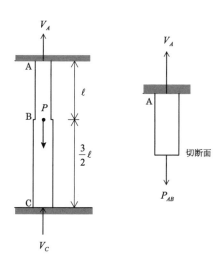

解図 1（問題 1-41）　　　解図 2（問題 1-41）

$$V_A - P + V_C = 0 \quad \text{ゆえに} \quad V_A + V_C = P \tag{a}$$

の関係式が得られます.

　次に，部材 AB 間，部材 BC 間に生じる力を P_{AB}，P_{BC} とし，それぞれ下向き（A 点を固定として部材を引っ張る方向）に作用すると考えることにします．解図 2（問題 1-41）に示すように，部材 AB を途中で切断し，上方の棒について鉛直上向きを正として力のつり合いを考えれば，

$$\text{AB 間の引張力}：V_A - P_{AB} = 0 \quad \text{ゆえに，} \quad P_{AB} = V_A \tag{b}$$

同様に，部材 BC を途中で切断し，上方の棒について鉛直上向きを正として力のつり合いを考えれば，

$$\text{BC 間の引張力}：V_A - P_{BC} - P = 0 \quad \text{ゆえに，} \quad P_{BC} = V_A - P \tag{c}$$

のような関係式が得られます.

　ところで，部材 AB 間，部材 BC 間の伸び Δ_{AB}，Δ_{BC} は，$P/A = E\Delta/\ell$ の関係式から，それぞれ以下のように求められます.

$$\text{AB 間の伸び}：\Delta_{AB} = \frac{P_{AB}\ell_{AB}}{EA_{AB}} = \frac{V_A\ell}{EA}$$

$$\text{BC 間の伸び}：\Delta_{BC} = \frac{P_{BC}\ell_{BC}}{EA_{BC}} = \frac{(V_A - P)}{2EA} \times \frac{3}{2}\ell$$

ただし，**両端が固定されており，棒全体の長さは変化しません**ので，全体の伸びを Δ とすれば

$$\Delta = \Delta_{AB} + \Delta_{BC} = \frac{V_A\ell}{EA} + \frac{3(V_A - P)\ell}{4EA} = 0$$

の関係式が成立しなければなりません．したがって，

$$V_A = \frac{3}{7}P$$

となり，この関係を式(a)に代入すれば

$$V_C = \frac{4}{7}P$$

が得られます．ゆえに，式(b)と式(c)より，軸方向力は

$$P_{AB} = V_A = \frac{3}{7}P \quad \text{（正なので引張力）}$$

$$P_{BC} = V_A - P = \frac{3}{7}P - P = -\frac{4}{7}P \quad \text{（負なので圧縮力）}$$

となります.

【**問題 1.42（応力度とひずみ度）**】コンクリートの断面積が 360,000mm²，軸方向鉄筋の断面積が 4,000mm²，長さが 4m の鉄筋コンクリート柱の断面中心に圧縮軸力 2,000kN が作用し，一様な収縮量になったとします．コンクリートの弾性係数を 2.0×10^4N/mm²，鉄筋の弾性係数を 2.0×10^5N/mm² とする場合，鉄筋の応力度 σ_S と収縮量 $\Delta \ell_S$ を求めなさい．ただし，コンクリートと鉄筋は弾性範囲内にあるものとします．

（国家公務員 I 種試験）

【**解答**】ヤング係数比 n は，

$$n = \frac{E_S}{E_C} = \frac{2.0 \times 10^5}{2.0 \times 10^4} = 10$$

ですので，鉄筋の応力度 σ_S は，

$$\sigma_S = \frac{P}{A_S + \dfrac{A_C}{n}} = \frac{2,000 \times 10^3}{4,000 + \dfrac{360,000}{10}} = 50 \, \text{N/mm}^2$$

となります．また，収縮量 $\Delta \ell_S$ は，

$$\Delta \ell_S = \frac{P\ell}{E_S A} = \frac{2,000 \times 10^3 \times 4 \times 10^3}{2.0 \times 10^5 \times \left(4,000 + \dfrac{360,000}{10}\right)} = 1.0 \, \text{mm} \quad \left(\because \frac{P}{A} = E_S \frac{\Delta \ell_S}{\ell} \right)$$

となります．

【**問題 1.43（軸応力度）**】図（問題 1-43）の棒は，材料 1，材料 2 からなる複合材で，材料 1，材料 2 のヤング率は E_1，E_2，それぞれの材料の占める断面積は A_1，A_2 です．この棒を荷重 P で圧縮するとき，材料 1 の部分に生ずる軸方向応力の大きさ σ_1 を求めなさい．ただし，複合材では軸方向のひずみが断面内で均一になるものとします．また，棒の自重は無視します．

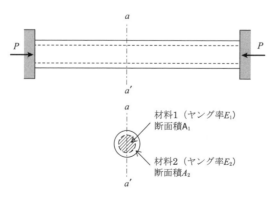

材料1（ヤング率E_1）
断面積A_1

材料2（ヤング率E_2）
断面積A_2

図（問題 1-43）

（国家公務員 II 種試験 [土木]）

【解答】　材料 1，材料 2 が受け持つ力を P_1，P_2 とすれば，

$$P = P_1 + P_2 \tag{a}$$

材料 1，材料 2 のひずみ ε は等しいので，$\sigma = E\varepsilon$ の関係式（式(1.14)を参照）から，

$$\sigma_1 = E_1\varepsilon \quad ゆえに，\quad A_1\sigma_1(= P_1) = A_1E_1\varepsilon \tag{b}$$

$$\sigma_2 = E_2\varepsilon \quad ゆえに，\quad A_2\sigma_2(= P_2) = A_2E_2\varepsilon \tag{c}$$

式(a)に式(b)と式(c)を代入して整理すれば，

$$\varepsilon = \frac{P}{E_1A_1 + E_2A_2}$$

したがって，材料 1 の部分に生ずる軸方向応力の大きさ σ_1 は，

$$\sigma_1 = E_1\varepsilon = \frac{PE_1}{E_1A_1 + E_2A_2}$$

のように求まります．

【問題 1.44（ひずみ度）】図（問題 1-44）のように結合された部材 A，B，C が，剛体を介して，鉛直方向の変位が等しくなるように1,100 N の力で引っ張られたとき，これらの部材それぞれに生ずる垂直応力度 σ_A，σ_B，σ_C の大小関係を求めなさい．ただし，部材 A，B，C に生ずる垂直応力度は弾性限度内とし，これらの部材の断面積，ヤング係数，長さはそれぞれ表（問題 1-44）に示すものとします．また，各部材と剛体の自重は考えないものとします．

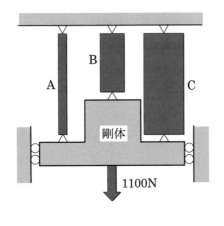

図（問題 1-44）

表（問題 1-44）

部材	断面積 [mm²]	ヤング係数 [N/mm²]	長さ [mm]
A	10	200	200
B	50	100	100
C	100	100	200

（国家公務員 I 種試験）

【解答】部材 A，B，C の伸びは等しいことから，これを $\Delta\ell$ とおけば，

$$\sigma_A = E_A\varepsilon_A = 200 \times \frac{\Delta\ell}{200} = \Delta\ell$$

$$\sigma_\mathrm{B} = E_\mathrm{B}\varepsilon_\mathrm{B} = 100 \times \frac{\varDelta \ell}{100} = \varDelta \ell$$

$$\sigma_\mathrm{C} = E_\mathrm{C}\varepsilon_\mathrm{C} = 100 \times \frac{\varDelta \ell}{200} = 0.5\varDelta \ell$$

したがって，

$$\sigma_\mathrm{A} = \sigma_\mathrm{B} > \sigma_\mathrm{C}$$

の関係が成立します．ちなみに，この問題では，断面積のデータは不要です．このように，**公務員試験ではしばしば不要なデータが示されることがあります**．

【問題 1.45（曲げ応力度）】 図（問題 1-45）のように，単純梁の中央部に鉛直集中荷重が作用しているとき，単純梁の中央部の下端 A に生ずる曲げ応力度の大きさ σ_A を求めなさい．

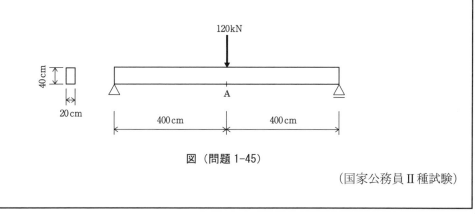

図（問題 1-45）

（国家公務員 II 種試験）

【解答】 A 点における曲げモーメント M_A は，

$$M_A = 60\,\mathrm{kN} \times 4\mathrm{m} = 240\,\mathrm{kN \cdot m}$$

なので，曲げ応力度の大きさ σ_A は，

$$\sigma_A = \frac{M_A}{I} y = \frac{240 \times 100}{\dfrac{20 \times 40^3}{12}} \times 20 = 4.5\,\mathrm{kN/cm^2} = 4500\mathrm{N/cm^2} = 45\mathrm{N/mm^2}$$

となります．

【**問題 1.46（応力度）**】図Ⅰのように，部材長さが ℓ である単純梁の部材中央の点 A および片側ローラー支承端の断面中央にそれぞれ荷重 P，N が作用しています．図Ⅱのように，部材の断面寸法が幅 b，高さ h の長方形断面で，点 A の断面下端の軸方向応力が 0 となるとき，荷重 P と N の関係を求めなさい．

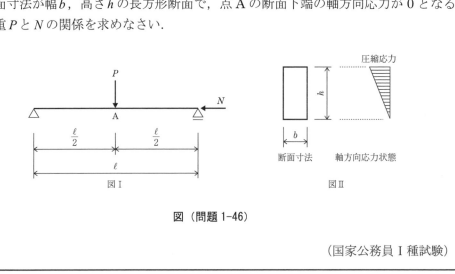

図（問題 1-46）

【**解答**】部材中央の点 A での曲げモーメント M_A は，

$$M_A = \frac{P}{2} \times \frac{\ell}{2} = \frac{P\ell}{4}$$

最大の曲げ引張り応力は断面の中立軸から最も離れた $y = \dfrac{h}{2}$ の位置で生じますので，$I = \dfrac{bh^3}{12}$，$M_A = \dfrac{P\ell}{4}$ とともに曲げ応力度の算定式 $\sigma = \dfrac{M}{I} y$ に代入すれば，

$$\sigma_{\max} = \frac{M_A}{I} y = \frac{P\ell/4}{bh^3/12} \times \frac{h}{2} = \frac{3}{2} \frac{P\ell}{bh^2} \tag{a}$$

一方，圧縮力 N を作用させた時の圧縮応力 σ は，

$$\sigma = -\frac{N}{A} = -\frac{N}{bh} \qquad （圧縮応力なので負号がつく） \tag{b}$$

したがって，点 A の断面下端の軸方向応力が 0 となるとき，

$$N = \frac{3\ell P}{2h}$$

の関係が得られます．

【問題 1.47（応力度）】図 I のような鉛直集中荷重が作用する鋼材の梁を，曲げモーメントに対して許容応力度法で設計したい．図 II に表す梁の断面の X 軸回りに曲げモーメントを受ける場合，題意を満足し，断面積が最小となる梁の幅 b，高さ h の組合せとして最も妥当なものを選びなさい．ただし，鋼材の許容曲げ応力度 σ_a は 200N/mm^2 とし，部材の自重は無視するものとします．

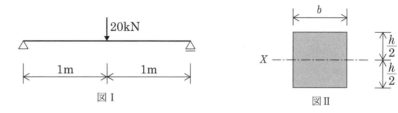

図（問題 1-47）

	b	h
1.	60 mm	50 mm
2.	60 mm	100 mm
3.	90 mm	50 mm
4.	90 mm	100 mm
5.	120 mm	100 mm

（国家公務員 I 種試験）

【解答】次元に注意して，曲げ応力度を求める公式 $\sigma = \dfrac{M}{I} y$ に代入すれば，

$$200 = \frac{10 \times 10^3 \times 1 \times 10^3}{\dfrac{bh^3}{12}} \times \frac{h}{2}$$

（曲げモーメントの次元は N・mm）

よって，

$$bh^2 = 3 \times 10^5 \text{ mm}^3$$

解答群について bh^2 を計算すれば，

1： $bh^2 = 60 \times 50^2 = 1.5 \times 10^5 \text{ mm}^3$

2： $bh^2 = 60 \times 100^2 = 6.0 \times 10^5 \text{ mm}^3$

3： $bh^2 = 90 \times 50^2 = 2.25 \times 10^5 \text{ mm}^3$

4： $bh^2 = 90 \times 100^2 = 9.0 \times 10^5 \text{ mm}^3$

5： $bh^2 = 120 \times 100^2 = 12.0 \times 10^5 \text{ mm}^3$

$bh^2 > 3 \times 10^5 \text{ mm}^3$ の中で最小のものは，2 の $bh^2 = 60 \times 100^2 = 6.0 \times 10^5 \text{ mm}^3$ ですので，求める答えは，

$$2 \text{ の } b = 60 \text{ mm}, \quad h = 100 \text{ mm}$$

であることがわかります．

【問題1.48（応力度）】 図（問題1-48）に示すように，梁（支間 ℓ，断面高さ h，断面幅 b）に等分布荷重 w が作用しています．今，この梁に作用する最大曲げ引張り応力をゼロにするような圧縮力 P を梁の部材軸方向に作用させたとします．この時，P の大きさはいくらか求めなさい．ただし，この梁は部材軸方向に一様でその自重は無視するものとします．また，平面保持の仮定 [1] が成立するものとします．

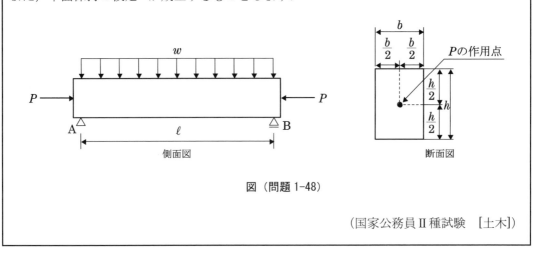

図（問題1-48）

（国家公務員II種試験　[土木]）

【解答】 最大曲げモーメント $M_{\max}$ は明らかに梁の中央部で生じます．支点 A での鉛直反力 R_A は $R_A = \dfrac{w\ell}{2}$ ですので，最大曲げモーメント $M_{\max}$ は，

$$M_{\max} = \frac{w\ell}{2} \times \frac{\ell}{2} - w \times \frac{\ell}{2} \times \frac{\ell}{4} = \frac{w\ell^2}{8}$$

と求まります．最大の曲げ引張り応力は断面の中立軸から最も離れた $y = \dfrac{h}{2}$ の位置で生じますので，$I = \dfrac{bh^3}{12}$，$M_{\max} = \dfrac{w\ell^2}{8}$ とともに曲げ応力度の算定式 $\sigma = \dfrac{M}{I}y$ に代入すれば，

$$\sigma_{\max} = \frac{M_{\max}}{I}y = \frac{w\ell^2/8}{bh^3/12} \times \frac{h}{2} = \frac{3}{4}\frac{w\ell^2}{bh^2} \tag{a}$$

ちなみに，長方形断面の断面係数 $W = \dfrac{bh^2}{6}$ を用いても

$$\sigma_{\max} = \frac{M_{\max}}{W} = \frac{w\ell^2/8}{bh^2/6} = \frac{3}{4}\frac{w\ell^2}{bh^2}$$

のように $\sigma_{\max}$ は同じ結果が得られます．一方，圧縮力 P を作用させた時の圧縮応力 σ は

---

1) 平面保持の仮定

　平面保持の仮定とは，「変形前にはりの軸に垂直であった断面は，はりが荷重を受けて変形した後も，はりの軸に垂直で平面を保っている」というものです．

$$\sigma = -\frac{P}{A} = -\frac{P}{bh} \quad (\text{圧縮応力なので負号がつく}) \tag{b}$$

したがって，最大曲げ引張り応力をゼロにするような圧縮力 P は，

$$\sigma_{\max} + \sigma = \frac{3}{4}\frac{w\ell^2}{bh^2} - \frac{P}{bh} = 0$$

より，$P = \dfrac{3}{4}\dfrac{w\ell^2}{h}$ となります．

【問題 1.49（応力度）】 図（問題 1-49）のような幅が b，せいが h である矩形断面の不静定梁において，部材中央の点 A に鉛直下向きの荷重 P_1，ローラー支持端の断面中央の点 B に水平左向きの荷重 P_2 が作用するときに，全長にわたって部材断面に引張力が生じない場合，最小の P_2 を求めなさい．

ただし，不静定梁は等質等断面であり，自重は無視するものとする．また，不静定梁の変形量は微小で座屈は生じないものとする．なお，曲げ剛性が $E_0 I_0$，長さ L の片持ち梁の先端に鉛直荷重 P_0 を加えたときの荷重点の鉛直たわみ δ は $\delta = \dfrac{P_0 L^3}{3E_0 I_0}$，たわみ角 θ は $\theta = \dfrac{P_0 L^2}{2E_0 I_0}$ で与えられる．

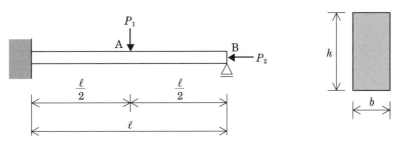

図（問題 1-49）

（国家公務員総合職試験[大卒程度試験]）

【解答】 B 点に作用する鉛直反力を V_B とすれば，

$$\frac{V_B \ell^3}{3E_0 I_0} = \frac{P_1\left(\dfrac{\ell}{2}\right)^3}{3E_0 I_0} + \frac{P_1\left(\dfrac{\ell}{2}\right)^2}{2E_0 I_0} \times \frac{\ell}{2}$$

の関係式が成り立つので，鉛直反力 V_B は，

$$V_B = \frac{5}{16}P_1$$

ところで，負の曲げモーメントの最大値は固定端で生じ，その大きさ M は，

$$M = \frac{5}{16}P_1L - P_1 \times \frac{L}{2} = -\frac{3}{16}P_1L$$

それゆえ，全長にわたって部材断面に引張力が生じない条件から

$$\frac{\frac{3}{16}P_1\ell}{\frac{bh^3}{12}} \times \frac{h}{2} = \frac{P_2}{bh}$$

したがって，求める答えは，

$$P_2 = \frac{9P_1\ell}{8h}$$

となります．

【問題 1.50（せん断応力度）】 図（問題 1-50）に示す集中荷重を受ける単純梁の点 A，B を含む断面に生じる，点 A および点 B のせん断応力度 τ_A，τ_B を求めなさい．ただし，梁材は等質等断面で，弾性範囲内にあるものとします．

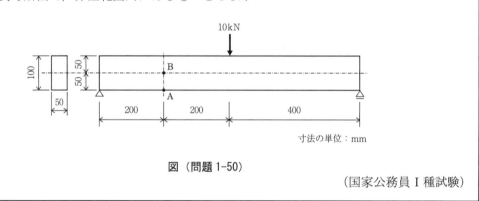

図（問題 1-50）

（国家公務員 I 種試験）

【解答】 支点反力は $5\,\mathrm{kN}=5{,}000\,\mathrm{N}$ ですので，点 A，B を含む断面に生じるせん断力 Q は $Q=5{,}000\,\mathrm{N}$ となります．

ところで，せん断応力度を求める公式である $\tau = \dfrac{G_1}{I \cdot b}Q$ において，G_1 は着目点より外側の中立軸に関する断面 1 次モーメントですので，点 A については $G_1 = 0\,\mathrm{mm}^3$ となり，$\tau_A = 0$ $\mathrm{N/mm}^2$ となります．また，点 B は中立軸上の点で，この位置で最大せん断応力度が生じ，長方形断面では

$$最大せん断応力度 = 平均せん断応力度 \times \frac{3}{2}$$

の関係が成立しますので，

$$\tau_B = \frac{5{,}000}{100 \times 50} \times \frac{3}{2} = 1.5\,\mathrm{N/mm}^2$$

となります．なお，当然ですが，公式を適用して，

$$\tau_B = \frac{G_1}{I \cdot b} Q = \frac{50 \times 50 \times 25}{\dfrac{50 \times 100^3}{12} \times 50} \times 5,000 = 1.5 \text{ N/mm}^2$$

のように求めても構いません．

【問題 1.51 （せん断応力度）】 図 I のような鉛直等分布荷重を受ける単純梁に，図 II のような矩形断面（幅 200mm×せい 500mm）の部材を用いるとき，この部材に生ずる最大せん断応力度の大きさを求めなさい．ただし，部材の自重は無視するものとします．なお，一般に，図 II のような矩形断面の部材にせん断力が作用しているとき，断面内のせん断応力度の分布は図 III のようになります．

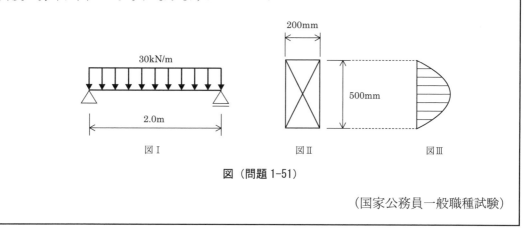

図（問題 1-51）

（国家公務員一般職種試験）

【解答】 適用する公式は，

$$\tau = \frac{G_1 Q}{I \cdot b}$$

です．長さの次元を cm にして，断面 2 次モーメント I を求めれば，

$$I = \frac{20 \times 50^3}{12} \text{ cm}^4$$

せん断力の最大値は支点のすぐ隣の断面に生じ，その大きさは

$$Q = 30 \times 2.0 / 2 = 30 \text{ kN}$$

断面の中央で最大せん断応力度が生じます．また，最大せん断応力度が生じる位置（着目位置）での断面幅 b は $b = 20 \text{ cm}$ であり，着目位置より外側の断面 1 次モーメント G_1 は，

$$G_1 = 20 \times 25 \times \frac{25}{2} \text{ cm}^3$$

したがって，求める答えは，

$$\tau = \frac{G_1 Q}{I \cdot b} = \frac{20 \times 25 \times \dfrac{25}{2} \times 30}{\dfrac{20 \times 50^3}{12} \times 20} = 0.045 \, \text{kN/cm}^2 \ \rightarrow 0.45 \, \text{N/mm}^2$$

となります.

　なお,長方形断面では,

$$最大せん断応力度 = 平均せん断応力度 \times \frac{3}{2}$$

の関係が成立することを知っていれば,

$$\tau = \frac{Q}{A} \times \frac{3}{2} = \frac{30}{20 \times 50} \times 1.5 = 0.045 \, \text{kN/cm}^2 \ \rightarrow 0.45 \, \text{N/mm}^2$$

として求めても構いません.

1.6　構造物の変位

●たわみとたわみ角

　荷重が作用すると梁（橋）は図 1-24 に示すようにたわみます．このとき，梁の軸が示す曲線を**たわみ曲線**あるいは**弾性曲線**といいます．また，たわみ曲線上の 1 点において引いた接線がもとの軸線の方向となす角 θ を，その点における**たわみ角**といいます．なお，**たわみ *y***は下向きを正，**たわみ角 θ** は時計回りを正とします．

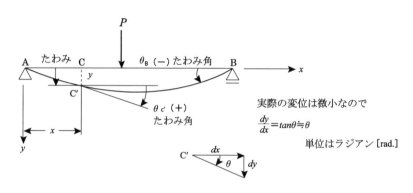

図 1-24　たわみとたわみ角

●相反作用の定理

　図 1-25 に示すように，A に荷重が作用した場合の B 点のたわみを δ_{BA}，B 点に荷重が作用した場合の A 点のたわみを δ_{AB} とすれば，

$$\delta_{BA} = \delta_{AB}$$

の関係が成り立ちます．

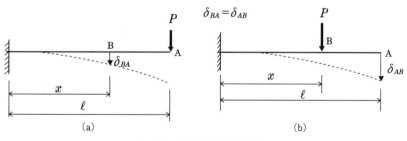

図 1-25　相反作用の定理

●微分方程式による解法

　たわみ曲線の微分方程式は次式で与えられます．

$$\frac{d^2 y}{dx^2} = -\frac{M_x}{EI} \tag{1.26}$$

ここに，M_x は x だけ離れた位置における曲げモーメント，EI は**曲げ剛性**です．したがって，

曲げモーメントM_xを式(1.26)に代入して2回積分した後に境界条件を考慮すれば,たわみyとたわみ角$\theta=\dfrac{dy}{dx}$を求めることができます.

なお,図1-26に示すように,w_xをxだけ離れた位置における分布荷重の大きさとすれば,

$$\frac{d^4y}{dx^4}=\frac{w_x}{EI} \tag{1.27}$$

の関係式も成立します.この式を適用する場合は,4回積分した後に境界条件を考慮すれば,同様にたわみyとたわみ角$\theta=\dfrac{dy}{dx}$を求めることができます.なお,参考までに,図1-26に示した単純梁の境界条件は,$x=0$で$y=0$,$\dfrac{d^2y}{dx^2}=0$,$x=\ell$で$y=0$,$\dfrac{d^2y}{dx^2}=0$の4つです.ここで,$\dfrac{d^2y}{dx^2}=0$となるのは,単純梁の支点A,B上では曲げモーメントが0となるからです.

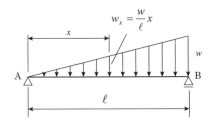

図1-26　分布荷重の大きさ

● モールの定理（弾性荷重法または共役梁法）

モールの定理を適用する場合,片持梁の先端Bにおけるたわみとたわみ角は以下の手順で求めることができます.

① 片持梁に荷重が作用した系（図1-27(a)の系ですが,最初に与えられた系という意味から**与系**といいます）の曲げモーメント図（図1-27(b)）を描きます.

② ①で描いた曲げモーメントをEIで割った荷重（**弾性荷重**または**仮想荷重**といいます）を求めます.この例題では弾性荷重が負になっていますので,図1-27(c)のように下から上に向かって弾性荷重を**共役梁**（片持梁では固定端を自由,自由端を固定とした梁）に作用させます.

③ 共役梁の固定端（B'点）でのせん断力Q'_Bを求めれば,

$$Q'_B=\ell\times\frac{P\ell}{EI}\times\frac{1}{2}=\frac{P\ell^2}{2EI}$$

ですが,これが与系の自由端Bにおけるたわみ角θ_Bになります.また,共役梁の固定端（B'点）での曲げモーメントM'_Bを求めれば,

$$M'_B=\ell\times\frac{P\ell}{EI}\times\frac{1}{2}\times\frac{2}{3}\ell=\frac{P\ell^3}{3EI}$$

ですが,これが与系の自由端Bにおけるたわみy_Bになります.

　モールの定理は非常に便利な方法ですが，**もとの梁でたわみ *y*（たわみ角 θ）を，同じ位置で曲げモーメント *M*（せん断力 *Q*）が満足すべき境界条件を備えたモデル（共役梁）に対して弾性荷重 M_x / EI を作用させなければなりません**．図 1-28 に共役梁を示しておきますので，絶対に暗記しておいて下さい．

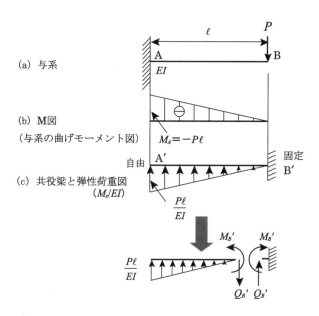

図 1-27　モールの定理（弾性荷重法）の適用例

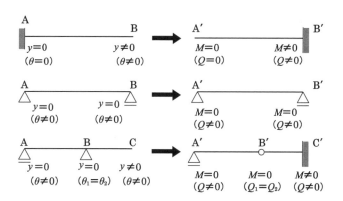

図 1-28　共役梁

●エネルギー法

(1) 部材に蓄えられるひずみエネルギー

軸力 N，曲げモーメント M，せん断力 Q によって**部材に蓄えられる全体のひずみエネルギー U は**

$$U = U_N + U_M + U_Q = \int_0^\ell \frac{N^2}{2EA} dx + \int_0^\ell \frac{M^2}{2EI} dx + \int_0^\ell \frac{\kappa Q^2}{2GA} dx \tag{1.28}$$

（κ はカッパーと読みます）

で計算することができます．この式はエネルギーを表しますので，右辺の**各項の分母に 2 がついていること**に**留意**して下さい．なお，式(1.28)において一般には非常に小さいせん断力に関する項は無視すれば，

$$U = U_N + U_M = \int_0^\ell \frac{N^2}{2EA} dx + \int_0^\ell \frac{M^2}{2EI} dx \tag{1.29}$$

となります．

(2) カステリアーノの定理

①第 2 定理

カステリアーノの第 2 定理を言葉で表現すれば，「構造物に多数の外力が作用してつり合い状態にある場合，構造物に蓄えられた全ひずみエネルギー U を任意の外力 P_i で偏微分した値は，外力 P_i の作用点 i が P_i 方向に変位する量 d_i に等しい」ということになります．式で表せば，

$$\frac{\partial U}{\partial P_i} = d_i \tag{1.30}$$

となります．この関係は力の代わりに曲げモーメント M_i，変位の代わりにたわみ角 θ_i を考えても成立します．すなわち，

$$\frac{\partial U}{\partial M_i} = \theta_i \tag{1.31}$$

②第 1 定理

カステリアーノの第 1 定理を言葉で表現すれば，「構造物のひずみエネルギー U を d_i（構造物上にある着目点 i での変位）で偏微分した値は，着目点 i に作用する d_i 方向の外力 P_i に等しい」ということになります．式で表せば，

$$\frac{\partial U}{\partial d_i} = P_i \tag{1.32}$$

となります．この関係は変位の代わりにたわみ角 θ_i，力の代わりに曲げモーメント M_i を考えても成立します．すなわち，

$$\frac{\partial U}{\partial \theta_i} = M_i \tag{1.33}$$

(3) 最小仕事の原理

最小仕事の原理を言葉で表現すれば，「構造物の反力や部材力は，構造物に作用する多数

の外力によって構造物内に蓄えられるひずみエネルギーを最小にするような大きさになっている」ということになります．X を部材力あるいは反力として，最小仕事の原理を式で表せば，

$$\frac{\partial U}{\partial X} = 0 \tag{1.34}$$

となりますが，この関係式は不静定構造物の反力を求める場合にしばしば利用されます[2]．

(4) 仮想仕事の原理

　仮想仕事の原理（土木では単位荷重法ともいいます）とは，「実際に作用する荷重による曲げモーメント M_x と，求めようとする変位の方向に仮想の単位荷重 $\overline{P}=1$（または，単位モーメント荷重 $\overline{M}=1$）を作用させた場合の曲げモーメント $\overline{M}_x$ を求めれば，実際の変位 d（または，たわみ角 θ）を算定できる」というもので，以下のように表すことができます．

$$1 \cdot d = \int_0^\ell \frac{\overline{M}_x M_x}{EI}\,dx \quad または \quad 1 \cdot \theta = \int_0^\ell \frac{\overline{M}_x M_x}{EI}\,dx \tag{1.35}$$

　一方，トラスでは，次式で変位を求めることができます．

$$1 \cdot d = \int_0^\ell \frac{\overline{N}N}{EA}\,dx = \sum \frac{\overline{N}_i N_i}{EA_i}\,\ell_i = \sum \overline{N}_i \Delta\ell_i \quad \left(\because \Delta\ell_i = \frac{N_i}{EA_i}\,\ell_i\right) \tag{1.36}$$

ただし，式(1.36)において，右辺の $\overline{N}_i$ は求めたい節点の方向に仮想の単位荷重 $\overline{P}=1$ を作用させた場合の軸方向力です．

---

[2] 式(1.30)をカステリアーノの第1定理，式(1.32)をカステリアーノの第2定理としている教科書もあります．また，式(1.34)をカステリアーノの第2定理（最小仕事の原理）としている教科書もあって，読者の皆さんは混乱するかもしれません．ただし，これらの定理や原理を使って問題さえ解ければ十分ですので，第1定理と第2定理の区別はそんなに重要ではありません．

●梁のたわみを求める式

代表的な梁のたわみを求める公式を図 1-29 に示しておきます. **公務員試験には必ずこれ**
らの公式を暗記してのぞんで下さい.

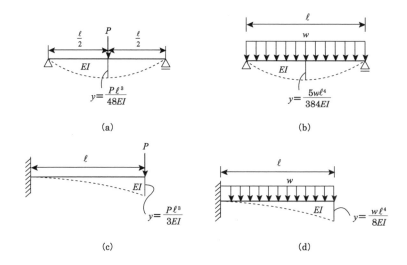

(a)　(b)

(c)　(d)

図 1-29　梁のたわみを求める式

●ラーメンの水平変位を求める式

図 1-30 に示すような 3 層ラーメンにおいて，頂部の水平変位 δ は，以下のようにして
求めることができます.

$$\delta = 1層の層間変位+2層の層間変位+3層の層間変位 = \delta_1 + \delta_2 + \delta_3$$

$$= \frac{1層以上に作用する水平力}{1層の水平剛性} + \frac{2層以上に作用する水平力}{2層の水平剛性} + \frac{3層に作用する水平力}{3層の水平剛性}$$

$$= \frac{P_1 + P_2 + P_3}{K_1} + \frac{P_2 + P_3}{K_2} + \frac{P_3}{K_3}$$

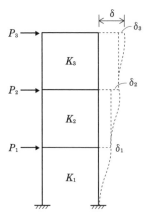

図 1-30 水平力が作用したラーメン

【**問題 1.52（たわみ）**】図 I は，単純梁が A 点において集中荷重 *P* を受けた場合の弾性た
わみの値を表したものです．この単純梁に対し，図 II のように集中荷重を作用させたとき，
A 点における弾性たわみを求めなさい．ただし，単純梁の材質は均一で，自重は無視する
ものとします．

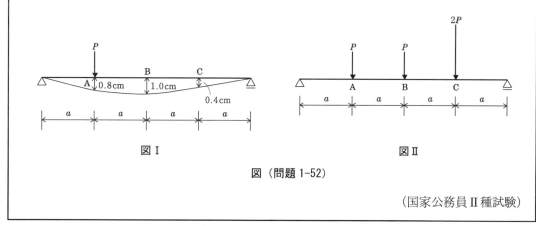

図 I　　　　　　　　　　　　図 II

図（問題 1-52）

（国家公務員 II 種試験）

【**解答**】これは**相反作用の定理**を利用する問題です．A に荷重が作用した場合の B 点のたわ
みを δ_{BA}，B 点に荷重が作用した場合の A 点のたわみを δ_{AB} とすれば，

$$\delta_{BA} = \delta_{AB}$$

の関係が成り立ちます．また，A に荷重が作用した場合の C 点のたわみを δ_{CA}，C 点に荷重
が作用した場合の A 点のたわみを δ_{AC} とすれば，

$$\delta_{CA} = \delta_{AC}$$

の関係も成り立ちます．これらの関係式を利用すれば，図 II のように集中荷重を作用させた
とき，A 点のたわみ δ_A は，

$$\delta_A = 0.8 + 1.0 + 0.4 \times 2 = 2.6 \, \text{cm}$$

となります．

【問題 1.53（たわみ）】図（問題 1-53）のように，長さ ℓ，曲げ剛性 EI で，断面が一様な片持梁が，その先端に鉛直荷重 P を受けているとき，荷重位置に生ずる曲げたわみ δ に関する記述[ア]，[イ]，[ウ]の正誤を答えなさい．ただし，梁の自重は考えないものとし，たわみは弾性変形の範囲で生ずるものとします．

[ア] P の大きさが 2 倍になると，δ も 2 倍になる．
[イ] EI が 2 倍になると，δ は1/4倍になる．
[ウ] ℓ が 2 倍になると，δ は 8 倍になる．

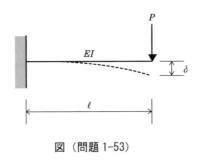

図（問題 1-53）

（国家公務員 II 種試験）

【解答】片持梁の先端におけるたわみは $\delta = \dfrac{P\ell^3}{3EI}$ ですので，

・たわみ δ は鉛直荷重 P の大きさに比例
・たわみ δ は曲げ剛性 EI の大きさに反比例
・たわみ δ は，長さ ℓ の 3 乗に比例

します．したがって，

$$[ア]＝正，[イ]＝誤，[ウ]＝正$$

となります．

【**問題 1.54（たわみ）**】図（問題 1-54）のように，長方形断面をもつ単純梁 A，B の中央にそれぞれ集中荷重 P，$2P$ を作用させた場合の荷重位置における弾性たわみを δ_A，δ_B とおきます．$\delta_A = \delta_B$ となるとき，B の梁幅 x を求めなさい．ただし，単純梁 A および B の材質は同一とし，自重およびせん断による影響は考えないものとします．

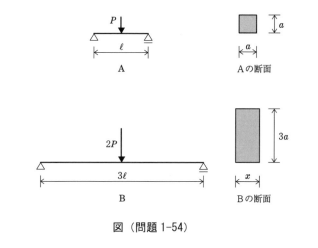

図（問題 1-54）

（国家公務員 II 種試験）

【**解答**】曲げ剛性を EI とすれば，

$$\frac{P\ell^3}{48EI} = \frac{2P \times (3\ell)^3}{48EI}$$

断面 2 次モーメントを代入すれば，

$$\frac{P\ell^3}{48E} \times \frac{12}{a \times a^3} = \frac{2P \times (3\ell)^3}{48E} \times \frac{12}{x \times (3a)^3}$$

したがって，

$$x = 2a$$

となります．

【**問題 1.55（たわみ）[やや難]**】図 I のような部材断面からなる単純梁の最大鉛直たわみを δ_1 とした場合，図 II のような部材断面からなる単純梁の最大鉛直たわみ δ_2 は δ_1 の何倍になるか求めなさい．ただし，両方の単純梁とも同一材質からなり，自重のみを等分布荷重として負担するものとします．なお，等分布荷重が作用する単純梁において，材長を ℓ，単位長さ当たりの荷重を w，曲げ剛性を EI とすると，単純梁の最大鉛直たわみ δ は，

$\delta = \dfrac{5w\ell^4}{384EI}$ で与えられます．

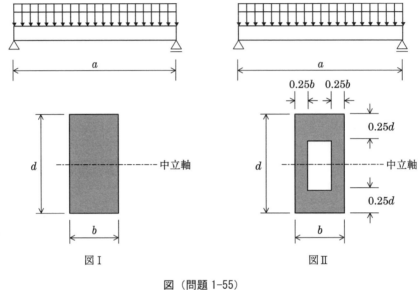

図（問題 1-55）

国家公務員総合職試験[大卒程度試験])

【**解答**】「自重のみを等分布荷重として負担する」という文章を読み飛ばしてしまうと間違った答えになりますので，**問題文はしっかり読まないといけません**．図 I と図 II の断面 2 次モーメントを I_1，I_2，重量を w_1，w_2 とすれば，

$$I_2 = \frac{bd^3}{12} - \frac{(b/2)(d/2)^3}{12} = \frac{15}{16} \times \frac{bd^3}{12} = \frac{15}{16}I_1$$

$$w_2 = \frac{bd - (b/2)(d/2)}{bd}w_1 = \frac{3}{4}w_1$$

ゆえに，図 II のたわみ δ_2 は，

$$\delta_2 = \frac{5 \times \dfrac{3}{4}w_1\ell^4}{384E \times \dfrac{15}{16}I_1} = \frac{4}{5} \times \frac{5w_1\ell^4}{384EI_1} = \frac{4}{5}\delta_1$$

となります．

【**問題** 1.56（**たわみ**）】図 I のように，ヤング係数 E および断面 2 次モーメント I が一様な部材をヒンジで結合した梁において，点 A に鉛直集中荷重 P が作用しています．このとき，点 A に生ずるたわみの大きさを求めなさい．なお，図 II のように，長さ ℓ の片持ち梁の先端に鉛直集中荷重 Q が作用したときの先端の鉛直たわみ δ は，$\delta = \dfrac{Q\ell^3}{3EI}$ で与えられます．

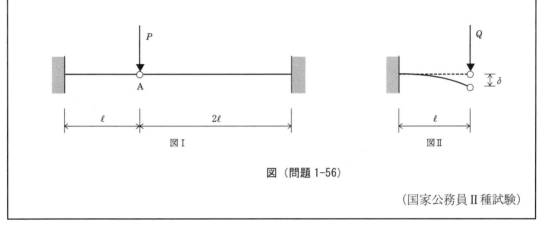

図（問題 1-56）

（国家公務員 II 種試験）

【**解答**】鉛直集中荷重 P のうち，P_1 が左側の片持梁に，P_2 が右側の片持梁に作用するとすれば，

$$P = P_1 + P_2 \tag{a}$$

また，左側と右側の片持梁はたわみ量が等しいことから，

$$\frac{P_1\ell^3}{3EI} = \frac{P_2(2\ell)^3}{3EI} \tag{b}$$

式(a)と式(b)から，

$$\frac{(P - P_2)\ell^3}{3EI} = \frac{P_2(2\ell)^3}{3EI} \quad \therefore P_2 = \frac{P}{9}$$

したがって，点 A に生ずるたわみ δ_A は，

$$\delta_A = \frac{P_2(2\ell)^3}{3EI} = \frac{P}{9} \times \frac{(2\ell)^3}{3EI} = \frac{8P\ell^3}{27EI}$$

となります．

【問題 1.57（梁のたわみ）】 図（問題 1-57）に示すように，単純梁（支間 ℓ）の支点 B に
モーメント外力 M が作用しています．この時，支間中央点 C におけるたわみを求めなさ
い．ただし，この梁は部材軸方向に一様で，その自重は無視するものとします．また，変
形としては曲げ変形のみを考慮し，梁部材の曲げ剛性を EI とします．

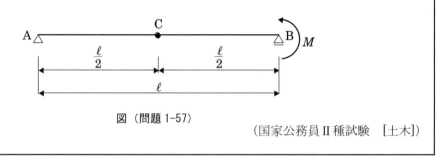

図（問題 1-57）

（国家公務員Ⅱ種試験 ［土木］）

【解答】 モールの定理（弾性荷重法）で解くことにします．この場合の曲げモーメント図は
簡単に描けますが，念のために力のつり合いを考えれば，

$$V_A + V_B = 0, \quad \sum M_B = V_A \ell - M = 0$$

ゆえに，

$$V_A = \frac{M}{\ell}, \quad V_B = -\frac{M}{\ell}$$

したがって，$M_x = V_A \times x = \dfrac{M}{\ell} x$ となり，曲げモーメント図は解図（問題 1-57）のように描
くことができます．この解図（問題 1-57）を参照すれば，反力の公式を適用して，

$$V'_A = \ell \times \frac{M}{EI} \times \frac{1}{2} \times \frac{\ell/3}{\ell} = \frac{\ell M}{6EI}$$

解図（問題 1-57）

ゆえに，求める答えは，

$$M'_C = \frac{\ell M}{6EI} \times \frac{\ell}{2} - \frac{\ell}{2} \times \frac{M}{2EI} \times \frac{1}{2} \times \frac{\ell}{2} \times \frac{1}{3} = \frac{\ell^2 M}{16EI} = y_C$$

となります．

【問題 1.58（梁のたわみ）】 図（問題 1-58）に示すように，片持梁に集中荷重 P が作用するときに，はり先端のたわみ y_A とたわみ角 θ_A の大きさを求めなさい．ただし，はりの弾性係数 E，断面 2 次モーメント I は一定とし，はりの自重は無視するものとします．

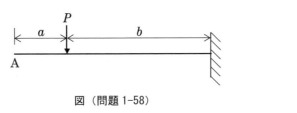

図（問題 1-58）

（大阪府職員採用試験 ［土木］）

【解答】 モールの定理（弾性荷重法）を適用します．解図（問題 1-58）を参照すれば，以下のように，はり先端のたわみ y_A とたわみ角 θ_A が求まります．

$$y_A = M_{A'} = \frac{Pb^2}{2EI}\left(a + \frac{2}{3}b\right)$$

$$\theta_A = Q_{A'} = -\frac{Pb^2}{2EI} \quad \text{（たわみ角は反時計回りなので負号がつく）}$$

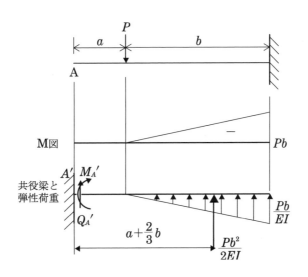

解図（問題 1-58）

【問題1.59（梁のたわみ）】図（問題1-59）に示す片持梁の先端Aに集中荷重Pが作用するときに，はり先端のたわみy_Aとたわみ角θ_Aの大きさを求めなさい．ただし，はりの断面2次モーメントはAB区間がI，BC区間が$2I$，弾性係数Eは一定とし，はりの自重は無視するものとします．

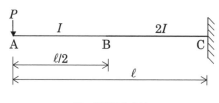

図（問題1-59）

（大阪府職員採用試験　［土木］）

【解答】モールの定理（弾性荷重法）を適用します．解図（問題1-59）を参照すれば，以下のように，はり先端のたわみy_Aとたわみ角θ_Aが求まります．

$$y_A = M_{A'} = \frac{Pl^2}{8EI} \times \left(\frac{l}{2} \times \frac{2}{3}\right) + \frac{Pl^2}{8EI}\left(\frac{l}{2} + \frac{l}{4}\right) + \frac{Pl^2}{16EI}\left(\frac{l}{2} + \frac{l}{2} \times \frac{2}{3}\right) = \frac{Pl^3}{24EI} + \frac{3Pl^3}{32EI} + \frac{5Pl^3}{96EI}$$

$$= \frac{18Pl^3}{96EI} = \frac{3Pl^3}{16EI}$$

$$\theta_A = Q_{A'} = -\frac{Pl^2}{8EI} - \frac{Pl^2}{8EI} - \frac{Pl^2}{16EI} = -\frac{5Pl^2}{16EI} \qquad （反時計回りなので負号がつく）$$

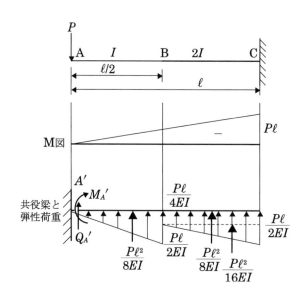

解図（問題1-59）

【問題 1.60（たわみ）[やや難]】　図（問題 1-60）に示すように，重さの無視できる単純梁 AB（長さは ℓ）の上面に $w = w_0 \sin(\pi x / \ell)$ で表される分布荷重が載荷されています．このとき，梁の最大たわみ $y_{\max}$ を求めなさい．ただし，梁の変形は弾性範囲内の微小変形とし，ヤング係数を E，断面 2 次モーメントを I とします．

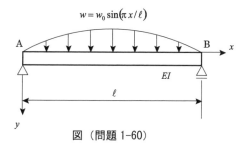

$$w = w_0 \sin(\pi x / \ell)$$

図（問題 1-60）

（労働基準監督官採用試験）

【解答】静定構造物では曲げモーメントが簡単に求められますので，分布荷重が作用する場合であっても，基本的には 2 階の微分方程式を適用するのが一般的です．しかしながら，$w = w_0 \sin(\pi x / \ell)$ の分布荷重が作用する場合は，曲げモーメントを求めるのに面倒な計算が必要になり，多くの学生は途中でギブアップしてしまいます．

　分布荷重は梁のすべての上面に作用していること，分布荷重は 1 つの式で表されていることに着目し，たわみの微分方程式である $d^4 y / dx^4 = w_x / EI$ を用いることに気づけば簡単です．すなわち，

$$\frac{d^4 y}{dx^4} = \frac{p_x}{EI} = \frac{w_0}{EI} \sin(\pi x / \ell)$$

を積分すれば，

$$\frac{d^3 y}{dx^3} = \frac{w_0}{EI} \times \frac{1}{\pi / \ell} \times (-1) \times \cos(\pi x / \ell) + C_1 \qquad (\because \int \sin mx \, dx = -\frac{1}{m} \cos mx)$$

$$\frac{d^2 y}{dx^2} = \frac{w_0}{EI} \times (\ell / \pi)^2 \times (-1) \times \sin(\pi x / \ell) + C_1 x + C_2 \qquad (\because \int \cos mx \, dx = \frac{1}{m} \sin mx)$$

$$\frac{dy}{dx} = \frac{w_0}{EI} \times (\ell / \pi)^3 \times \cos(\pi x / \ell) + C_1 \frac{x^2}{2} + C_2 x + C_3$$

$$y = \frac{w_0}{EI} \times (\ell / \pi)^4 \times \sin(\pi x / \ell) + C_1 \frac{x^3}{6} + C_2 \frac{x^2}{2} + C_3 x + C_4$$

ところで，

　$x = 0$ および $x = \ell$ で曲げモーメントが 0 という条件（$d^2 y / dx^2 = 0$）

　$x = 0$ および $x = \ell$ でたわみが 0 という条件（$y = 0$）

から，積分定数は $C_1 = C_2 = C_3 = C_4 = 0$ となります．したがって，たわみの一般式は，

$$y = \frac{w_0}{EI} \times (\ell / \pi)^4 \times \sin(\pi x / \ell)$$

となり，この式に最大たわみが生じる $x = \ell / 2$ を代入すれば，

$$y_{\max} = \frac{w_0}{EI} \times (\ell / \pi)^4$$

が得られます.

【問題 1.61（梁の変位）】 図（問題 1-61）に示すように片持梁の自由端 B がばね定数 k のばねで支持された不静定梁（曲げ剛性は EI）があります．片持梁の自由端 B に集中荷重 P が作用する時，自由端 B でのたわみ y_B を求めなさい.

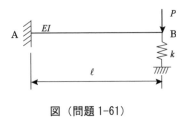

図（問題 1-61）

(国家公務員 II 種試験　[土木])

【解答】 ばねに作用する力を X とすれば，解図（問題 1-61）からわかるように片持梁の自由端 B には上から集中荷重 P が作用するだけでなく，下から上向きに X が作用することになります．したがって，片持梁の自由端 B におけるたわみ y_B は，

$$y_B = \frac{(P-X)\ell^3}{3EI}$$

となります．また，ばねのたわみ y_k は $y_k = X/k$ で求めることができます．ところで，**片持梁の自由端 B におけるたわみ y_B とばねのたわみ y_k には，$y_B = y_k$ の関係（適合条件式）が成立しなければなりませんので**，

$$\frac{(P-X)\ell^3}{3EI} = \frac{X}{k}$$

ゆえに，ばね反力 X は $X = \dfrac{P}{1+3(EI/k\ell^3)}$ となり，自由端 B におけるたわみ $y_B (= y_k)$ は，

$$y_B(= y_k) = \frac{X}{k} = \frac{P}{k + 3(EI/\ell^3)}$$

となります.

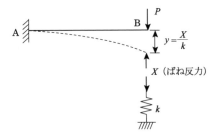

解図（問題 1-61）

【**問題 1.62（梁のたわみ）**】図（問題 1-62）のように，剛性 EI（E：ヤング係数，I：断面 2 次モーメント）が一様な，両端ピンの単純梁 2 組がそれぞれの中央で一体になっています．この中央に集中鉛直荷重 P を加えたときの中央部の鉛直たわみを求めなさい．ただし，両梁の自重は無視します．なお，長さ ℓ，両端ピンの単純梁の中央に集中鉛直荷重 P を加えたときの中央部の鉛直たわみ δ は $\delta = \dfrac{P\ell^3}{48EI}$ で与えられます．

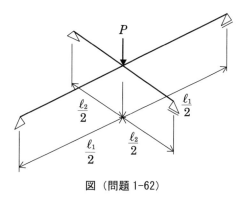

図（問題 1-62）

（国家公務員 I 種試験）

【**解答**】解図（問題 1-62）のように，上側の単純梁に作用する反力を X とすれば，集中鉛直荷重が作用する中央部でのたわみは等しいことから，

$$\frac{(P-X)\ell_2{}^3}{48EI} = \frac{X\ell_1{}^3}{48EI}$$

よって，

$$X = \frac{P\ell_2{}^3}{\ell_1{}^3 + \ell_2{}^3}$$

したがって，求める答え（中央部の鉛直たわみ）は，

$$\delta = \frac{X\ell_1{}^3}{48EI} = \frac{P\ell_2{}^3\ell_1{}^3}{48EI(\ell_1{}^3 + \ell_2{}^3)}$$

となります．

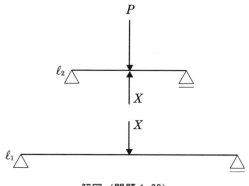

解図（問題 1-62）

【問題 1.63（梁のたわみ）［やや難］】図Ⅰのように，長さℓ，曲げ剛性EI（E：ヤング係数，I：断面2次モーメント）の片持ち梁 CD の先端が，長さℓ，曲げ剛性EIの単純梁 AB の中点 C 上に接触しています．図Ⅰの点 C に鉛直方向の集中荷重Pが作用したときの点 C のたわみは，図Ⅱのような梁 AB が無いときの片持ち梁 CD の先端のたわみの何倍になるか求めなさい．ただし，2つの梁の接触点に摩擦は働かないものとし，両方の梁の自重は無視できるものとします．

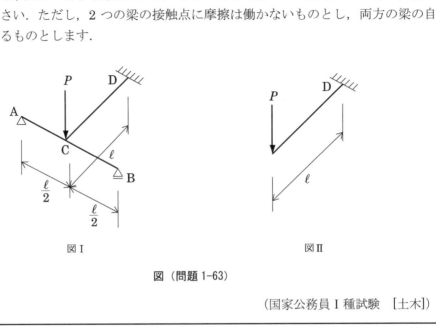

図Ⅰ   図Ⅱ

図（問題 1-63）

（国家公務員Ⅰ種試験　［土木］）

【解答】長さℓの単純梁 AB の中央点に集中荷重Pが作用した場合の中央点のたわみyを求める公式は，

$$y = \frac{P\ell^3}{48EI}$$

なので，この式から，

$$P = \frac{48EI}{\ell^3} y$$

ここで，フックの法則$F = kx$を考えれば，単純梁 AB はばね定数が$k = \dfrac{48EI}{\ell^3}$のばね作用を呈することがわかります．

　よって，図Ⅰは，解図（問題 1-63）のように，片持ち梁の先端にばね定数$k = \dfrac{48EI}{\ell^3}$のばねを設置したモデルに置換することができます．解図（問題 1-63）のモデルに対しては，

$$\frac{P-X}{3EI}\ell^3 = \frac{X}{k} \quad \text{（適合条件式）}$$

に$k = \dfrac{48EI}{\ell^3}$を代入すれば，ばね反力Xは，

$$X = \frac{\dfrac{P\ell^3}{3EI}}{\dfrac{17}{48EI}\ell^3}$$

となりますので，図 I の中央点 C のたわみ y_C は，

$$y_C = \frac{P-X}{3EI}\ell^3 = \frac{X}{k} = \frac{\dfrac{P\ell^3}{3EI}}{\dfrac{17}{48EI}\ell^3} \times \frac{\ell^3}{48EI} = \frac{\dfrac{P\ell^3}{3EI}}{17}$$

図 II の先端でのたわみは公式から $\dfrac{P\ell^3}{3EI}$ ですので，求める答えは $\dfrac{1}{17}$ 倍となります．

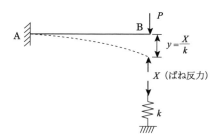

解図（問題 1-63）

【問題1.64（梁の変位）】図（問題1-64）に示すように，柱Aおよび柱Bが剛な梁によってつながれた構造系の頂部に，水平荷重Pが作用している場合，柱Aの柱脚部における曲げモーメントは，柱Bの柱脚部における曲げモーメントの何倍の大きさになるか求めなさい．ただし，柱Aの断面2次モーメントは柱Bの1/2倍とし，柱Aのヤング係数は柱Bの10倍とします．なお，変形は柱の曲げ変形のみ考慮するものとし，柱，梁，ピン（ヒンジ）の自重は無視するものとします．

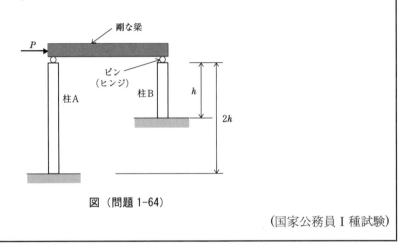

剛な梁

P

ピン（ヒンジ）

柱A　柱B

h

$2h$

図（問題1-64）

（国家公務員Ⅰ種試験）

【解答】柱Aと柱Bの断面2次モーメントをI_A，I_B，ヤング係数をE_A，E_Bとします（与えられた条件より，$I_A = I_B/2$，$E_A = 10E_B$が成立します）．また，柱Aと柱Bの頂部に作用する荷重（柱Aと柱Bが分担する荷重）をそれぞれP_A，P_Bとすれば，柱Aと柱Bの頂部における水平変位y_A，y_Bは，公式を利用して，

$$y_A = \frac{P_A(2h)^3}{3E_A I_A} = \frac{P_A(2h)^3}{3 \times (10E_B) \times (1/2)I_B} = \frac{8P_A h^3}{15E_B I_B}$$

$$y_B = \frac{P_B h^3}{3E_B I_B}$$

となります．ところで，柱Aと柱Bは剛な梁によってつながれていますので，柱Aと柱Bの頂部における水平変位y_A，y_Bは等しいはずです．それゆえ，

$$\frac{8P_A h^3}{15E_B I_B} = \frac{P_B h^3}{3E_B I_B} \quad 整理して \quad P_A = \frac{5}{8}P_B$$

柱Aと柱Bの柱脚部における曲げモーメントをM_A，M_Bとすれば，

$$M_A = P_A \times 2h = \frac{5}{8}P_B \times 2h = \frac{5}{4}P_B h$$

（大きさを比較するので符号は省略）

$$M_B = P_B \times h = P_B h$$

（大きさを比較するので符号は省略）

したがって，柱Aの柱脚部における曲げモーメントは，柱Bの柱脚部における曲げモーメントの5/4倍となります．

【**問題** 1.65（水平変位）[やや難]】図Ⅰのように，柱脚固定の柱 A と柱 B が，剛な梁と剛接合されている架構の頂部に水平力 *P* が作用しています．このとき，柱 A と柱 B の柱脚に生ずるモーメントの大きさの組合せとして最も妥当なものを選びなさい．ただし，柱 A，B のヤング係数と断面 2 次モーメントはともに同じでそれぞれ *E*，*I* とし，曲げ変形のみを考慮するものとします．また，柱と梁の重量は考えないものとします．なお，図Ⅱは，まっすぐな部材 CD の両端に曲げモーメントが生じている場合を表したものであり，その曲げモーメント M_{CD}，M_{DC} は次の式で表されます．

$$M_{CD} = \frac{2EI}{\ell}\left(2\theta_C + \theta_D - 3R\right), \quad M_{DC} = \frac{2EI}{\ell}\left(2\theta_D + \theta_C - 3R\right)$$

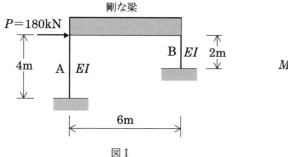

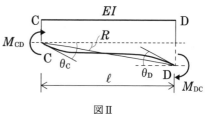

図Ⅰ

図Ⅱ

図（問題 1-65）

	A	B
1.	360 kN・m	180 kN・m
2.	180 kN・m	90 kN・m
3.	120 kN・m	120 kN・m
4.	90 kN・m	360 kN・m
5.	40 kN・m	160 kN・m

（国家公務員Ⅰ種試験）

【**解答**】曲げモーメントの式が与えられていますので，はじめにたわみ角法を適用して解きますが，この問題は【**別解**】のようにして解いた方が簡単です．

たわみ角法では，部材の材端モーメントは時計回りが正であることに留意が必要です．柱脚固定の柱 A と柱 B が剛な梁で剛結されていますので，解図 1（問題 1-65）から，a 点，b 点，c 点，d 点におけるたわみ角は，$\theta_a = 0$，$\theta_b = 0$，$\theta_c = 0$，$\theta_d = 0$ であることがわかります．また，部材 bc は剛な梁ですので a 点と c 点の水平変位 δ は等しく，ab 部材の部材回転角は $\delta/4$，cd 部材の部材回転角は $\delta/2$ であることがわかります．したがって，材端モーメントは，

$$M_{ab} = \frac{2EI}{\ell}\left(2\theta_a + \theta_b - 3R\right) = \frac{2EI}{4}\left(-3 \times \frac{\delta}{4}\right) = -\frac{6EI}{16}\delta \tag{a}$$

$$M_{ba} = \frac{2EI}{\ell}(2\theta_b + \theta_a - 3R) = \frac{2EI}{4}\left(-3 \times \frac{\delta}{4}\right) = -\frac{6EI}{16}\delta \tag{b}$$

$$M_{dc} = \frac{2EI}{\ell}(2\theta_d + \theta_c - 3R) = \frac{2EI}{2}\left(-3 \times \frac{\delta}{2}\right) = -\frac{6EI}{4}\delta \tag{c}$$

$$M_{cd} = \frac{2EI}{\ell}(2\theta_c + \theta_d - 3R) = \frac{2EI}{2}\left(-3 \times \frac{\delta}{2}\right) = -\frac{6EI}{4}\delta \tag{d}$$

部材回転角が生じますので，解図1（問題1-65）を参照して**層方程式**を立てれば，

$$180 = Q_{ba} + Q_{cd} \tag{e}$$

この式に，切断した柱下端でのモーメントのつり合いから得られる

$$M_{ab} + Q_{ba} \times 4 + M_{ba} = 0 \quad \therefore Q_{ba} = -\frac{M_{ab} + M_{ba}}{4} = \frac{12EI}{64}\delta$$

$$M_{dc} + Q_{cd} \times 2 + M_{cd} = 0 \quad \therefore Q_{cd} = -\frac{M_{cd} + M_{dc}}{2} = \frac{12EI}{8}\delta$$

を代入して水平変位 δ を求めれば，

$$\delta = \frac{180 \times 64}{108EI} \tag{f}$$

式(f)を式(a)と式(c)に代入すれば，

$$M_{ab} = -\frac{6EI}{16} \times \frac{180 \times 64}{108EI} = -40\,\text{kN} \cdot \text{m}$$

$$M_{dc} = -\frac{6EI}{4} \times \frac{180 \times 64}{108EI} = -160\,\text{kN} \cdot \text{m}$$

となり，曲げモーメントの絶対値を考えれば，求める答えは 5 であることがわかります．

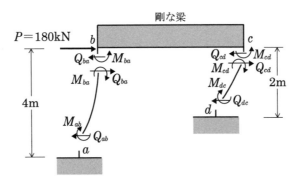

解図1（問題1-65）

【別解】 解図 2（問題 1-65）の(a)に示したように，柱の下端が固定されたラーメンの水平変位を求める公式 $\delta = \dfrac{P_1 h^3}{12EI}\left(= \dfrac{P_2 h^3}{12EI}\right)$ を知っていれば，この問題はたわみ角法を適用しなくても解くことができます．すなわち，柱 A と柱 B は剛な梁で接合されていますので，柱 A と柱 B の上端における水平変位は等しいことから，

$$\frac{Q_A \times 4^3}{12EI} = \frac{Q_B \times 2^3}{12EI} \tag{g}$$

の関係が成立します．ここに，Q_A，Q_B は柱 A と柱 B の上端に作用するせん断力です．また，解図 1（問題 1-65）において，$Q_{ba} = Q_{ab} = Q_A$，$Q_{cd} = Q_{dc} = Q_B$ として**層方程式**を立てれば，

$$Q_A + Q_B = 180 \tag{h}$$

が成立し，式(g)と式(h)から，

$$Q_A = 20\,\text{kN}, \quad Q_B = 160\,\text{kN}$$

が得られます．ここで，解図 1（問題 1-65）において，$M_{ba} = M_{ab} = M_A$，$M_{cd} = M_{dc} = M_B$ とすれば，

$$Q_A = -\frac{M_A + M_A}{4} = -\frac{2M_A}{4} \quad \text{ゆえに，} \quad M_A = -2Q_A = -40\,\text{kN} \cdot \text{m}$$

$$Q_B = -\frac{M_B + M_B}{2} = -\frac{2M_B}{2} \quad \text{ゆえに，} \quad M_B = -1 \times Q_B = -160\,\text{kN} \cdot \text{m}$$

したがって，曲げモーメントの絶対値を考えれば，求める答えは 5 であることがわかります．

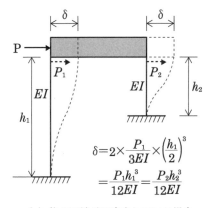

$$\delta = 2 \times \frac{P_1}{3EI} \times \left(\frac{h_1}{2}\right)^3$$
$$= \frac{P_1 h_1^3}{12EI} = \frac{P_2 h_2^3}{12EI}$$

（a）柱の下端が固定されている場合

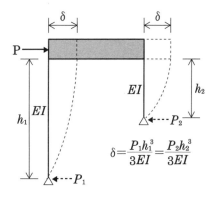

$$\delta = \frac{P_1 h_1^3}{3EI} = \frac{P_2 h_2^3}{3EI}$$

（b）柱の下端がヒンジ（ピン）場合

解図 2（問題 1-65）ラーメンの水平変位

94

【問題1.66（水平変位）】図（問題1-66）のように，下端がピン接合で上端が剛体の梁に剛接合されている3本の柱A，B，Cからなる骨組に水平力が作用する場合，柱A，B，Cの水平力の分担比$Q_A : Q_B : Q_C$として最も妥当なものを選びなさい．ただし，柱A，B，Cはすべて等質で，断面2次モーメントは，それぞれ$3I$，$2I$，Iとし，せん断変形は無視します．なお，長さℓ，曲げ剛性EIの片持ち梁の先端に集中鉛直荷重Pを加えたときの先端部のたわみδは$\delta = \dfrac{P\ell^3}{3EI}$で与えられます．

	Q_A	:	Q_B	:	Q_C
1.	1	:	4	:	9
2.	2	:	3	:	6
3.	3	:	2	:	1
4.	4	:	9	:	36
5.	9	:	4	:	1

図（問題1-66）

(国家公務員Ⅰ種試験)

【解答】3本の柱とも上端が剛体の梁に剛接合されている（水平変位が等しい）ので，

$$\frac{Q_A(3h)^3}{3E \times 3I} = \frac{Q_B(2h)^3}{3E \times 2I} = \frac{Q_C h^3}{3E \times I}$$

ゆえに，

$$9Q_A = 4Q_B = Q_C \tag{a}$$

したがって，

$$Q_A : Q_B : Q_C = \frac{1}{9} : \frac{1}{4} : 1 = 4 : 9 : 36 \tag{b}$$

となり，正解は4であることがわかります．

なお，式(a)から式(b)の比率を求めるときにケアレスミスをおかしやすいので，式(a)に解答群の答えを順番に代入すれば，以下のように簡単に答えが求められます．

$$9 \times 4 = 4 \times 9 = 36$$

【問題 1.67（水平変位）】図（問題 1-67）のように，水平力が作用するラーメンにおいて，柱 A，B，C の水平力の分担比 Q_A，Q_B，Q_C を求めなさい．ただし，3 本の柱はすべて等質等断面の弾性部材とし，梁は剛体とします．なお，ヤング係数 E および断面 2 次モーメント I が一様で高さ h の柱において，両端固定の水平剛性は $12EI/h^3$，一端固定・他端ピンの水平剛性は $3EI/h^3$ で与えられます．

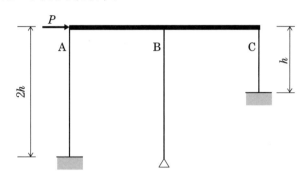

図（問題 1-67）

（国家公務員 II 種試験）

【解答】柱の変位は等しいことから，

$$\frac{Q_A(2h)^3}{12EI} = \frac{Q_B(2h)^3}{3EI} = \frac{Q_C(h)^3}{12EI} \quad \therefore 8Q_A = 32Q_B = Q_C$$

ここで，$Q_B = 1$ とおけば，$Q_A = 4$，$Q_C = 32$ となりますので，求める答えは，

$$Q_A : Q_B : Q_C = 4 : 1 : 32$$

となります．

【問題 1.68（ラーメンのたわみ）】図（問題 1-68）のような集中荷重 P を受けるラーメンがあります．曲げによる載荷点 A の鉛直変位を求めなさい．ただし，すべての部材の曲げ剛性 EI は一定とし，自重は無視します．

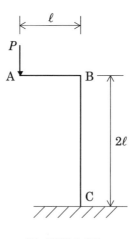

図（問題 1-68）

（国家公務員 II 種試験　［土木］）

【解答】仮想仕事の原理（**単位荷重法**）を適用して解くことにします．解図（問題 1-68）のように，M 図（与えられた荷重によるモーメント図）と $\overline{M}$ 図（求めようとする変位の方向に 1 の荷重を作用させた場合のモーメント図）を描けば，載荷点 A の鉛直変位 d は，

$$1 \cdot d = \int \frac{\overline{M}M}{EI}dx = \int_0^\ell \frac{(-1 \times x)(-Px)}{EI}dx + \int_0^{2\ell} \frac{(-1 \times \ell)(-P\ell)}{EI}dx = \frac{P\ell^3}{3EI} + \frac{P\ell^2}{EI} \times 2\ell = \frac{7P\ell^3}{3EI}$$

と求まります．

破線の側が引っ張られる場合を正として描きます．

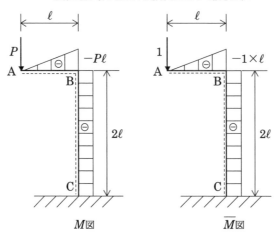

解図（問題 1-68）

【**問題 1.69（梁の変位）[やや難]**】図（問題 1-69）のようなラーメン構造があります．B 点に力 P が水平に作用したときの D 点における変位を解答群から選びなさい．ただし，各部材のヤング係数を E，梁および柱の断面 2 次モーメントをそれぞれ I_b，I_c とし，梁の長さは ℓ，柱の高さは h とします．また，軸方向力とせん断力による変形を無視するものとします．

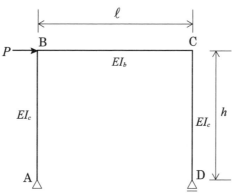

図（問題 1-69）

1. $\dfrac{Ph^3}{3EI_c}$

2. $\dfrac{Ph^3}{3EI_c}+\dfrac{Ph^2\ell}{EI_b}$

3. $\dfrac{Ph^3}{3EI_c}+\dfrac{Ph^2\ell}{2EI_b}$

4. $\dfrac{Ph^3}{3EI_c}+\dfrac{Ph^2\ell}{3EI_b}$

5. $\dfrac{Ph^3}{3EI_c}+\dfrac{Ph^2\ell}{4EI_b}$

（国家公務員 I 種試験）

【**解答**】仮想仕事の原理（単位荷重法）を適用する問題です．まず，与えられた荷重状態で反力を求め，曲げモーメント図（M 図）を描く必要があります．力のつり合いから，A 点と D 点に作用する反力は $V_A=\dfrac{Ph}{\ell}$（下向き），$H_A=P$（左向き），$V_D=\dfrac{Ph}{\ell}$（上向き）と求まり，曲げモーメント図（M 図）は，AB 区間，BC 区間，CD 区間に場合分けすれば，解図 1（問題 1-69）のように描くことができます．

　D 点における変位を求めますので，仮想の単位荷重 $\overline{P}=1$ を D 点の水平方向に作用させます．力のつり合いから，この場合の反力は $V_A=0$，$H_A=1$（左向き），$V_D=0$ と求まり，曲げモーメント図（M 図）は，AB 区間，BC 区間，CD 区間に場合分けすれば，解図 2（問題 1-69）のように描くことができます．

　したがって，単位荷重法を適用すれば，

$$1\cdot d=\int\frac{\overline{M}M}{EI}\,dx=\int_0^h\frac{Px\times x}{EI_c}\,dx+\int_0^\ell\frac{Ph(1-x/\ell)\times h}{EI_b}\,dx=\frac{Ph^3}{3EI_c}+\frac{Ph^2\ell}{2EI_b}$$

となり，この問題の答えは 3 であることがわかります．

なお，解答群を見れば，第 1 項目の $\dfrac{Ph^3}{3EI_c}$ が同じで，第 2 項目がすべて異なる解答が与えられています．それゆえ，この場合は，第 2 項目の BC 区間に関する積分を実施するだけで正解を見つけ出すことが可能です．

破線の側が引っ張られる場合を正として描きます．

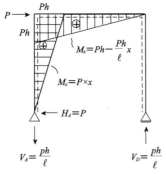
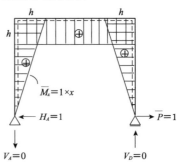

解図 1（問題 1-69）M 図　　　　解図 2（問題 1-69）$\overline{M}$ 図

【問題 1. 70（トラスの変位）[やや難]】図（問題 1-70）のトラスについて，節点 O に荷重 P が作用しているとき，載荷点 O の鉛直下方変位を求めなさい．ただし，部材のヤング率 E，断面積 A，部材長 ℓ は，すべての部材で等しいものとします．

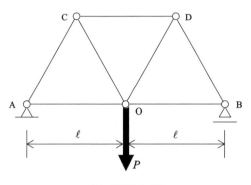

図（問題 1-70）

（国家公務員 I 種試験　[土木]）

【解答】仮想仕事の原理（単位荷重法）を適用すれば，O 点での鉛直下方変位 y_D は，

$$1 \cdot y_D = \sum_{i=1}^{7} \frac{\overline{N}_i \cdot N_i}{EA_i} \ell_i \tag{a}$$

で求めることができます．

式(a)において，N_i は節点 O に荷重 P を作用させた場合の軸力，$\overline{N}_i$ は節点 O に仮想の単位荷重 1 を作用させた場合の軸力ですので，節点 O に荷重 P を作用させた場合の軸力を求めることにします．

解図 1（問題 1-70）において，

$$AC\sin 60° + \frac{P}{2} = 0 \quad \text{ゆえに，} \quad AC = -\frac{P}{2} \times \frac{2}{\sqrt{3}} = -\frac{P}{\sqrt{3}}$$

$$AC\cos 60° + AO = 0 \quad \text{ゆえに，} \quad AO = -AC \times \frac{1}{2} = \frac{P}{2\sqrt{3}}$$

解図 2（問題 1-70）において，
鉛直方向の力のつり合いから

$$\frac{P}{2} - CO\sin 60° = 0 \quad \text{ゆえに，} \quad CO = \frac{P}{2} \times \frac{2}{\sqrt{3}} = \frac{P}{\sqrt{3}}$$

O 点回りのモーメントのつり合いから

$$\frac{P}{2} \times \ell + CD \times \ell\sin 60° = 0 \quad \text{ゆえに，} \quad CD = -\frac{P\ell}{2} \times \frac{2}{\sqrt{3}\ell} = -\frac{P}{\sqrt{3}}$$

節点 O に仮想の単位荷重 1 を作用させた場合の軸力は $\overline{N}_i$ は，以上のようにして求めた軸力 N_i において P=1 とすれば求めることができます．したがって，解表（問題 1-70）から，求める答えは，

$$1 \cdot y_D = \sum_{i=1}^{7} \frac{\overline{N}_i \cdot N_i}{EA_i} \ell_i = 2 \times \frac{P\ell}{12EA} + 5 \times \frac{2P\ell}{6EA} = \frac{11P\ell}{6EA}$$

となります.

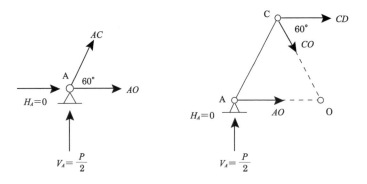

解図 1（問題 1-70）　　　　　　解図 2（問題 1-70）

解表（問題 1-70）

部材	N_i	$\overline{N}_i$	$N_i \cdot \overline{N}_i$	ℓ_i / EA_i	$N_i \cdot \overline{N}_i \times \ell_i / EA_i$
AO	$\dfrac{P}{2\sqrt{3}}$	$\dfrac{1}{2\sqrt{3}}$	$\dfrac{P}{12}$	$\dfrac{\ell}{EA}$	$\dfrac{P\ell}{12EA}$
AC	$-\dfrac{P}{\sqrt{3}}$	$-\dfrac{1}{\sqrt{3}}$	$\dfrac{P}{3}$	$\dfrac{\ell}{EA}$	$\dfrac{2P\ell}{6EA}$
CO	$\dfrac{P}{\sqrt{3}}$	$\dfrac{1}{\sqrt{3}}$	$\dfrac{P}{3}$	$\dfrac{\ell}{EA}$	$\dfrac{2P\ell}{6EA}$
CD	$-\dfrac{P}{\sqrt{3}}$	$-\dfrac{1}{\sqrt{3}}$	$\dfrac{P}{3}$	$\dfrac{\ell}{EA}$	$\dfrac{2P\ell}{6EA}$
BO	$\dfrac{P}{2\sqrt{3}}$	$\dfrac{1}{2\sqrt{3}}$	$\dfrac{P}{12}$	$\dfrac{\ell}{EA}$	$\dfrac{P\ell}{12EA}$
BD	$-\dfrac{P}{\sqrt{3}}$	$-\dfrac{1}{\sqrt{3}}$	$\dfrac{P}{3}$	$\dfrac{\ell}{EA}$	$\dfrac{2P\ell}{6EA}$
DO	$\dfrac{P}{\sqrt{3}}$	$\dfrac{1}{\sqrt{3}}$	$\dfrac{P}{3}$	$\dfrac{\ell}{EA}$	$\dfrac{2P\ell}{6EA}$

【**問題** 1.71（トラスの部材力）[やや難]】図（問題 1-71）のような静定トラスにおいて，「節点 C に鉛直下向きの一点集中荷重 P」と「節点 F に水平右向きの一点集中荷重 αP」が同時に作用しています．節点 F の横方向変位がゼロになる場合の α の値を求めなさい．ただし，トラスの弦材は等質等断面とし，弦材の自重は無視するものとします．また，縦方向弦材は鉛直，横方向弦材は水平とします．

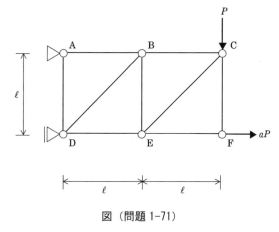

図（問題 1-71）

（国家公務員総合職試験[大卒程度試験]）

【**解答**】仮想仕事の原理（単位荷重法）を適用すれば，F 点での水平方向変位 y_F は，

$$1 \cdot y_F = \sum_{i=1}^{9} \frac{\overline{N}_i \cdot N_i}{EA_i} \ell_i \tag{a}$$

で求めることができます．なお，(a)において，N_i は実際に作用する荷重による部材力，$\overline{N}_i$ は節点 F に仮想の単位荷重1を作用させた場合の部材力です．

　節点 F に仮想の単位荷重1を作用させた場合の部材力は，解図 1（問題 1-71）に示すように部材 DE と部材 EF が 1 で，その他の部材力は 0 となります．

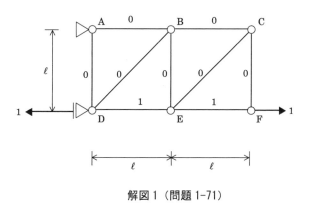

解図 1（問題 1-71）

それゆえ，実際に作用する荷重に対しては，部材力 DE と部材力 EF を求めれば良いことがわかります．そこで，解図 2（問題 1-71）において C 点回りのモーメントのつり合いを考え

れば,

$$EF = \alpha P \tag{b}$$

解図 3（問題 1-71）において B 点回りのモーメントのつり合いを考えれば,

$$DE \times \ell + P \times \ell - \alpha P \times \ell = 0 \quad \therefore DE = \alpha P - P \tag{c}$$

となります.

したがって, 部材の伸び剛性を EA と仮定して式(b)と式(c)を式(a)に代入すれば,

$$1 \cdot y_F = \frac{1 \times \alpha P}{EA} + \frac{1 \times (\alpha P - P)}{EA} = 0 \quad \therefore \alpha = \frac{1}{2} \quad \text{（求める答え）}$$

となります.

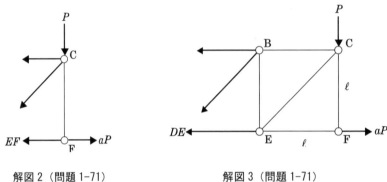

解図 2（問題 1-71）　　　　　解図 3（問題 1-71）

【問題 1.72（ラーメンの変位）】 図（問題 1-72）のように, 第 1 層と第 2 層の水平剛性が K_1, K_2 である 2 層構造物に対し, 水平力 P_1, P_2 が作用しているとき, 第 1 層の層間変位 δ を求めなさい.

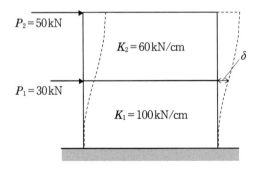

$P_2 = 50\,\text{kN}$　　$K_2 = 60\,\text{kN/cm}$　　δ

$P_1 = 30\,\text{kN}$　　$K_1 = 100\,\text{kN/cm}$

図（問題 1-72）

（国家公務員 II 種試験）

【解答】公式を適用すれば，

$$\delta = \frac{1層以上に作用する水平力}{1層の水平剛性} + \frac{P_1 + P_2}{K_1} = \frac{30 + 50}{100} = 0.8\,\text{cm}$$

となります．

【問題 1.73（ラーメンの変位）】図（問題 1-73）のような水平力が作用する 3 層構造物（1層，2層，3層の各層の水平剛性を $4K$, $2K$, $2K$ とする）の頂部の変位量 δ_A と δ_B が，$\delta_A = \delta_B$ となるときの α の値を求めなさい．ただし，回転による変形はないものとします．

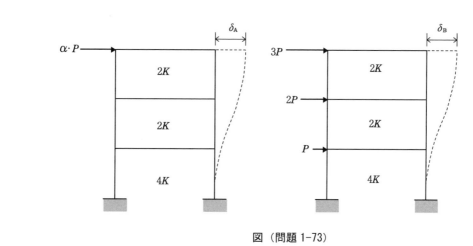

図（問題 1-73）

（国家公務員 II 種試験）

【解答】ラーメンの水平変位を求める公式に代入すれば，

$$\delta_A = \frac{\alpha P}{4K} + \frac{\alpha P}{2K} + \frac{\alpha P}{2K} = \frac{5\alpha P}{4K}$$

$$\delta_B = \frac{P + 2P + 3P}{4K} + \frac{2P + 3P}{2K} + \frac{3P}{2K} = \frac{22P}{4K}$$

$\delta_A = \delta_B$ より，

$$\frac{5\alpha P}{4K} = \frac{22P}{4K}$$

したがって，求める答えは，

$$\alpha = \frac{22}{5} = 4.4$$

となります．

1.7 短い柱と長い柱

● 短い柱に作用する応力度

①図 1-31 に示した短い柱に**偏心荷重**（図心から少しずれて作用する荷重）が作用した場合，A 点と B 点での応力度 σ_A，σ_B は次式で計算することができます．

$$\sigma_A = -\frac{P}{A} + \frac{Pe_x}{I_y} x_1 \qquad (1.37), \qquad\qquad \sigma_B = -\frac{P}{A} - \frac{Pe_x}{I_y} x_2 \qquad (1.38)$$

ただし，短い柱に作用する応力度に関して，本書では**圧縮応力度を負符号，引張応力度を正符号**と定義しています．

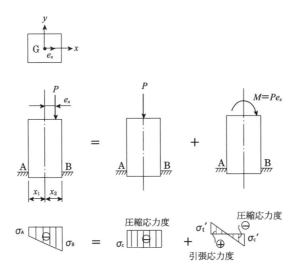

図 1-31　短い柱に作用する応力度

②**核点**とは，断面内のいずれの点でも引張応力度が発生しない（圧縮応力度しか発生しない）限界の載荷位置のことで，たとえば，

$$\sigma_A = -\frac{P}{A} + \frac{Pe_x}{I_y} x_1 = 0 \quad \therefore e_x = \frac{I_y}{A \times x_1} = \frac{Z_1}{A} \quad （Z_1 は断面係数で Z_1 = \frac{I_y}{x_1}）$$

$$\sigma_B = -\frac{P}{A} + \frac{Pe_x}{I_y} x_2 = 0 \quad \therefore e_x = \frac{I_y}{A \times x_2} = \frac{Z_2}{A} \quad （Z_2 は断面係数で Z_2 = \frac{I_y}{x_2}）$$

から求まる e_x は核点となります．核点は図心軸を通る任意の軸上に 2 つずつ存在し，これらすべての核点を結べば図心を囲む 1 つの領域（**断面の核**）が得られます．代表的な断面の核を図 1-32 に示しますが，このうち長方形断面と円形断面における核の寸法は暗記しておいた方が良いでしょう．

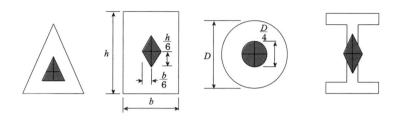

図 1-32　代表的な断面の核

●長い柱での座屈

①長い柱では，**座屈**と呼ばれる現象（圧縮荷重 P がある値 P_{cr} に達すると，柱が突然に横方向に曲がってしまう現象）に留意しなければなりません．両端ヒンジ柱の座屈荷重（**オイラーの座屈荷重**）P_{cr} は次式で求めることができます．

$$P_{cr} = \frac{\pi^2 EI}{\ell^2} \tag{1.39}$$

ここに，EI は柱の曲げ剛性，ℓ は柱の長さです．

②任意の支持条件に対する座屈荷重は，ℓ_e を**座屈長さ**とすれば，

$$P_{cr} = \frac{\pi^2 EI}{\ell_e{}^2} = \frac{\pi^2 EI}{(K\ell)^2} \tag{1.40}$$

で求めることができます．ただし，上式中の**座屈長さ係数** K は支持条件によって表 1-2 に示す値を採用しなければなりません．**座屈長さ係数** K は必ず暗記しておいて下さい．

③オイラーの座屈公式が適用できるのは，**細長比** ℓ_e / i（i は**断面の回転半径**または**断面2次半径**と呼ばれる諸元で $i = \sqrt{I / A}$）がおおむね 100 以上の場合です．

表 1-2　柱の座屈長さ ℓ_k と座屈長さ係数 K

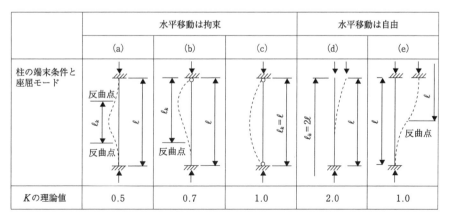

	水平移動は拘束			水平移動は自由	
	(a)	(b)	(c)	(d)	(e)
柱の端末条件と座屈モード					
K の理論値	0.5	0.7	1.0	2.0	1.0

反曲点は曲がりが変わる点のことで，この点では曲げモーメントが0になります．

【問題 1.74（単柱に作用する応力度）】図（問題 1-74）のように，長さ ℓ，断面積 A，断面係数 Z の一端固定柱の端 B に一定の軸方向圧縮力 N が作用しています．いま，この状態から端 B にさらに水平力 P が加えられる場合，柱に生じる圧縮応力度が許容応力度 σ_{ca} に達するのは P がいくらのときか求めなさい．ただし，柱の自重は無視できるものとします．

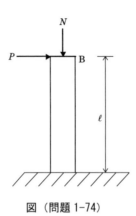

図（問題 1-74）

（国家公務員 II 種試験　[土木]）

【解答】　柱の根元に作用するモーメント M は $M = P\ell$ ですので，柱に生じる圧縮応力度の最大値 σ_{max} が許容応力度 σ_{ca} に達するという条件から

$$\sigma_{max} = -\frac{N}{A} - \frac{P\ell}{I}x = -\frac{N}{A} - \frac{P\ell}{Z} = -\sigma_{ca}$$

（ここで，断面係数 Z は $Z = I/x$）

が成り立ちます．よって，求める答えは $P = \dfrac{Z}{\ell}\left(\sigma_{ca} - \dfrac{N}{A}\right)$ となります．

　なお，ここで，引っ張りを正としていますので，圧縮の許容応力度は $-\sigma_{ca}$ と表示する必要があります．

【**問題** 1.75（**単柱に作用する応力度**）】　図（問題 1-75）のように，半径 r の円を断面にもつ短柱において，円の中心 O から $r/2$ 離れた点 A に荷重 P を作用させました．この短柱に生じる引張応力度の最大値が許容引張応力度 σ に達するときの P の大きさを求めなさい．ただし，短柱の自重は無視します．また，半径 r の円の，図心を通る軸に関する断面 2 次モーメントは $\pi r^4/4$ です．

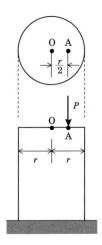

図（問題 1-75）

（国家公務員Ⅱ種試験　［土木］）

【**解答**】引張応力度を正，圧縮応力度を負とします．ゆえに，

$$\sigma = -\frac{P}{A} + \frac{Pe}{I}x = -\frac{P}{\pi r^2} + \frac{P \times r/2}{\pi r^4/4} \times r = \frac{P}{\pi r^2}$$

したがって，答えは

$$P = \sigma \pi r^2$$

となります．

【**問題** 1.76（**単柱に作用する応力度**）】図（問題 1-76）のように，鉛直な壁面に一辺 100mm の立方体である弾性体 A が付着しています．いま，A の辺の中点 M に対し，直方体の剛体 B を介して水平荷重 P =100 kN を圧縮方向に作用させます．A に作用する軸力について，引張方向を正とする場合，A に生ずる最大垂直応力度を求めなさい．ただし，A のヤング係数を 100N/mm^2 とし，A および B の自重による影響は無視するものとします．

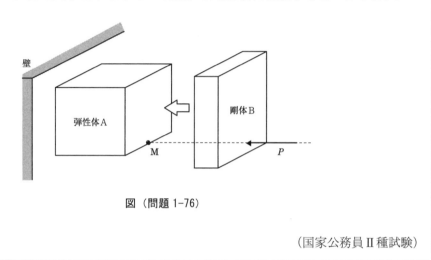

壁

弾性体A

剛体B

M

P

図（問題 1-76）

（国家公務員 II 種試験）

【**解答**】問題の意味がわかりづらいかも知れませんが，これは「弾性体 A に作用する最大の引張応力度」を求めなさいという問題です．したがって，短柱に作用する応力度を求める公式を利用すれば，

$$\sigma = -\frac{P}{A} + \frac{M}{I}y = -\frac{100 \times 10^3}{100 \times 100} + \frac{100 \times 10^3 \times 50}{100 \times 100^3/12} \times 50 = -10 + 30 = 20 \,\text{N/mm}^2$$

と求まります．

なお，この問題では A のヤング係数である 100N/mm^2 を用いる必要はありませんでしたが，公務員試験では，ときどきこのような不要な諸元が与えられることがありますので，留意しておいた方がよいでしょう．

【**問題 1.77（短柱に作用する応力度**）】図（問題 1-77）のような長方形断面の短柱の図心 G から，図心軸 $x–x$ 軸上の偏心距離 50mm の点 E に 120kN の圧縮力が作用するとき縁 AD に生じる引張応力の大きさを求めなさい．ただし，短柱の自重は無視するものとします．

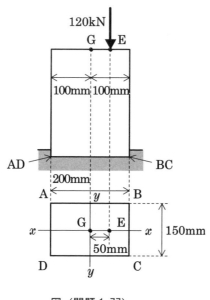

図（問題 1-77）

（国家公務員 II 種試験　[土木]）

【**解答**】圧縮を正として，縁 AD に生じる引張応力 σ_{AD} を求めれば，

$$\sigma_{AD} = -\frac{P}{A} + \frac{P \times e_x}{I_y}x = -\frac{120 \times 10^3}{200 \times 150} + \frac{120 \times 10^3 \times 50}{\dfrac{150 \times 200^3}{12}} \times 100 = -4.0 + 6.0 = 2.0\,\text{N/mm}^2$$

（y 軸回りの断面 2 次モーメント I_y を用いること）

したがって，縁 AD に生じる引張応力 σ_{AD} は，

$$\sigma_{AD} = 2.0\,\text{N/mm}^2$$

となります．

【問題 1.78（座屈）】図（問題 1-78）のような柱 A，B，C の座屈荷重を P_A，P_B，P_C とするとき，その大小関係を求めなさい．ただし．柱 A，B，C の材の基準強度はそれぞれσ，σ，2σ で，ヤング係数および断面 2 次モーメントはすべて等しいとします．

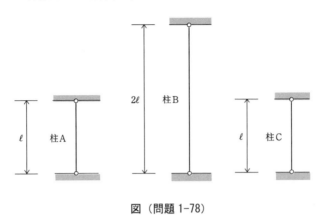

図（問題 1-78）

（国家公務員 II 種試験）

【解答】オイラーの座屈公式には，材の基準強度は関係しませんので，

$$P_A = \frac{\pi^2 EI}{(1 \times \ell)^2}, \quad P_B = \frac{\pi^2 EI}{(1 \times 2\ell)^2}, \quad P_C = \frac{\pi^2 EI}{(1 \times \ell)^2}$$

したがって，求める答えは，

$$P_B < P_A = P_C$$

となります．

【**問題** 1.79（座屈）】図（問題 1-79）のような支持条件にある柱 A，B，C の座屈荷重 P_A，P_B，P_C の大小関係を求めなさい．ただし，それぞれの柱は，等質等断面の弾性部材とし，すべての材端の水平移動は拘束されているものとします．

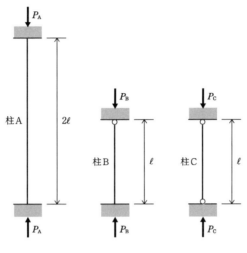

図（問題 1-79）

（国家公務員 II 種試験）

【**解答**】曲げ剛性を EI として，オイラーの座屈公式に代入すれば，

$$P_A = \frac{\pi^2 EI}{(K\ell)^2} = \frac{\pi^2 EI}{(0.5 \times 2\ell)^2} = \frac{\pi^2 EI}{\ell^2}$$

$$P_B = \frac{\pi^2 EI}{(K\ell)^2} = \frac{\pi^2 EI}{(0.7 \times \ell)^2} = \frac{\pi^2 EI}{0.49\ell^2}$$

$$P_C = \frac{\pi^2 EI}{(K\ell)^2} = \frac{\pi^2 EI}{(1.0 \times \ell)^2} = \frac{\pi^2 EI}{\ell^2}$$

したがって，求める答えは，

$$P_A = P_C < P_B$$

となります．

【問題 1.80（座屈）】図（問題 1·80）のような支持条件にある柱 A，B，C の弾性座屈荷重 P_A，P_B，P_C の大小関係を調べなさい．ただし，それぞれの柱は，等質等断面の弾性部材とし，すべての材端の水平移動は拘束されているものとします．なお，ヤング係数を E，柱の断面 2 次モーメントを I，座屈長さを ℓ_e とすると，中心圧縮力を受ける柱の弾性座屈荷重 P は，$P = \dfrac{\pi^2 EI}{\ell_e{}^2}$ で表されます．

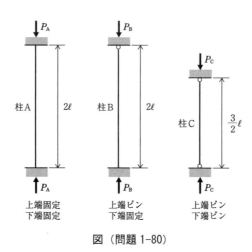

図（問題 1-80）

（国家公務員 I 種試験）

【解答】公式は与えられていますが，座屈長さの意味を間違えないようにして下さい（座屈長さ係数を K とした場合，座屈長さは "$\ell_e = K \times$ 柱の長さ" となります）．

柱 A：$P_A = \dfrac{\pi^2 EI}{(K \times 2\ell)^2} = \dfrac{\pi^2 EI}{(0.5 \times 2\ell)^2} = \dfrac{\pi^2 EI}{\ell^2}$

柱 B：$P_B = \dfrac{\pi^2 EI}{(K \times 2\ell)^2} = \dfrac{\pi^2 EI}{(0.7 \times 2\ell)^2} \fallingdotseq \dfrac{0.5\pi^2 EI}{\ell^2}$

柱 C：$P_{CB} = \dfrac{\pi^2 EI}{(K \times 1.5\ell)^2} = \dfrac{\pi^2 EI}{(1.0 \times 1.5\ell)^2} \fallingdotseq \dfrac{0.44\pi^2 EI}{\ell^2}$

したがって，求める答えは，

$$P_C < P_B < P_A$$

となります．

【問題 1.81（座屈）】 座屈荷重に関する次の記述の[ア]，[イ]にあてはまる関係式を記入しなさい．ただし，柱の材質は同じで，いずれも線形弾性体であり，柱の断面積もすべて等しいものとします．

「図Ⅰのような，長さが 0.5ℓ で両端ピン支持条件の柱 1 と，長さが ℓ で両端固定支持条件の柱 2 があり，両者の断面形状は同一とします．このとき，柱 1 と柱 2 の座屈荷重 P_1，P_2 の大小関係は [ア] です．

図Ⅱのような，同一長さ ℓ で両端ピン支持条件の柱 3，柱 4 があります．それぞれの断面形状は図Ⅲのように柱 3 が中空円，柱 4 が中実円です．このとき，柱 3 と柱 4 の座屈荷重 P_3，P_4 の大小関係は [イ] です」

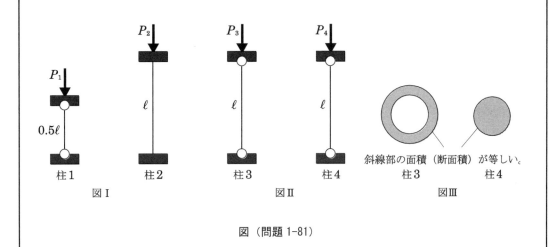

図（問題 1-81）

（国家公務員Ⅱ種試験［土木］）

【解答】 座屈荷重 P_{cr} を求める公式 $P_{cr} = \dfrac{\pi^2 EI}{(K\ell)^2}$ に与えられた諸元を代入すれば，

$$\text{柱 1：} P_1 = \frac{\pi^2 EI}{(1 \times 0.5\ell)^2} \qquad \text{柱 2：} P_2 = \frac{\pi^2 EI}{(0.5 \times \ell)^2}$$

したがって，[ア]の答えは，

$$P_1 = P_2$$

となります．

一方，**面積が同じであれば，外側により多くの面積を配置した方が断面 2 次モーメントは大きくなります**．それゆえ，断面 2 次モーメントは柱 3＞柱 4 で，その他の条件は同じですので，[イ]の答えは，

$$P_3 > P_4$$

となります．なお，柱 3 において外径を D，内径を d，また，柱 4 の外径を d と考えて斜線部の面積が等しいという条件を適用すれば，

$$\frac{\pi D^2}{4} - \frac{\pi d^2}{4} = \frac{\pi d^2}{4} \quad \text{ゆえに,} \quad D = \sqrt{2}d$$

したがって,

柱 3： $P_3 = \dfrac{\pi^2 E \times (\pi D^4/64 - \pi d^4/64)}{(1 \times \ell)^2} = \dfrac{\pi^2 E \times 3\pi d^4/64}{(1 \times \ell)^2}$ 　　　柱 4： $P_4 = \dfrac{\pi^2 E \times \pi d^4/64}{(1 \times \ell)^2}$

よって,［イ］の答えは,

$$P_3 > P_4$$

となると考えても構いません.

【問題 1.82（座屈）［やや難］】 図（問題 1-82）のような,一端固定支持・他端自由の変断面長柱 AB があります. 柱のヤング率を E, 断面①（区間 AC）および断面②（区間 CB）の断面 2 次モーメントをそれぞれ I および $4I$ とします. 柱の自由端 A に軸圧縮力が作用するとき,座屈荷重の大きさとして最も妥当なものを選びなさい. ただし,全体座屈のみを対象とし,点 C 隅角部の応力集中の影響などは無視できるものとします. なお,長さ L,曲げ剛性 $E^* I^*$ の両端単純支持された柱の座屈荷重は $\pi^2 \dfrac{E^* I^*}{L^2}$ で表されます.

1.　$0.14\pi^2 \dfrac{EI}{\ell^2}$

2.　$0.61\pi^2 \dfrac{EI}{\ell^2}$

3.　$1.13\pi^2 \dfrac{EI}{\ell^2}$

4.　$1.41\pi^2 \dfrac{EI}{\ell^2}$

5.　$2.03\pi^2 \dfrac{EI}{\ell^2}$

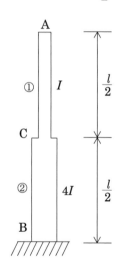

図（問題 1-82）

（国家公務員 I 種試験　［土木］）

【解答】 断面 2 次モーメントが途中で変化する長柱の座屈問題は大学では教えていませんので,この問題を真正面から解こうと思っても解くことができません. それではどうしたら,この問題を解くことができるのでしょうか？　ここで,公務員試験では,「必ず正解のある問題が出題される」,「**出題者の意図を瞬時に把握することが大事**」ということを思い出して

下さい．実は，この問題は，**工学的な判断能力を問う問題**で，

断面 2 次モーメントが I の座屈荷重＜問題の座屈荷重＜断面 2 次モーメントが $4I$ の座屈荷重

であることに気づけば解けたも同然です．すなわち，

断面 2 次モーメントが I の座屈荷重（長さは ℓ）：$P_{cr} = \dfrac{\pi^2 EI}{(2 \times \ell)^2} = \dfrac{0.25\pi^2 EI}{\ell^2}$

断面 2 次モーメントが $4I$ の座屈荷重（長さは ℓ）：$P_{cr} = \dfrac{\pi^2 E \times 4I}{(2 \times \ell)^2} = \dfrac{1.00\pi^2 EI}{\ell^2}$

ですので，$0.25\pi^2 EI / \ell^2$ より大きくて $1.00\pi^2 EI / \ell^2$ より小さいものは 2 の $0.61\pi^2 EI / \ell^2$ だけですので，これが求める答えとなります．

1.8 不静定構造物の応力

●剛度と剛比

部材長を ℓ，その部材の断面2次モーメントを I とした時，次式で定義されます．

$$K = \frac{I}{\ell} \tag{1.41}$$

を**剛度**といいます．また，任意に選んだ部材（断面2次モーメントが I_0，部材長が ℓ_0）の剛度 $K_0 = I_0 / \ell_0$ を基準にとり，これに対する各部材の剛度 K の比

$$k = \frac{K}{K_0} = \frac{I / \ell}{I_0 / \ell_0} \tag{1.42}$$

を**剛比**といいます．

●分割モーメントと到達モーメント

図 1-33 において，部材 OA，OB，OC，OD の材端モーメントは，それぞれ次式で求められることが知られていますが，これを**分割モーメント**（分割率に応じて分割した材端モーメント）と呼んでいます．

$$M_{OA} = \frac{k_A}{\sum k} \times M_O = \frac{k_A}{k_A + k_B + k_C + k_D} \times M_O$$

$$M_{OB} = \frac{k_B}{\sum k} \times M_O = \frac{k_B}{k_A + k_B + k_C + k_D} \times M_O$$

$$M_{OC} = \frac{k_C}{\sum k} \times M_O = \frac{k_C}{k_A + k_B + k_C + k_D} \times M_O$$

$$M_{OD} = \frac{k_D}{\sum k} \times M_O = \frac{k_D}{k_A + k_B + k_C + k_D} \times M_O$$

（ $k_A \sim k_D$ ：各部材の剛比， $\sum k$ ：剛比の総和， M_O ：節点 O に作用するモーメント）

また，図 1-34 において，固定点 B における材端モーメント M_{BO} は O 点に生じる分割モーメントの 1/2 となることが知られていますが，これを**到達モーメント**といいます．

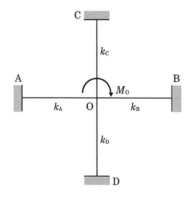

図 1-33 モーメント荷重と各部材
の剛比

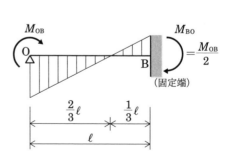

図 1-34 到達モーメント

●**有効剛比** k'

　図 1-35 において，OB 部材のように他端がピン（ヒンジ）部材の場合は，次式で**有効剛比** k'_B を求めて分割モーメントを算定します．

$$有効剛比\,k'_B = \frac{3}{4} \times 剛比 k_B \tag{1.43}$$

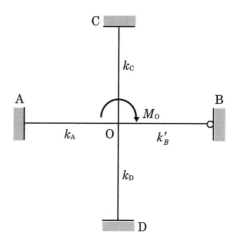

図 1-35　他端がピン（ヒンジ）部材の場合

【問題 1.83（不静定構造物の応力）】図（問題 1-83）に示す水平な連続梁 ABC は，固定端 A，ピン支点 B，固定端 C で支持されており，B の位置で断面形状が変化しています．AB 間および BC 間の長さはそれぞれ L，αL で，断面 2 次モーメントはそれぞれ I，I/α であるとします．いま，B にモーメント M を外力として作用させると，M は剛比に応じて AB 間および BC 間に分配され，それぞれの区間に生じるせん断力の大きさの比は 2：1 であったとします．このとき，α の値を求めなさい．ただし，梁は全長にわたって等質の弾性部材であり，自重は無視するものとしなさい．

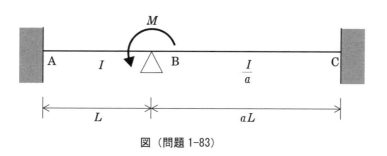

図（問題 1-83）

（国家公務員総合職試験[大卒程度試験]）

【解答】AB 区間の剛度 K_{AB} と BC 区間の剛度は K_{BC} は,

$$K_{AB} = \frac{I}{L}, \quad K_{BC} = \frac{I/\alpha}{\alpha L} = \frac{I}{\alpha^2 L}$$

となります. また, BC 区間の剛度 K_{BC} を基準にとれば (剛比 k_{BC} を 1 とすれば), AB 区間の剛比 k_{AB} は,

$$k_{AB} = \frac{I/L}{I/\alpha^2 L} = \alpha^2$$

となりますので, AB 区間と BC 区間の分割モーメント M_{BA}, M_{BC} はそれぞれ,

$$M_{BA} = \frac{\alpha^2}{\alpha^2 + 1} M, \quad M_{BC} = \frac{1}{\alpha^2 + 1} M$$

となります.

　ところで, 固定端における到達モーメントは分割モーメントの 1/2 になることが知られています. また, せん断力 Q は,

$$Q = -\frac{材端モーメントの和}{スパン}$$

で求められることから,

$$Q_{AB} = -\frac{\dfrac{\alpha^2}{\alpha^2 + 1} M + \dfrac{1}{2} \times \dfrac{\alpha^2}{\alpha^2 + 1} M}{L} = -\frac{M}{L} \times \frac{3\alpha^2}{2(\alpha^2 + 1)}$$

$$Q_{BC} = -\frac{\dfrac{1}{\alpha^2 + 1} M + \dfrac{1}{2} \times \dfrac{1}{\alpha^2 + 1} M}{\alpha L} = -\frac{M}{\alpha L} \times \frac{3}{2(\alpha^2 + 1)}$$

　題意より

$$Q_{AB} : Q_{BC} = 2 : 1$$

であることから,

$$-\frac{M}{L} \times \frac{3\alpha^2}{2(\alpha^2 + 1)} = -2 \times \frac{M}{\alpha L} \times \frac{3}{2(\alpha^2 + 1)}$$

したがって, 求める答えは,

$$\alpha^2 = \frac{2}{\alpha} \quad \therefore \alpha = \sqrt[3]{2}$$

となります.

【**問題 1.84（不静定構造物の応力）**】図（問題 1-84）のように，等質等断面の部材で形成された構造体が点 A に集中荷重を受けているとき，固定端である点 C，D における曲げモーメントの大きさの組み合わせとして最も妥当なものを選びなさい．なお，節点 B に生ずる曲げモーメントは，固定端に半分が伝達します．

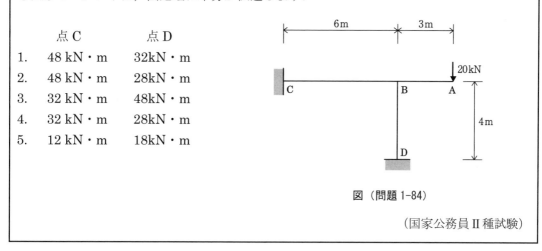

	点 C	点 D
1.	48 kN・m	32kN・m
2.	48 kN・m	28kN・m
3.	32 kN・m	48kN・m
4.	32 kN・m	28kN・m
5.	12 kN・m	18kN・m

図（問題 1-84）

（国家公務員 II 種試験）

【**解答**】解図（問題 1-84）に示すように，B 点に 60kN・m のモーメントが作用するモデルに置換することができます．I を断面 2 次モーメントとすれば，部材 BC の剛度 K_{BC} は $K_{BC} = I/6$，部材 BD の剛度 K_{BD} は $K_{BC} = I/4$ となります．それゆえ，基準剛度 K_O を K_{BC} とすれば，部材 BC と部材 BD の剛比 k_{BC} と k_{BD} は，

$$k_{BC} = \frac{K_{BC}}{K_O} = \frac{I/6}{I/6} = 1.0, \quad k_{BD} = \frac{K_{BD}}{K_O} = \frac{I/4}{I/6} = 1.5$$

となり，分割モーメント M_{BC} と M_{BD} は，

$$M_{BC} = \frac{1.0}{1.0+1.5} \times 60 = 24\,\text{kN・m}, \quad M_{BD} = \frac{1.5}{1.0+1.5} \times 60 = 36\,\text{kN・m}$$

ゆえに，到達モーメント M_C と M_D は，

$$M_C = M_{BC} \times \frac{1}{2} = 24 \times \frac{1}{2} = 12\,\text{kN・m}, \quad M_D = M_{BD} \times \frac{1}{2} = 36 \times \frac{1}{2} = 18\,\text{kN・m}$$

となり，答えは 5 となります．

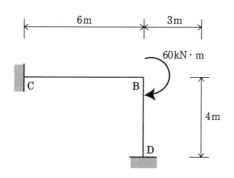

解図（問題 1-84）

【問題 1.85（不静定構造物の応力）】図（問題 1-85）のような構造体の端点 E に対し，集中荷重 500kN が鉛直方向に作用するとき，固定節点 A, B, C に生ずるモーメントの値 M_A, M_B, M_C を求めなさい．ただし，部材 AD, BD, CD, DE のヤング係数 E と断面 2 次モーメント I はすべて等しく，また，曲げ変形のみを考えるものとします．

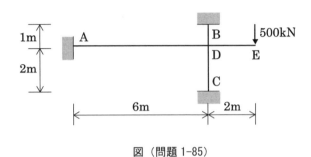

図（問題 1-85）

（国家公務員 I 種試験）

【解答】D 点にモーメント荷重（＝500 kN×2m＝1,000kN）が作用するモデルに置き換え，**分割モーメント**と**到達モーメント**の関係を適用すれば，

$$M_{DA} = \frac{1/6}{1+1/2+1/6} \times 1,000 = 100\,\mathrm{kN \cdot m} \quad \rightarrow \quad M_A = \frac{1}{2} \times 100 = 50\,\mathrm{kN \cdot m}$$

$$M_{DB} = \frac{1}{1+1/2+1/6} \times 1,000 = 600\,\mathrm{kN \cdot m} \quad \rightarrow \quad M_B = \frac{1}{2} \times 600 = 300\,\mathrm{kN \cdot m}$$

$$M_{DC} = \frac{1/2}{1+1/2+1/6} \times 1,000 = 300\,\mathrm{kN \cdot m} \quad \rightarrow \quad M_C = \frac{1}{2} \times 300 = 150\,\mathrm{kN \cdot m}$$

のように答えが求まります．

【問題 1.86（不静定構造物の応力）】図（問題 1-86）は，点 A に水平力を受けたラーメン構造において，柱に生ずる曲げモーメントの分布を表したものです．このとき，柱 BC に生ずる軸方向力の大きさとして最も妥当なものを選びなさい．なお，柱の軸方向力は，その柱より上階の梁のせん断力を総計したものです．

1. 72 kN
2. 40 kN
3. 32 kN
4. 16 kN
5. 　8 kN

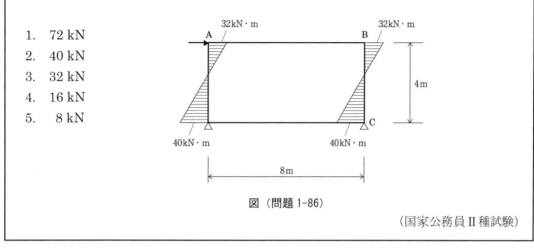

図（問題 1-86）

（国家公務員 II 種試験）

【解答】曲げモーメント図は変形（曲率）が生じる方向に描きます．このことに留意し，A 点と B 点につながる部材を切断して曲げモーメントの作用方向を描けば解図 1（問題 1-86）に示すようになります．なお，図中における破線は，この解答で定義した下側（正側）を表しています．次に，部材 AB を取り出して両端に作用するせん断力 Q を正の方向に作用させれば解図 2（問題 1-86）のようになります．ここで，時計回りを正としてモーメントのつり合いを考えれば，

$$32 + 8Q + 32 = 0 \quad \therefore せん断力 Q = -\frac{材端モーメントの和}{スパン} = -\frac{32+32}{8}\,\text{kN}$$

負号がつきますので，実際には解図 2（問題 1-86）に描いた方向と反対方向にせん断力 Q が作用することになります．ゆえに，解図 3（問題 1-86）を参照すれば，柱 BC に作用する軸方向力 N_{BC} は，

$$8 + N_{BC} = 0 \quad \therefore N_{BC} = -8\,\text{kN}$$

したがって，求める答えは 5 となります．

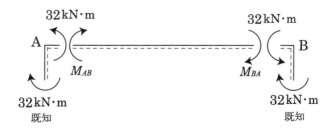

解図 1（問題 1-86）

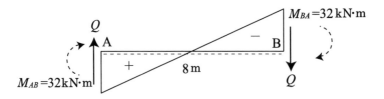

解図 2（問題 1-86）　部材 AB に作用するせん断力

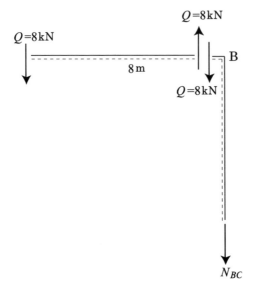

解図 3（問題 1-86）

【問題 1.87（不静定構造物の応力）[やや難]】図（問題 1-87）は，水平力を受けた 2 層ラーメン構造において，柱に生ずる曲げモーメントの分布を表したものです．このとき，柱 AB に生ずる軸方向力 N の大きさと梁 BC に生ずるせん断力 Q の大きさの組合せとして最も妥当なものを選びなさい．

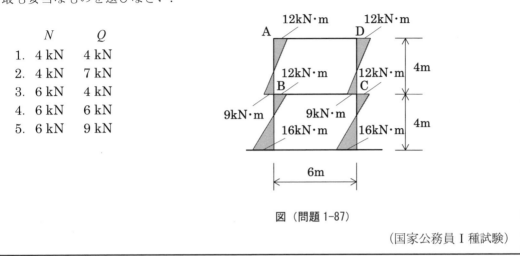

	N	Q
1.	4 kN	4 kN
2.	4 kN	7 kN
3.	6 kN	4 kN
4.	6 kN	6 kN
5.	6 kN	9 kN

図（問題 1-87）

（国家公務員 I 種試験）

【解答】せん断力 Q は，

$$せん断力 Q = -\frac{材端モーメントの和}{スパン}$$

で求められます．ところで，梁 AD と梁 BC の材端モーメントは，解図 1（問題 1-87）に示す通りですので，梁 AD と梁 BC に作用するせん断力 Q_{AD} と Q_{BC} は，

$$Q_{AD} = -\frac{12+12}{6} = -4\,\mathrm{kN} \quad （大きさは 4kN）$$

$$Q_{BC} = -\frac{(12+9)+(12+9)}{6} = -7\,\mathrm{kN} \quad （大きさは 7\,kN）$$

Q_{AD}（梁 AD に作用するせん断力）＝ N_{AB}（柱 AB に作用する軸方向力）ですので，求める答えは 2 であることがわかります．

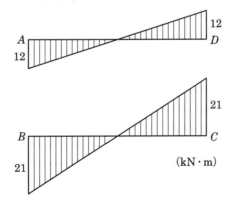

解図 1（問題 1-87）梁 AD と梁 BC の材端モーメント

124

なお，**解図 1（問題 1-87）の材端モーメント**をすぐに描けない場合は，各部材を切断して曲げモーメントを描いた**解図 2（問題 1-87）〜解図 4（問題 1-87）**を参照して下さい．

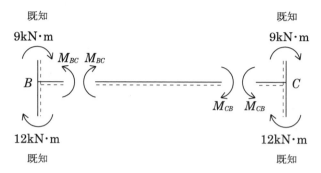

解図 2（問題 1-87）

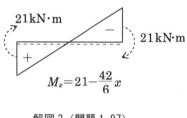

解図 3（問題 1-87）

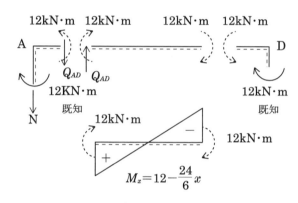

解図 4（問題 1-87）

【**問題 1.88（不静定構造物の応力）**】図（問題 1-88）は，ある 2 層の構造物の各階に水平荷重が作用したときのラーメンの応力のうち，柱の曲げモーメントを表したものです．このとき，屋上床レベルに作用する水平荷重 P と 2 階床レベルの梁のせん断力 Q の大きさを求めなさい．

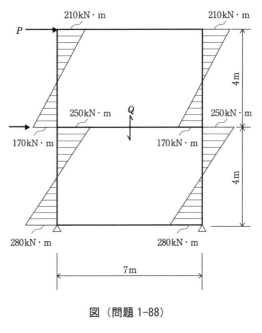

図（問題 1-88）

（国家公務員 II 種試験）

【**解答**】符合がややこしく感じられる学生は，"大きさ"を求める問題と割り切って，以下のように絶対値を求めても構いません．

$$Q_{2F柱左} = \left| \frac{210 + 170}{4} \right| = 95\,\text{kN}$$

$$Q_{2F柱右} = \left| \frac{210 + 170}{4} \right| = 95\,\text{kN}$$

したがって，

$$P = 95 + 95 = 190\,\text{kN}$$

また，

$$Q = \left| \frac{(170 + 250) + (170 + 250)}{7} \right| = 120\,\text{kN}$$

と求まります．

【問題 1.89（不静定構造物の応力）】図（問題 1-89）のように，2 層のラーメンに水平荷重が作用した場合，梁に生ずるせん断力 Q_1，Q_2 の値の組み合わせとして最も妥当なものを選びなさい．ただし，柱および梁の断面はすべて同一で柱脚は固定とします．また，柱の反曲点の高さは，1 階は 3m，2 階は 2m とします．

	Q_1	Q_2
1.	16 kN	6 kN
2.	24 kN	16 kN
3.	36 kN	24 kN
4.	48 kN	24 kN
5.	48 kN	36 kN

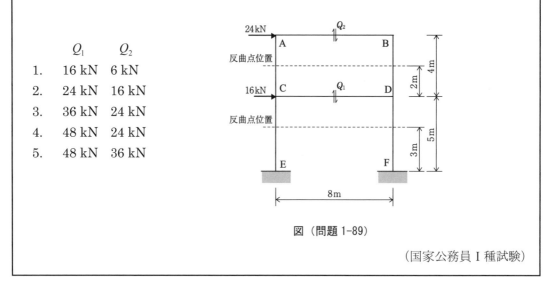

図（問題 1-89）

（国家公務員 I 種試験）

【解答】構造は対称ですが，A 点と B 点にそれぞれ 12kN，C 点と D 点にそれぞれ 8kN の荷重が作用していると考えることができますので，荷重は非対称です．そこで，解図 1（問題 1-89）のように M 図を描きます．次に，描いた M 図をもとにして，解図 2（問題 1-89）に示すように，部材が変形する方向（曲率が生じる方向）に曲げモーメントを作用させます．曲率が変わる点を建築では**反曲点**（土木では**変曲点**）といい，この点ではモーメントが 0 になりますので，ヒンジ点と見なすことができます．

したがって，
上層部の柱を切断して水平方向の力のつり合いを考えれば，
$$Q_A + Q_B = 24$$
ヒンジ点と見なせる反曲点でのモーメントのつり合いから
$$M_{AC} = 2 \times Q_A (= M_{AB}), \quad M_{BD} = 2 \times Q_B (= M_{BA})$$
ゆえに，
$$せん断力\ Q_2 = \left| \frac{材端モーメントの和}{スパン} \right| = \frac{M_{AB} + M_{BA}}{8} = \frac{2(Q_A + Q_B)}{8} = 6\,\mathrm{kN}$$

次に，下層部の柱を切断して水平方向の力のつり合いを考えれば，
$$Q_C + Q_D = 24 + 16 = 40$$
ヒンジ点と見なせる反曲点でのモーメントのつり合いから，
$$M_{CE} = 2 \times Q_C, \quad M_{DF} = 2 \times Q_D$$
ところで，M_{CD} と M_{DC} は，
$$M_{CD} = 2 \times Q_A + M_{CE} = 2Q_A + 2Q_C, \quad M_{DC} = 2 \times Q_B + M_{DF} = 2Q_B + 2Q_D$$

なので,

$$せん断力\ Q_1 = \left|\frac{材端モーメントの和}{スパン}\right| = \left|\frac{M_{CD} + M_{DC}}{8}\right| = \left|\frac{2Q_A + 2Q_C + 2Q_B + 2Q_D}{8}\right|$$

$$= \left|\frac{2 \times 24 + 2 \times 40}{8}\right| = \left|\frac{128}{8}\right| = 16\ \text{kN}$$

以上より,求める答えは 1 になります.

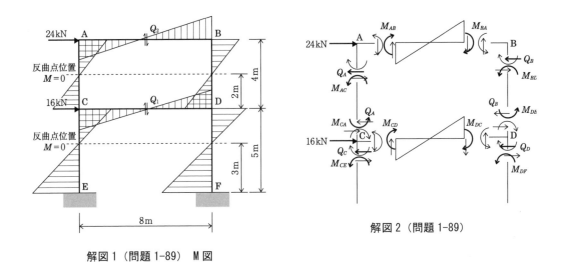

解図 1 (問題 1-89)　M 図

解図 2 (問題 1-89)

1.9 塑性ヒンジと崩壊荷重

●全塑性モーメントと塑性ヒンジ

図 1-36 の単純梁では中央点（C 点）で最大の曲げモーメント $M = P\ell/4$ が作用し，この位置の断面には最大縁応力度

$$\sigma_{\max} = \frac{M}{I} y_{\max} = \frac{M}{Z} \tag{1.44}$$

（Z は $Z = I/y_{\max}$ で表される断面係数）

が生じることになります．荷重 P が増加すると曲げモーメント $M = P\ell/4$ も大きくなり，最大縁応力度 $\sigma_{\max}$ が材料の**降伏応力度** σ_y（降伏点）に達します．このときの曲げモーメントを**降伏モーメント** M_y といいます．なお，**通常の弾性設計では，この状態で構造物が壊れると仮定しています**．

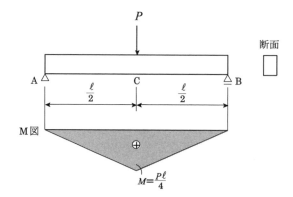

図 1-36　単純梁の曲げモーメント図

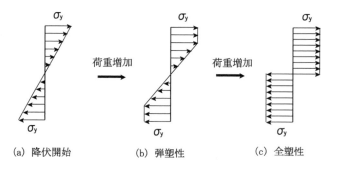

図 1-37　梁断面の応力度分布

しかしながら，降伏モーメントよりも大きな曲げモーメントを加えることができないという訳ではありません．なぜなら，降伏モーメントを超えて曲げモーメントを増すと，断面の応力度は σ_y 以上にはなりえませんが，外縁から次第に塑性域に入り，図 1-37(b)のような応力度分布を呈するからです（ただし，断面のひずみ分布は，平面保持の仮定のもと，相変わらず中立軸からの距離に比例する三角形分布のまま大きさを増していきます）．この状態を

弾性域と塑性域が混在する領域という意味で**弾塑性**といいます．そして，最後に，図 1-37(c)のように，全断面が塑性化して，これ以上，曲げモーメントを増やせない限界の状態に達することになります．この状態が**全塑性**であり，このときの曲げモーメントを**全塑性モーメント** M_p といいます．以上の経緯を曲げモーメント M と曲率 ϕ の関係で示せば図 1-38 のようになります．

　構造物において，全塑性モーメントに達して曲率が自由に増大できる点を**塑性ヒンジ**といいます．塑性ヒンジができると，この点ではこれ以上の曲げモーメントには抵抗できません．図 1-36 の単純梁は外的静定構造物（反力の総数が 3 つの構造物）ですので，中央点に塑性ヒンジができると 3 つのヒンジを持つ不安定な構造になって崩壊することになります．これを**塑性崩壊**といいます．

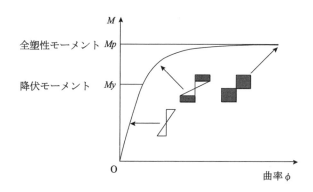

図 1-38　曲げモーメント M と曲率 ϕ の関係

【**問題 1.90（塑性状態）**】図Ⅰのような長方形断面をもつ等質な部材がある．いま，この部材の断面における垂直応力度分布が，断面の図心に作用する軸圧縮力 N と曲げモーメント M により，図Ⅱのような全塑性状態にあるとき，M を求めなさい．ただし，この部材の降伏応力度を σ_y とします．

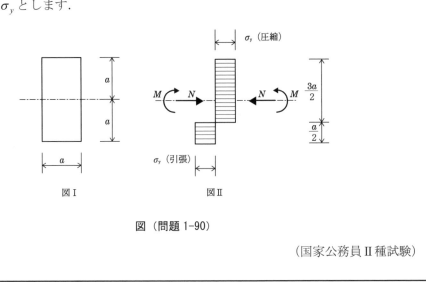

図（問題 1-90）

（国家公務員Ⅱ種試験）

【**解答**】N は軸圧縮力なので引張応力度には関係しません．一方，引張応力度は M によって生じますが，長方形断面は等質で上下対称なので，解図（問題 1-90）に示すように，圧縮側にも中立軸と対称の位置に圧縮応力度が生じます．

したがって，求める答えは，

$$M = \sigma_y \times a \times \frac{a}{2} \times \left(\frac{a}{2} + \frac{a}{2} \times \frac{1}{2} \right) \times 2 = \sigma_y \times \frac{a^2}{2} \times \frac{3}{2}a = \frac{3a^3 \sigma_y}{4}$$

となります．

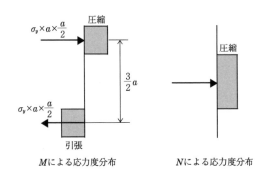

解図（問題 1-90）

【**問題** 1.91（**弾塑性**）】図 I，図 II のように同じ長さで支持状態の異なる 2 種類の梁の中央に集中荷重をかけ，それぞれの崩壊荷重を P_a，P_b としたとき，P_a に対する P_b の比率 P_b / P_a を求めなさい．ただし，2 つの梁の部材はすべて同一材料，同一断面であるものとします．

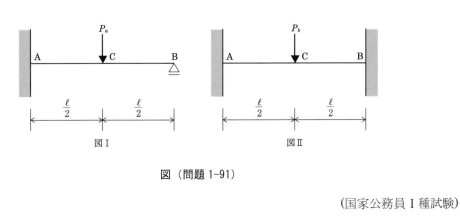

図（問題 1-91）

（国家公務員 I 種試験）

【**解答**】まず，図 II の構造について解くことにします．曲げモーメントが大きくなりそうな A 点，B 点，C 点に塑性ヒンジを挿入し，塑性ヒンジが微小回転した場合を仮想します．解図（問題 1-91）を参照して，外力（鉛直荷重 P）と内力（塑性ヒンジでの全塑性モーメント M_p）がなす仮想仕事を計算します．外力（鉛直荷重 P）がなす仮想仕事 W_e は，

$$W_e = P \times \frac{\ell}{2} \theta \tag{a}$$

です．一方，内力（塑性ヒンジでの全塑性モーメント M_p）がなす仮想仕事 W_{in} は，

$$W_{in} = M_p \times \theta + M_p \times 2\theta + M_p \times \theta = 4\theta M_p \tag{b}$$

です．$W_e = W_{in}$（**外力と内力がなす仮想仕事は等しい**）でないといけませんので，式(a)と式(b)から，梁が崩壊するときの最小鉛直荷重 P（崩壊荷重 P_b）を求めれば，

$$P = P_b = \frac{8M_p}{\ell}$$

となります．

　一方，図 I の構造は B 点が可動支点（曲げモーメントは 0）ですので，曲げモーメントが大きくなりそうな A 点と C 点に塑性ヒンジを挿入し，塑性ヒンジが微小回転した場合を仮想します．この場合は，外力（鉛直荷重 P）がなす仮想仕事 W_e は式(a)と同じです．また，内力（塑性ヒンジでの全塑性モーメント M_p）がなす仮想仕事 W_{in} は，

$$W_{in} = M_p \times \theta + M_p \times 2\theta = 3\theta M_p \tag{c}$$

（B 点は可動支点で M=0 となっていますので，B 点で内力がなす仮想仕事も 0）

となりますので，式(a)と式(c)から，梁が崩壊するときの最小鉛直荷重 P（崩壊荷重 P_a）を求めれば，

$$P = P_a = \frac{6M_p}{\ell}$$

となります．

したがって，P_a に対する P_b の比率 P_b/P_a は $P_b/P_a = 4/3$ となります．

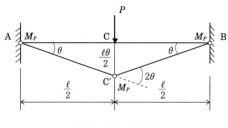

解図（問題 1-91）

【問題 1.92（崩壊荷重）】図Ⅰのようなラーメン構造に作用する水平荷重 P を増大させた
ところ，このラーメン構造は図Ⅱのように塑性ヒンジを形成し，崩壊メカニズムに達した．
このとき，ラーメン構造の崩壊荷重 P_u を求めなさい．ただし，このラーメン構造における
柱および梁の全塑性モーメント M_p の値は表（問題 1-92）に示すものとし，回転角 θ は微
小とする．なお，図Ⅱにおいて，外力による仕事は崩壊荷 P_u と変位の積で得られ，内力に
よる仕事と等しい．また，内力による仕事は，各塑性ヒンジにおける回転角 θ と M_p の積
を求め，それらを塑性ヒンジごとに足し合わせて得られます．

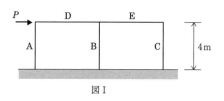

図Ⅰ

表（問題 1-92）全塑性モーメント M_p の値

柱A	50kN・m
柱B	40kN・m
柱C	50kN・m
梁D	30kN・m
梁E	20kN・m

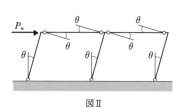

図Ⅱ

図（問題 1-92）

（国家公務員Ⅱ種試験）

【解答】荷重作用点における水平変位は 4θ ですので，**外力がなす仕事＝内力がなす仕事**から，
$$P_u \times 4\theta = 50\theta + 40\theta + 50\theta + 30\theta + 30\theta + 20\theta + 20\theta$$
したがって，
$$4\theta P_u = 240\theta \quad \therefore P_u = 60\,\mathrm{kN}$$
となります．

【問題 1.93（崩壊荷重）】図 I のようなラーメン構造に，図 II のような崩壊機構が形成されるとき，荷重 P の大きさを求めなさい．ただし，梁と柱の全塑性モーメント M_p は，それぞれ 200kN・m，300kN・m とし，θ は塑性ヒンジの回転角であり，微小とします．

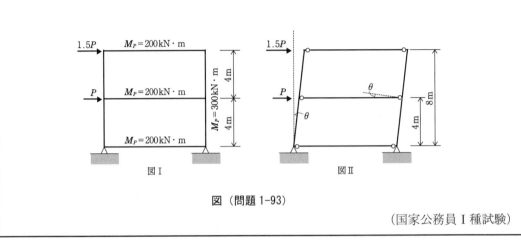

図（問題 1-93）

（国家公務員 I 種試験）

【解答】"外力のなす仕事=内力のなす仕事" を計算すれば，

$$P \times 4\theta + 1.5P \times 8\theta = 6 \times 200\theta$$

したがって，求める答えは，

$$P = \frac{1200}{16} = 75 \text{ kN}$$

となります．

第2章

構造設計

2.1 荷重・外力

●**長期に生じる力と短期に生じる力**
①長期に生じる力：**固定荷重**，**積載荷重**，積雪荷重（多雪区域），その他（土圧・水圧など）
②短期に生じる力：風圧力，地震力，積雪荷重（一般および多雪区域）

●**床の積載荷重**
①単位床面積当たりの積載荷重の大小関係は，実況に応じて計算しない場合，

床の構造計算用＞大梁・柱または基礎の構造計算用＞地震力の計算用

です．
②床の積載荷重は，集会室，事務室，住宅の居室のうち，住宅の居室の場合について最も小さく設定できます．

●**積雪荷重**
①多雪区域内において，「**長期積雪荷重＝短期積雪荷重×0.7倍**」です．
②雪止めのない**屋根の勾配が60度を超える場合**，雪が滑り落ちるものとして，**積雪荷重を0**とすることができます．
③積雪荷重の計算に用いる積雪の単位荷重は，原則として，**積雪量1cmあたり20N/m²以上**とします．

【風荷重】

●**風圧力**
　風圧力は，**速度圧**に**風力係数**を乗じた次式で算定します．
$$w = q \cdot C_f$$

ここに，w：風圧力（N/m²），q：速度圧（N/m²），C_f：風力係数

なお，速度圧はその地方における**基準風速の2乗に比例**します．

●**平均風速の高さ方向の分布を表す係数 E_r**
　きわめて平坦で障害物がない区域（地表面粗度区分Ⅰ）より，都市化がきわめて著しい区域（地表面粗度区分Ⅳ）の方が小さくなります．

●ガスト影響係数 G_f

きわめて平坦で障害物がない区域（地表面粗度区分Ⅰ）より，都市化がきわめて著しい区域（地表面粗度区分Ⅳ）の方が大きくなります．

【地震力】

●震度階

従来は，地震動の強さを感覚的に表す指標として**震度階**（一般の新聞紙上などで震度と表現されているもの）が用いられてきましたが，兵庫県南部地震の後に，震度階は地震動の揺れの強さを震度計で計測した値（**計測震度**）で決めるようになりました．また，**震度階の区分を合計 10 階級**（0 から始まり，途中に 5（弱），5（強），6（弱），6（強）などがあって，最高の階級は 7）とし，よりきめ細かい防災対応が行えるように改められました．

●地震力の大きさ

地震力の大きさは建築物の重量に比例します．したがって，構造体の強度・じん性が同じなら，**建築物の軽量化は耐震性の向上に役立ちます**．

●地震層せん断力 Q_i

建築物の地上部分における i 階に作用する**地震層せん断力** Q_i は，i 階より上部にある建築物の重量 W_i に，i 階の**地震層せん断力係数** C_i を乗じて計算します（図 2-1 参照）．

$$Q_i = C_i \cdot W_i$$

なお，地震層せん断力係数 C_i は，次式で計算します．

$$C_i = Z \cdot R_t \cdot A_i \cdot C_0$$

ここに，

Z ：**地震地域係数**（1.0〜0.7，**最小値は沖縄県の 0.7**）

R_t：**振動特性係数**(設計用 1 次固有周期と地盤の種別に応じて定まる数値で，1.0 以下の値)[1]

A_i：**高さ方向の地震層せん断力係数の分布係数**（地上の最下層では 1.0 で，上層にいくにしたがって大きく振動するので，値が大きくなります）

C_0：**標準せん断力係数**[2]

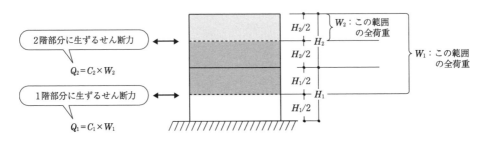

図 2-1　建築物の重量 W_i

2.2　構造計算

●許容応力度設計法（弾性設計法）

　許容応力度設計法（弾性設計法）[3]は，部材応力を弾性計算によって求め，部材断面の応力度が許容値以下であることを確かめる設計法です．

●限界耐力計算（損傷限界の検討）

　限界耐力計算における損傷限界の検討では，建築物に常時作用する荷重，存在期間中に数回程度遭遇する可能性の高い積雪，暴風，地震動などに対して，建物が損傷しないことを確認します．

---

1) 振動特性係数 R_t：設計用 1 次固有周期が長い（0.6 秒を超える）場合，地盤の種別による関係は，**第 3 種地盤（軟弱）＞第 2 種地盤＞第 1 種地盤（硬質）**です．

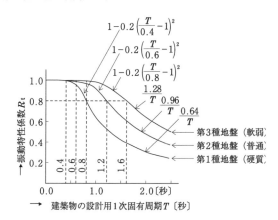

2) 標準せん断力係数 C_0：中地震を想定（層間変形角の計算等）した場合は C_0=0.2 以上です．なお，木造の場合，著しく軟弱な地盤上では C_0=0.3 以上と定められています．なお，大地震を想定（必要保有水平耐力の計算）した場合は C_0=1.0 以上です．

3) 許容応力度については，土木と建築では基準が違うので注意が必要です．**建築の場合，許容応力度には長期と短期があります．**長期許容応力度は，常時の鉛直荷重に対して，また，短期許容応力度は，地震時や暴風時，積雪時に対して検討を行うための応力度です．

　鋼材の破壊強度は降伏強度になります．鋼材の長期許容引張応力度は降伏強度の2/3倍ですので，安全率は1.5になります．また，鋼材の短期許容引張応力度は長期許容引張応力度の1.5倍で降伏強度と同じ値になりますので，この場合の安全率は1.0です．

●仕様規定

建築基準法では，構造計算を行うべき建築物の規模が定められており，

・木造 2 階建て以下かつ 500m² 以下の場合

・木造以外（鉄骨や RC など）で 1 階建てかつ 200m² 以下の場合

・組積造（石・煉瓦・コンクリートブロック等を積み上げて作る建築物の構造），無筋コンクリート造で，高さ 13m 以下かつ軒高 9m 以下

のような小規模の建物では，構造計算をしなくても，**仕様規定を満たしていれば構造計算を行う必要はありません**．

●構造計算

建築物は所定の技術的基準（仕様規定）に適合しなければなりません．また，以下に該当する建築物は，構造計算により安全であることを確認しなければなりません．

①**木造の建築物で 3 階以上の階数のもの，延べ面積が 500m² を超えるもの，または，軒高が9m もしくは高さが 13m を超えるもの**（一般的な木造 2 階建てや平屋建ての建物などは対象外）

②**木造以外の建築物で 2 以上の階数のもの，または，延べ面積が 200m² を超えるもの**

③高さが 13m または軒高が 9m を超えるもので，主要構造部（床，屋根，階段を除く）が石造，れんが造，コンクリートブロック造，無筋コンクリート造のもの

原則として，構造計算は，**許容応力度設計法**または**限界耐力計算**のいずれかを行いますが，**超高層建築物（高さ＞60m）**では別に国土交通大臣が定める基準にしたがった計算を行います．

【問題 2.1（構造設計）】 構造設計における安全率に関する記述[ア]〜[エ]の正誤を答えなさい.

[ア] 一般に，材料の品質管理を徹底して行うほど，その部材の安全率を高くできる.

[イ] 安全率は，「材料の許容応力」を「材料の極限応力」で除して得られる 1 以上の数値である.

[ウ] 安全率は，設計荷重と実際の荷重との違い，構造解析上の誤差，構造物の重要度等を考慮して決めるものである.

[エ] 鋼材の長期許容引張応力度は，基準強度 F に対して 1.5 の安全率を採っている.

(国家公務員 I 種試験)

【解答】 [ア]＝誤（**安全率**は，設計荷重と実際の荷重との違い，構造解析上の誤差，構造物の重要度等を考慮して決めるもので，材料の品質管理の程度は考慮されていません），[イ]＝誤（材料の基準強度と許容応力の比が**安全率**です），[ウ]＝正（記述の通り，**安全率**は，設計荷重と実際の荷重との違い，構造解析上の誤差，構造物の重要度等を考慮して決められています），[エ]＝正（許容応力度については土木と建築では基準が違うので注意が必要です. **鋼材の長期許容引張応力度**は，記述の通り，基準強度 F に対して 1.5 の安全率を採用しています）

【問題 2.2（構造設計）】 構造設計に関する記述[ア]，[イ]，[ウ]の正誤を答えなさい.

[ア] 弾性設計法（許容応力度設計法）は，部材応力を弾性計算によって求め，部材断面の応力度が許容値以下であることを確かめる設計法である.

[イ] 塑性設計法（終局強度設計法）は，各部材の塑性変形能力を利用し，構造物全体が耐えられる最大の荷重を計算して，必要な終局強度をもたせる設計法である.

[ウ] 許容応力度には，長期許容応力度と短期許容応力度が設定されており，長期許容応力度は短期許容応力度に比べ，1.5〜2 倍大きく定められている.

(国家公務員 II 種試験)

【解答】 [ア]＝正（記述の通り，**弾性設計法**（許容応力度設計法）は，部材応力を弾性計算によって求め，部材断面の応力度が許容値以下であることを確かめる設計法です），[イ]＝正（記述の通り，**塑性設計法**（終局強度設計法）は，各部材の塑性変形能力を利用し，構造物全体が耐えられる最大の荷重を計算して，必要な終局強度をもたせる設計法です），[ウ]＝誤（一般に，短期は 10 分程度，長期は 50 年程度を想定しています. 短い時間だけでも頑張って大きな力に耐える訳ですから，「短期許容応力度＞長期許容応力度」となります）

2.3　耐震設計

●重心と剛心

　地震の力は，建物の**重心**に作用しますので，建物は水平方向に変形するほかに，**剛心**（回転の中心）周りに回転することになります．すなわち，重心と剛心の距離が離れているとねじれが生じて建物に損傷を与えてしまいます．これを避けるためには，耐力壁などをバランスよく配置して，**重心と剛心の距離を近づけることが重要**となります（剛心と重心の距離が短いほど，その建物は耐震性に優れていることになります）．

●偏心率

　偏心率は，偏心距離（重心と剛心との距離）のねじり抵抗に対する割合（偏心距離/弾力半径）[4]として定義され，この値を**0.15以下**とする（0.15を超えるとねじれが大きくなり，崩壊の危険性が生じます）．

●剛性率

　建築物の各階の剛性に偏りがあると，地震時に剛性の小さな階に変形や損傷が集中しやすいことから，各階の**剛性率**（高さ方向における各階の剛性の変化を表す数値）が**0.6以上**となるように，柱や耐力壁を配置します．

●層間変形角

　層間変形角とは，「各階に生ずる水平方向の層間変位の当該各階の高さに対する割合」と定義されています．すなわち，図 2-2 において δ_i / h_i（i=1,2,3）で定義されるものです．具体的には，各階に生じる地震層せん断力を求め，それから各階に生じる層間変位を求めた後に層間変形角を計算し，それが**1/200以下**（帳壁，内外装材，設備等に相応の措置を講じた場合には 1/120 以下に緩和することができる）であることを確かめます．

4）下図に示す場合，ねじれ剛性 K_R は $K_R = kr^2 + kr^2 = 2kr^2$ で表され，弾力半径 γ_e は，$\gamma_e = \sqrt{K_R / \sum k} = \sqrt{2kr^2 / 2k}$ と表されます．

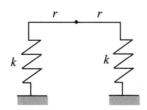

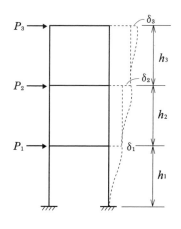

図 2-2 層間変形角

●1 次設計と 2 次設計

(1) 1 次設計

中地震に対して，建築物に損傷を生じさせないために，部材の応力度が材料の**許容応力度以下**になるように設計すること．

(2) 2 次設計

大地震に対して，建築物が崩壊や転倒などを起こさないために，バランスのチェック（偏心率・剛性率の確認），変形能力のチェック（保有水平耐力の確認），変形量のチェック（層間変形角の確認）を行うこと．

●保有水平耐力

保有水平耐力とは，建物が水平方向に力を受けたときに倒壊に至る水平力を意味し，保有水平耐力計算は，各部材の耐力を計算し，その耐力から建物の保有水平耐力を算出する方法です．

●保有水平耐力に関する確認

保有水平耐力に関する確認の方法は，建築物が終局状態に至るまでの性状を把握した上で，大地震時に崩壊に至らないよう安全性の検討を行おうとするものです．具体的には，建築基準法において，各階の**保有水平耐力が必要保有水平耐力以上であることを確認する**ことを規定しています．なお，この確認は，各階，各方向ごとに行い，1 つの階といえども満足しないものがあってはなりません．

●必要保有水平耐力 Q_{un}

必要保有水平耐力 Q_{un} は，大地震時に対して安全を確保するために必要とする各階の最小限の水平方向耐力で，以下に示すように，地震力によって各階に生じる水平力 Q_{ud} に**構造特性係数 D_s と形状係数 F_{es} を乗じて**計算します．

$$Q_{un} = D_s \cdot F_{es} \cdot Q_{ud}$$

(1) 構造特性係数 D_s

構造特性係数 D_s は，建築物の振動減衰性および各階のじん性に応じて**必要保有水平耐力を低減する係数**で，架構がじん性に富むほど，また，減衰が大きいほど構造特性係数 D_s は小さくできます．

(2) 形状係数 F_{es}

形状係数 F_{es} は，**必要保有水平耐力の割り増し係数**であり，偏心率に応じた数値 F_e と剛性率に応じた数値 F_s の 2 つを乗じて計算します．

$$F_{es} = F_e \cdot F_s = (1.0 \sim 1.5) \times (1.0 \sim 2.0) = 1.0 \sim 3.0$$

(3) 地震力によって各階に生じる水平力 Q_{ud}

地震力によって各階に生じる水平力 Q_{ud} は，次式によって計算します．

$$Q_{ud} = C_i \cdot W_i$$

ここに，W_i は i 階より上の建築物の重量，C_i は i 階の地震層せん断力係数で，次式によって計算します．

$$C_i = Z \cdot R_t \cdot A_i \cdot C_0 \quad ただし，\ C_0 = 1.0 以上（大地震を対象）$$

ここに，

- Z ：地震地域係数（1.0 から 0.7）
- R_t ：振動特性係数（建築物の振動性状によって低減できる係数なので 1.0 以下．具体的には建築物の 1 次固有周期と地盤種別によって定まります）
- A_i ：高さ方向の地震層せん断力係数の分布係数（地上部分の最下層での値は 1.0 ですが，建築物は上層にいくにしたがって大きく振動するので大きくなります）
- C_0 ：標準せん断力係数（地震の規模によって定まる係数で，必要保有水平耐力の計算を行う大地震を対象とした場合は $C_0 = 1.0$ 以上．ちなみに，層間変形角の計算などの中地震を想定した場合は $C_0 = 0.2$ 以上）

●耐震計算ルート

地震に対する安全性の確認に関する要求項目の違いによって，ルート$\boxed{1}$，ルート$\boxed{2}$，ルート$\boxed{3}$ の 3 つの計算方法があります．

(1) ルート$\boxed{1}$

構造計算適合性判定を必要としない建築物に適用される耐震計算ルート．

(2) ルート$\boxed{2}$

許容応力度等計算の一部であり，**高さ 31m 以下の建築物**に適用される耐震計算ルート．構造計算に加えて，以下の計算を行います．

- 層間変形角が 1/200（変形によって建築物の部分に著しい損傷が生じるおそれがない場合は 1/120）以内であることを確認する．
- 各階の剛性率が 0.6 以上であることを確認する．

・各階の偏心率が 0.15 以下であることを確認する.
・建築物の塔状比が 4 以下であること確認する.

(3) ルート③

　高さ 31m 超の建築物または高さ 31m 以下の建築物で，ルート①，ルート②のいずれにもよらない場合に適用される耐震計算ルート．構造計算に加えて，以下の計算を行います.
・層間変形角が 1/200（変形によって建築物の部分に著しい損傷が生じるおそれがない場合は 1/120）以内であることを確認する.
・各階の**保有水平耐力**を計算し，それぞれが**必要保有水平耐力以上であること確認**する.

●**片持梁の固有周期**

　図 2-3 に示すように，ばね定数 k の片持梁の先端に集中質量 m が取り付けられた構造系がある場合，この構造系の固有振動数 f と固有周期 T は，それぞれ次式で計算できます.

$$f = \frac{1}{2\pi}\sqrt{\frac{k}{m}}$$

$$T = 2\pi\sqrt{\frac{m}{k}}$$

なお，曲げ剛性が EI の片持梁（長さは ℓ）の先端に集中荷重 P が作用した場合，先端でのたわみ δ は $\delta = \dfrac{P\ell^3}{3EI}$ で求まります．それゆえ，この式を $P = \dfrac{3EI}{\ell^3}\delta$ と変形すれば，ばね定数は，

$$k = \frac{3EI}{\ell^3}$$

となり，これを算定式に代入すれば，固有周期 T を算出することができます.

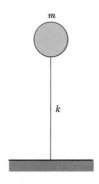

図 2-3　1 自由度系の構造物

●**建築物の設計用 1 次固有周期 T**

　h を建築物の高さ(m)とした場合，**設計用 1 次固有周期 T は**，

RC 造または SRC 造：$T = 0.02h$　（秒）

S 造：$T = 0.03h$　（秒）

で求められます．したがって，建築物の設計用 1 次固有周期 T は「建築物が高いほど長くなる」，「建築物の高さが等しい場合，一般に S 造の方が RC 造よりも長くなる」ことがわかります．

●安全限界

安全限界は，建築物の耐用年限中にきわめて希に発生する程度（大規模）の地震力に対して，鉛直荷重支持部材がその支持能力を保持しつつ水平変形し，倒壊等に至らない限界です．なお，**安全限界の検証に用いる標準加速度応答スペクトルの大きさは，損傷限界の検証に用いる大きさの 5 倍です**．

●高さが 60m を超える建築物の構造計算

①荷重および外力によって建築物の各部分に連続的に生ずる力および変形を把握し（**時刻歴応答解析の実施**），力および変形が各部分の耐力および変形の限度を超えないことを確かめる．

②さらに，国土交通大臣の認定を受けることが必要である．

③なお，仕様規定に関しては，耐久性関係規定のみ適合させる．

●共振現象

建物には固有の周期があり，この固有周期と同じ周期の力（地震動）が作用すると建物の揺れが大きくなりますが，これを**共振現象**といいます．

●制振構造

制振構造とは，各種の振動外乱を対象として，振動エネルギーをダンパーなどにより吸収させて，振動応答を低減しようとするものです．

●免震構造

免震構造とは，建物と地盤を水平方向に柔らかいアイソレータによってつないで地震入力を減少させ，さらにダンパーを設置してエネルギー吸収を図った構造です．

●免震レトロフィット（免震補強）

免震レトロフィットとは，既存建物の基礎や中間階に免震装置を設置し，外観や内装および設備などを損なうことなく建物を免震建物に生まれ変わらせる方法です．免震化により地震の強い揺れをゆっくりとした揺れに変えてしまうので，基本的に免震化されたフロアより上の部分の補強は不要になるか，大幅に制限されます．また，建物内の人々の安全を確保するだけでなく，設備機器の転倒や倒壊を防ぐことができ，地震後も建物機能を維持することが可能です．

●Is 値（Is は Seisimic Index of Structure の略記）

1981 年以前の旧基準の建物は，設計法が現在と異なるため，現在と同様な「保有水平耐

力」に基づく方法で耐震性の検討を行うことができません．このため，耐震診断では建物の強度や粘りに加え，その形状や経年状況を考慮した耐震指標（**Is 値**）を計算します．

　耐震改修促進法等では耐震指標の**判定基準を 0.6 以上**としており，それ以下の建物については耐震補強の必要性があると判断されます．つまり，「Is 値≧0.6」の建物は「必要な耐震強度に対し 100％の強度を持っている」ことを意味していて，「耐震強度が 60％」ということではありません．

［地震力・耐震設計に関する重要事項（まとめ）］

- 地震時に応力を計算する場合，地震地域係数の大きさにかかわらず，地震力によって生じる力と風圧力によって生じる力とを同時に作用させなくても良い．
- 許容応力度計算では，多雪区域において地震時に構造耐力上主要な部分の断面に生ずる短期の応力度を計算する場合，荷重および外力の組合せにあたっては積雪荷重の数値を **0.35 倍**とする．
- 地震層せん断力 Q_i は固有周期が長い（振動特性係数 R_t が小さくなる）建築物ほど小さくなる．
- 硬い地盤に建つ建築物は，軟らかい地盤に建つものよりも，地震層せん断力 Q_i が小さい（振動特性係数 R_t が小さくなるので，地震層せん断力係数 C_i が小さくなる）．
- 構造特性係数 D_s は，架構がじん性に富むほど小さくなり，減衰が大きいほど小さくなるので，一般に，純ラーメン構造よりも壁式構造の方が大きい値となる．
- 建築物の各階の剛性の高さ方向の分布に大きな不連続があると，**地震時に剛性の小さな階に変形や損傷が集中しやすい**．
- 荷重の重心と骨組みの剛心をなるべく合わせ，偏心距離が小さくなるよう設計する（**偏心率が 0.15 を超える**とねじれ振動が大きくなり，崩壊の危険性が生じる）．
- 建築物のねじれ剛性を高めるためには，主たる耐震要素を重心位置に集中させるよりも平面の長手方向の両端に分散させる方が効果的である．
- 塑性化後における塑性変形能力が高い建築物ほど，建築物全体の減衰性は大きくなる．
- **建築物の地下部分の地震力の計算に用いる水平震度**は，地下部分が 20m まではその部分が深くなるにつれて小さくなるが，20m 以深では一定となる．
- 不整形な建築物は，各部の振動性の相違から一体として振動しない場合，その接合部に応力が集中して被害を受けやすいので，**エスパンションジョイントを採用して構造的に切り離して単純化する**．なお，エスパンションジョイントを設けた場合は，建築物を複数個の独立した構造に分けて構造計算を行うことができる．ちなみに，エスパンションジョイントは，温度応力やコンクリートの乾燥収縮等に対応する際にも有利になる．
- 建築物の限界耐力計算においては，耐久性等関係規定以外の構造強度に関する仕様規定は適用しなくてもよい．
- 構造計算の方法は，上位の計算方法を選択することができる．したがって高さが 30m（< 31m）の建築物で構造計算を行う場合は，許容応力度等計算またはこれと同等以上の構造計算（時刻歴応答解析，限界耐力計算，保有水平耐力計算）による．

【問題 2.3（構造設計）】わが国における建築物の構造設計に関する記述[ア]～[エ]の正誤を答えなさい.

[ア] 許容応力度設計法では，建築物に常時作用する固定荷重や積載荷重などに対し，限界値として降伏応力度が用いられる.

[イ] 層間変形角の検討は，主に，建築物の内・外装材や設備などが地震時において，主要な構造骨組の変形に追従できずに損傷することを防ぐために行われる.

[ウ] 剛性率は，建築物の各階平面における剛心と重心のずれを数値化したもので，地震時には，極端に剛性率の小さい階に被害が集中する.

[エ] 一般に，構造的に粘りがある建築物では，粘りがない建築物に比べて，必要保有水平耐力を小さな値とすることができる.

（国家公務員Ⅱ種試験）

【解答】[ア]＝誤（降伏応力度ではなく，**許容応力度**です），[イ]＝正（記述の通り，層間変形角の検討は，主に，建築物の内・外装材や設備などが地震時において，主要な構造骨組の変形に追従できずに損傷することを防ぐために行われます），[ウ]＝誤（剛心と重心のずれを数値化したものは，**偏心率**です），[エ]＝正（記述の通り，一般に，構造的に粘りがある建築物では，粘りがない建築物に比べて，必要保有水平耐力を小さな値とすることができます）

【問題 2.4（固有周期）】図（問題2-4）のような，質点に水平方向荷重 P が作用したときの水平方向の変位が δ となる1質点系振動モデルの固有周期 T を求めなさい.ただし，質点の質量を m，丸棒の長さを ℓ，丸棒の断面2次モーメントを I，丸棒のヤング係数を E とし，丸棒の質量は無視できるものとします.なお，長さ ℓ，曲げ剛性 EI の片持ち梁の先端に集中鉛直荷重 P を加えたときの先端部のたわみ δ は $\delta = P\ell^3 / 3EI$ で与えられます.

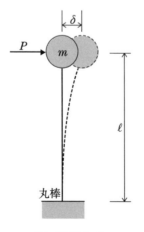

図（問題2-4）

（国家公務員Ⅰ種試験）

【解答】$\delta = \dfrac{P\ell^3}{3EI}$ を変形すれば，

$$P = \frac{3EI}{\ell^3}\delta \quad (=k\delta)$$

ゆえに，フックの法則を思い出せば，1質点系振動モデルのばね定数 k は，

$$k = \frac{3EI}{\ell^3}$$

したがって，1質点系振動モデル（質量は m）の固有周期 T を求める公式に代入すれば，求める答えは，

$$T = 2\pi\sqrt{\frac{m}{k}} = 2\pi\sqrt{\frac{m\ell^3}{3EI}}$$

となります．

【問題2.5（固有周期）】 図（問題2-5）のように，頂部にそれぞれ質量 $3m$，$2m$，m の質点をもち，曲げ剛性が EI，$2EI$，$3EI$（E：ヤング係数，I：断面2次モーメント）である弾性棒 A, B, C の固有周期 T_A，T_B，T_C の大小関係を求めなさい．ただし，曲げ変形のみが生ずるものとし，棒の自重は考えないものとします．なお，長さ h，曲げ剛性 EI の片棒梁のばね定数 k は $k = 3EI/h^3$ で表されます．

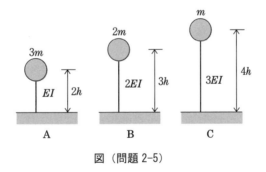

図（問題2-5）

（国家公務員 II 種試験）

【解答】長さ h，曲げ剛性 EI の片棒梁の先端でのたわみ δ は $\delta = Ph^3/(3EI)$ なので，

$$P = \frac{3EI}{h^3}\delta = k\delta$$

ゆえに，長さ h，曲げ剛性 EI の片棒梁のばね定数 k は，問題文にあるように $k = 3EI/h^3$ で表されます．ところで，固有円振動数を ω とすれば $\omega T = 2\pi$ の関係が成り立ちますので，固有周期 T は，

$$T = \frac{2\pi}{\omega} = 2\pi \times \frac{1}{\omega} = 2\pi \times \frac{1}{\sqrt{k/m}} = 2\pi\sqrt{\frac{m}{k}} = 2\pi\sqrt{\frac{mh^3}{3EI}} \qquad (ただし,\ m は質量)$$

で求めることができます．この式に，与えられた諸元を代入すれば，

$$T_A = 2\pi\sqrt{\frac{(3m)\times(2h)^3}{3EI}} = 2\pi\sqrt{\frac{8mh^3}{EI}}$$

$$T_B = 2\pi\sqrt{\frac{(2m)\times(3h)^3}{3(2EI)}} = 2\pi\sqrt{\frac{9mh^3}{EI}}$$

$$T_C = 2\pi\sqrt{\frac{m\times(4h)^3}{3\times(3EI)}} = 2\pi\sqrt{\frac{64mh^3}{9EI}}$$

したがって，求める答えは，

$$T_C < T_A < T_B$$

となります．

【問題 2.6（振動特性）】 建築物の振動特性に関する記述 [ア]～[エ]の正誤を答えなさい．

[ア] 一般に，高層建築物の固有周期は，低層建築物の固有周期に比べて長い．

[イ] 免震構造では，従来の耐震構造に比べて，地震時における建築物の内部の加速度や，層間変位が大きくなる．

[ウ] 塔屋や屋上突出物には，地震動により，建築物本体に比べて大きな加速度が作用する．

[エ] 建築物の固有周期が地震の揺れの周期と一致すると，建築物の揺れが減衰されて，徐々に小さくなる．

（国家公務員 II 種試験）

【解答】 [ア]＝正（高層建築物ほどゆっくり揺れますので，**固有周期**は長くなります），[イ]＝誤（**免震構造**では，建築物の加速度応答は小さくなります），[ウ]＝正（当然ですが，塔屋や屋上突出物には，建築物本体に比べて大きな加速度が作用します），[エ]＝誤（建築物の固有周期が地震の揺れの周期と一致すると，**共振現象**が起こって建築物の揺れは大きくなります）

【**問題 2.7（耐震設計）**】建築物の耐震設計に関する記述[ア]～[エ]の正誤を答えなさい.

[ア] 荷重の重心と骨組みの剛心をなるべく合わせ, 偏心距離が小さくなるよう設計する.

[イ] 建物各階の剛性分布に大きな不連続があると, 剛性の大きい階に変形が集中し地震被害を受けやすくなる.

[ウ] 建物の固有周期と地震動のピーク周期が一致するように設計する方がよい.

[エ] 建築基準法上の許容応力度等計算における, 建物地上部に作用する地震力は, 各層の層せん断力 Q_i として与えられ, $Q_i = C_i \cdot W_i$（C_i：i 層の地震層せん断力係数, W_i：i 層以上の階の全重量）によって求められる.

（国家公務員Ⅱ種試験）

【**解答**】[ア]＝正（記述の通り, 荷重の重心と骨組みの剛心をなるべく合わせ, 偏心距離が小さくなるよう設計します）, [イ]＝誤（剛性の小さい階に変形が集中し, 地震被害を受けやすくなります）, [ウ]＝誤（建物の固有周期と地震動のピーク周期が一致すると**共振現象**で, 振動応答が大きくなります）, [エ]＝正（記述の通り, 建築基準法上の許容応力度等計算における, 建物地上部に作用する地震力は, 各層の層せん断力 Q_i として与えられます）

【**問題 2.8（地震および設計用地震力）**】地震および設計用地震力に関する記述 [ア]～[エ] の正誤を答えなさい.

[ア] 地震動の強さの程度を表す気象庁の震度は, 「計測震度計」により自動的に観測し速報されている.

[イ] 地震層せん断力係数は, 一般に, 建築物の上層ほど大きくなる.

[ウ] 地震地域係数 Z は, 地域による地震力の低減係数であり, 0.1～1.0 の値をとる.

[エ] 建築物の地下部分の地震力を計算する際に使用する水平震度は, その地下部分が深くなるにつれて大きくなる.

（国家公務員Ⅱ種試験）

【**解答**】[ア]＝正（記述の通り, **計測震度計**で自動的に観測されています）, [イ]＝正（地震層せん断力係数 C_i を求める式である $C_i = Z \cdot R_t \cdot A_i \cdot C_0$ において, **高さ方向の地震層せん断力係数の分布係数** A_i は地上の最下層では 1.0 で, 上層にいくにしたがって大きく振動するので値が大きくなります. したがって, **地震層せん断力係数は, 一般に, 建築物の上層ほど大きくなります**）, [ウ]＝誤（**地震地域係数** Z は 0.7～1.0 の値をとります）, [エ]＝誤（建築物の地下部分の地震力の計算に用いる水平震度は, 地下部分が 20m まではその部分が深くなるにつれて小さくなりますが, 20m 以深では一定になります）

【問題 2.9（設計用地震力）】設計用地震力に関する記述[ア]，[イ]，[ウ]の正誤を答えなさい．

[ア] 地域係数 Z は，地域的な地震特性を考慮した低減係数であり，沖縄は 0.7，その他の地域は 0.8〜1.0 の値である．

[イ] 振動特性係数 R_t は，地盤と建物の 1 次固有周期により定まる低減係数であり，周期が短いほど小さくなる．

[ウ] 建物の i 番目の層における層せん断力 Q_i は，i 層の層せん断力係数 C_i に，i 層よりも上の建物重量 W_i を乗じたものである．

（国家公務員 II 種試験）

【解答】[ア]＝正（記述の通りで，沖縄は 0.7，その他の地域は 0.8〜1.0 の値です），[イ]＝誤（"周期が短いほど小さくなる"ではなく，正しくは"周期が長いほど小さくなる"です），[ウ]＝正（記述の通り，建物の i 番目の層における層せん断力 Q_i は，i 層の層せん断力係数 C_i に，i 層よりも上の建物重量 W_i を乗じたものです）

【問題 2.10（地震力）】次の記述の[ア]と[イ]にあてはまる語句を入れなさい．

「建築物の骨組みを水平方向に押していくと，骨組みを構成する柱と梁に　[ア]　が生じ，水平力が増えず変形のみが増えていく．このときの水平抵抗力を保有水平耐力 Q_u という．

建築基準法に規定された構造計算においては，構造特性，形状特性，地震力によって各階に生ずる水平力から，各層ごとに　[イ]　を求め，保有水平耐力 Q_u が　[イ]　以上であることを確かめる」

（国家公務員 II 種試験）

【解答】[ア]＝塑性ヒンジ，[イ]＝必要保有水平耐力

【問題 2.11（構造計算）】建築基準法施行令に定める構造計算に関する記述 [ア]～[エ]の正誤を答えなさい.

[ア] 2 階建て以上の建築物の地震力に対する構造計算において，構造特性係数 D_s と形状特性係数 F_{es} がそれぞれ各階で等しい場合，必要保有水平耐力は各階で等しくなる.

[イ] 積載荷重は建築物の使用状況により変動することが予想されるが，暴風時において柱の引抜きが生じないか検討する場合は，積載荷重をより大きく評価する必要がある.

[ウ] 2 階建ての木造建築物に設ける壁または筋かいの長さは，床面積および見付面積に応じて必要とされる長さ以上とするが，特定行政庁が強い風が吹くと認めて規則で指定する区域においては，見付面積に応じて必要とされる長さが，それ以外の区域よりも，より長く設定される.

[エ] 標準せん断力係数を 0.2 以上とする地震力に対する各階の層間変形角は，内外装材等の建築物の部分が地震力による構造耐力上主要な部分の変形によって著しい損傷が生ずるおそれのない場合を除き，1/200 以内とする.

（国家公務員総合職試験[大卒程度試験]）

【解答】[ア]＝誤（必要保有水平耐力 Q_{un} は，大地震時に対して安全を確保するために必要とする各階の最小限の水平方向耐力で，地震力によって各階に生じる水平力 Q_{ud} に**構造特性係数** D_s と**形状係数** F_{es} を乗じて計算します. 地震力によって生じる水平力 Q_{ud} は各階で異なりますので，この記述は誤となります），[イ]＝誤（暴風時における建築物の転倒，柱の引抜き等を検討する場合においては，建築物の実況に応じて積載荷重を減らした数値によるものとします），[ウ]＝正（記述の通り，特定行政庁が強い風が吹くと認めて規則で指定する区域においては，見付面積に応じて必要とされる長さが，それ以外の区域よりも，より長く設定されます），[エ]＝正（記述の通り，標準せん断力係数を 0.2 以上とする地震力に対する各階の**層間変形角**は，内外装材等の建築物の部分が地震力による構造耐力上主要な部分の変形によって著しい損傷が生ずるおそれのない場合を除き，**1/200 以内**であることと定められています）

【問題 2.12（構造設計）】構造設計に関する記述［ア］，［イ］，［ウ］の正誤を答えなさい．

［ア］保有水平耐力とは，建物が水平方向に力を受けたときに倒壊に至る水平力を意味し，保有水平耐力計算は，各部材の耐力を計算し，その耐力から建物の保有水平耐力を算出する方法である．

［イ］構造特性係数は，建物の塑性変形などで消費されるエネルギーを考慮し，振動減衰性状に基づいて算出されるものであり，塑性変形能力が高いほど，構造特性係数は大きくなる．

［ウ］限界耐力計算における損傷限界の検討では，建築物に常時作用する荷重，存在期間中に数回程度遭遇する可能性の高い積雪，暴風，地震動などに対して，建物が損傷しないことを確認する．

（国家公務員 II 種試験）

【解答】［ア］＝正（記述の通り，**保有水平耐力**とは，建物が水平方向に力を受けたときに倒壊に至る水平力を意味し，保有水平耐力計算は，各部材の耐力を計算し，その耐力から建物の保有水平耐力を算出する方法です），［イ］＝誤（**塑性変形能力が高いほど，構造特性係数は小さくなります**），［ウ］＝正（記述の通り，限界耐力計算における損傷限界の検討では，建築物に常時作用する荷重，存在期間中に数回程度遭遇する可能性の高い積雪，暴風，地震動などに対して，建物が損傷しないことを確認します）

【問題 2.13（制振構造および免震構造）】制振構造および免震構造に関する記述 [ア], [イ], [ウ]の正誤を答えなさい.

[ア] 制振構造とは，各種の振動外乱を対象として，振動エネルギーをダンパーなどにより吸収させて，振動応答を低減しようとするものである.

[イ] 免震構造とは，建物と地盤を水平方向に柔らかいアイソレータによってつないで地震入力を減少させ，さらにダンパーを設置してエネルギー吸収を図った構造である.

[ウ] 免震レトロフィットとは，デザイン上や機能上，ダンパーやブレースを設置することができない古い建物や歴史的建造物などに免震装置を取り付け，芸術的価値を向上させるものである.

(国家公務員 II 種試験)

【解答】[ア]＝正（記述の通り，制振構造とは，各種の振動外乱を対象として，振動エネルギーをダンパーなどにより吸収させて，振動応答を低減しようとするものです），[イ]＝正（記述の通り，免震構造とは，建物と地盤を水平方向に柔らかいアイソレータによってつないで地震入力を減少させ，さらにダンパーを設置してエネルギー吸収を図った構造です），[ウ]＝誤（**免震レトロフィット**は，既存建物の基礎や中間階に免震装置を設置し，外観や内装および設備などを損なうことなく建物を免震建物に生まれ変わらせる方法であって，芸術的価値を向上させるものではありません）

2.4 維持管理

●ランニングコストとイニシャルコスト

ランニングコストとは，機器やシステムの保守・管理に必要な費用のことです．これに対して，導入に必要なコスト(購入代金など)は**イニシャルコスト**と呼ばれています．

●給排水管の耐用年数

給排水管の耐用年数は，管や継ぎ手の材質・使用状況や環境によって異なりますので，耐用年数を正確に答えることはできませんが，「減価償却資産の耐用年数等に関する省令」では，建築付属設備として耐用年数を15年としています．

●法定耐用年数

減価償却資産に対しては，法律で耐用年数を決めて，その期間に限り，減価償却ができるようにしていますが，これを**法定耐用年数**といいます．

【問題2.14（建物の耐久性）】建物の耐久性およびコストに関する記述[ア]～[エ]の正誤を答えなさい．

[ア] 建物の使用年数が長くなると，一般に，ランニングコストは減少する．

[イ] 配管が使用不能となり，しかも技術的・経済的理由から修理もできない状態となるまでの設備的な耐用年数は，一般に，約50年が目安とされている．

[ウ] 法定耐用年数とは，一般に，社会的要求の変化や生活様式の変化などにより，物理的に問題がなくても機能的に価値を失うことにより決まる耐用年数である．

[エ] わが国の伝統的な木造建築は，一般に，屋根の葺き替えなどのメンテナンスを適切に行えば，耐用年数は相当に長くなる．

(国家公務員Ⅱ種試験)

【解答】[ア]＝誤（使用年数が長くなれば，老朽化しますので，**ランニングコスト**は増加します），[イ]＝誤（配管材料の耐用年数は，「予防保全」や「事後保全」を実施すれば延命化を図ることは可能ですが，長くても30年程度で約50年は長すぎます．），[ウ]＝誤（**法定耐用年数**は，法律で耐用年数を決めて，その期間に限り，減価償却ができるようにしたものです），[エ]＝正（記述の通り，わが国の伝統的な木造建築は，一般に，屋根の葺き替えなどのメンテナンスを適切に行えば，耐用年数は相当に長くなります）

第3章

建築材料

3.1 木材・木質系材料

●針葉樹（松・杉 など）

直通性に富み長大材が得やすく，構造用材として用いられます．**軟木**<ruby>軟木<rt>なんぼく</rt></ruby>ともいいます．

●広葉樹（かし・くり・なら・ぶな など）

建築材料の仕上用として，また，建具や家具などに広く用いられています．**硬木**<ruby>硬木<rt>こうぼく</rt></ruby>ともいいます．

●心材と辺材

心材は辺材より堅くて，耐久性を増加させる化学成分を多く含み，色は辺材に比べて濃色になるため「赤身」と呼ばれます．一方，辺材は心材より腐朽菌や虫に対して抵抗が低いことから，**腐朽<ruby>腐朽<rt>ふきゅう</rt></ruby>しやすい箇所には，心材の多いものを使います**．

●クリープ

木材に一定荷重（応力）を継続載荷すると，時間の経過につれて変形が増加する現象のこと．

●木材の燃焼性

断面がある程度大きい木材は，表面が燃焼してもその部分に形成される**炭化層によって，深部まで急速に燃焼が及ぶことはありません**．

●含水率

木材中に含まれる水分量を表す数値として，含水率（%）が用いられます．含水率は木材から水分を完全に取り除いた木材部分だけの重さ（絶乾重量）に対する水分の重さの比であり，次式で表されます．

$$含水率（\%）=\frac{水分を含んだ木材の重さ-水分を取り除いた木材の重さ}{水分を取り除いた木材の重さ}\times100$$

なお，水分を取り除いた木材の重さは，100℃程度の乾燥器で乾燥させ，恒量<ruby>恒量<rt>こうりょう</rt></ruby>に達した時の重量です．ちなみに，恒量とは，乾燥してもそれ以上重量が変化しない状態の重量のことです．

●平衡含水率

ある温度および相対湿度の空気中に長期間放置すると木材の含水率は一定の値に近づきますが、このときの含水率を**平衡含水率**といいます。日本の屋外での平衡含水率は、平均で約 15%です。

●繊維飽和点

木材中に自由水（木材の細胞の内腔や空隙に存在する水分）がなく、結合水（細胞の細胞壁に含まれる水分）のみを含み得る最大含水率（約 28〜30%）を**繊維飽和点**といいます。**この繊維飽和点を境にして木材の性質は大きく変化します**。

●含水率と強さの関係

木材の強度は、含水率が繊維飽和点以上では含水率にかかわらずほぼ一定ですが、**繊維飽和点より低くなると収縮が始まり、強度が上がり始めます**。

●基準強度（繊維方向）の大小関係

木材の基準強度（繊維方向）の大小関係は、

曲げ強さ＞圧縮強さ＞引張り強さ＞せん断強さ

です。

●互いに直交する 3 方向の引張強さ

互いに直交する 3 方向の引張強さの関係は、

繊維方向＞年輪の半径方向＞年輪の円周方向

です。

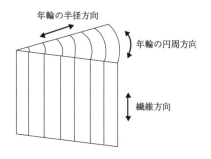

図 3-1 互いに直交する 3 方向

●木材のヤング係数

互いに直交する 3 方向の**ヤング係数**の関係は、

繊維方向＞年輪の半径方向＞年輪の円周方向

です。したがって、互いに直交する 3 方向の**伸縮量**の大小関係は、

繊維方向＜年輪の半径方向＜年輪の円周方向

となります。

●合板

　合板は，**奇数枚の薄い単板で構成され，相接する単板の繊維方向が互いに直交するように接着したもの**で，単板に比べて板の強度，狂いおよび伸縮が小さいという特徴があります．

●単板積層材（LVL）　（LVL は Laminated Veneer Lumber の略語）

　単板積層材の製法は合板と非常によく似ていますが，合板と LVL の違いは各層の繊維の向きにあります．合板は，平面的な均質性を得るため，各層の繊維の向きを直交させています．これに対して，LVL は，おもに柱や梁など長い棒状のものとして利用されることを前提に，長さ方向の強度を優先して作られています．幅方向の変形を防ぐために長さ方向と直交する層を挿入することもありますが，各層の繊維は基本的には長さ方向にそろえられています．

●ＣＬＴ

　CLT とは Cross Laminated Timber の略称で，板の層を各層で互いに直交するように積層接着した厚型パネルのことです．一般的によく知られている集成材は，張り合わせる板の繊維方向が並行方向に張り合わせるのに対して，CLT は繊維方向が直交するように交互に張り合わせていきます．

●集成材

　集成材とは，断面寸法の小さい木材を接着剤で再構成して作られる木質材料のことです．集成材は湾曲した部材を自由に製造できるので，集成材構造では曲線や曲面を構成しやすいという特徴があります．

【問題 3.1（木材）】木材に関する記述[ア]〜[エ]の正誤を答えなさい

[ア] 一般に，辺材は，心材より腐朽菌や虫に対して抵抗が低い．

[イ] 木材に一定荷重（応力）を継続載荷すると，時間の経過につれて変形が増加する．

[ウ] 未乾燥の梁・桁材は乾燥によって，狂いが生じやすい．

[エ] 木材の強度的性質は，含水率が繊維飽和点以下になると，含水率が低下するにつれて低下する傾向がみられる．

(国家公務員 II 種試験)

【解答】[ア]＝正（記述の通り，一般に，辺材は，心材より腐朽菌や虫に対して抵抗が低い），[イ]＝正（記述の通り，木材に一定荷重（応力）を継続載荷すると，時間の経過につれて変形が増加します），[ウ]＝正（記述の通り，未乾燥の梁・桁材は乾燥によって，狂いが生じやすい），[エ]＝誤（木材の強度的性質は，含水率が**繊維飽和点**以下になると，含水率が低下するにつれて上昇します）

【問題3.2（木材）】 木材に関する記述[ア]～[エ]の正誤を答えなさい.

[ア] 一般に，木材の収縮率は，板目方向（年輪の接線方向）より柾目方向（年輪の半径方向）の方が大きい.

[イ] 含水率が繊維飽和点以下の木材は，含水率にほぼ比例して伸縮する.

[ウ] 木材の腐朽菌は，酸素，適度な温度，水分のいずれか一つの条件が満たされた環境下で繁殖する.

[エ] 木材の燃焼によって生ずる表面の炭化層は，木材内部を燃焼しにくくする.

(国家公務員一般職種試験)

【解答】 [ア]＝誤（収縮率の大小関係は，「柾目方向（年輪の半径方向）＜板目方向（年輪の接線方向）」です），[イ]＝正（記述の通り，含水率が繊維飽和点以下の木材は，含水率にほぼ比例して伸縮します），[ウ]＝誤（木材腐朽菌の繁殖条件は，酸素・温度・適度の水分・栄養分であり，どれか一つでは繁殖しません），[エ]＝正（記述の通り，木材の燃焼によって生ずる表面の炭化層は，木材内部を燃焼しにくくします）

【問題3.3（木材）】 木材に関する記述[ア]～[エ]の正誤を答えなさい.

[ア] 木材の繊維方向の基準強度の大小関係は，一般に，せん断＞引張り＞圧縮＞曲げである.

[イ] 木材の強度は，一般に，含水率の上昇とともに低下するが，繊維飽和点以上では一定である.

[ウ] 含水率が繊維飽和点以下の木材において，乾燥収縮率の大小関係は，繊維方向＞半径方向＞年輪の接線方向である.

[エ] 大断面の木材では，火災時に着火しても表面に炭化層ができると，これが遮熱効果を示し内部へ燃焼が伝わらなくなる.

(国家公務員Ⅰ種試験)

【解答】 [ア]＝誤（木材の繊維方向の基準強度の大小関係は，一般に，**曲げ＞圧縮＞引張＞せん断**の順です），[イ]＝正（繊維飽和点以下では，含水率の力学的性質に及ぼす影響は非常に大きいのに対し，**繊維飽和点以上では含水率が増減しても力学的性質は変わりません**），[ウ]＝誤（**木材の伸縮量は，年輪の接線方向（円周方向）＞半径方向＞繊維方向です．**ちなみに，引張り強さの大小関係は，繊維方向＞半径方向＞年輪の接線方向（円周方向）にあります），[エ]＝正（無被覆の鋼材は，230℃を超えると急速に強度が低下し，時として前ぶれなしに突然崩壊する場合があります．これとは対照的に，木材は約250℃に達するまで着火しませんし，着火しても木材の強度低下は遅く，表面の炭化部分だけが損傷するだけです．それゆえ，**火災時，木材は鉄鋼よりも長い間，強度を保つ**といえます）

3.2　鋼　材

●鋼の熱処理

　熱処理とは，鋼を加熱したり，冷却したりすることによって鋼の状態を変えることで，**焼ならし**，**焼なまし**，**焼入れ**，**焼戻し**があります．

焼ならし：鋼を熱して大気中で冷やし，鋼の応力ひずみ等を取ること（組織を均一安定なものにします）．

焼入れ：鋼を熱したあとで水や油などを使って急冷し，鋼を硬くする熱処理のこと（鋼を硬く，強くします）．

焼なまし：焼入れされた鋼をもとの軟らかさにする熱処理で，焼入れ温度まで熱してから徐冷（ゆっくり冷やす）します（鋼を軟化させ，加工しやすくします）．

焼戻し：焼入れして硬度が上がり，もろくなった鋼にねばりを加える熱処理で，焼入れ温度以下で熱してから徐冷（ゆっくり冷やす）します（焼入れ後のもろい鋼をねばく，強靭性のある鋼にします）．

●五大元素の働き

(1) 炭　素（C）

　炭素は鋼に不可欠な元素で，炭素が少ないと軟らかく伸びやすく，多ければ強さと硬さが増加します．ただし，鋳鉄のように炭素量が多いと強くて硬いが脆くなり，構造材料としては適さなくなります．

(2) 珪　素（Si）

　珪素は鋼の強さや硬さを増加させます．

(3) マンガン（Mn）

　マンガンは強さと硬さを増加させ，焼入れを補助します．

(4) リ　ン（P）

　リンは鋼をもろくします．

(5) 硫　黄（S）

　硫黄は鋼をもろくします．

●主な添加剤料の働き

(1) クロム（Cr）

　クロムを入れると錆びにくくなり，12%以上クロムが入ると**ステンレス鋼**と呼ばれます．

(2) ニッケル（Ni）

　ニッケルを加えると，耐衝撃性・耐食性が向上します．

(3) モリブデン（Mo）

　モリブデンは，タングステン，バナジウムと並んで耐軟化性を高くする働きがあります．

(4) マンガン（Mn）

　マンガンを入れると強度と硬度が増えます．

●鋼材の応力度とひずみ度

鋼材の応力度とひずみ度の関係を**図 3-2** に示します.

比例限度：応力度 σ とひずみ度 ε が比例関係を示す限度（**図 3-2** 中の A 点）．比例限または比例限度とも呼ばれています．比例限度内での鋼材のヤング係数 E（$\sigma = E\varepsilon$ で表される比例定数）は 205kN/mm² = 205GPa（おおよそ 200kN/mm²）です.

弾性限度：荷重を取り去ると応力度とひずみが初めの点 O に戻る性質を示す限度（**図 3-2** 中の B 点）．弾性限または弾性限度とも呼ばれています．弾性限度を超えると荷重を完全に取り除いてもひずみが残りますが，これを**残留ひずみ**といいます.

降伏点：弾性限度を超え，ひずみが急に増加して曲線が横ばいになる点（**図 3-2** 中の C 点）.

引張強さ：応力の最大値（**図 3-2** 中の E 点）．鋼材の引張強さが 400N/mm² の**一般構造用鋼材**を**ＳＳ400**，**溶接構造用鋼材**を**SM400**，**溶接構造用耐候性鋼材**[1]を**SMA400** といいます[2].

破断点：鋼材が破断する応力（**図 3-2** 中の F 点）

降伏棚：下降伏点の応力度を保ったままひずみのみ増加する領域．俗に**踊り場**といいます.

ひずみ硬化：ひずみが増加するにしたがって応力が増加する現象

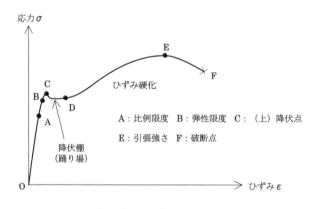

図 3-2　応力度とひずみ度の関係

●ポアソン比

長さ ℓ の丸棒が軸方向に $\Delta\ell$ だけ伸びれば，直径（幅）b の横方向には Δb だけ縮んで棒は細くなります．この時，

---

[1] 溶接構造用耐候性鋼材では，鋼材中の成分によって**初期に発生した錆が防錆**の役目をはたします．錆の色は，年月とともにチョコレート色になっていきます．錆が安定する初期のみ，特殊な景観処理塗装を施す場合もありますが，通常はほとんど無塗装で使用されます．したがって，塗装の繰り返しにかかるコストは不要となります.

[2] 一般構造用鋼材の鋼材記号 SS において，最初の S は Steel，2 番目の S は structure を表します．また，SM 材の S と M はそれぞれ Steel と Marine の略記，SMA 材の A は Atmospheric の略記です.

$$\text{横方向のひずみ／軸方向のひずみ} = \frac{\Delta b / b}{\Delta \ell / \ell} \tag{3.1}$$

を**ポアソン比**といい，一般には ν（ニュー）で表します．なお，鋼のポアソン比は $\nu = 0.3$ です．

●延性と脆性

(1)延性

壊れずに変形する性質のこと．

(2)脆性

脆さを表す性質．応力集中源のある鋼材が低温で衝撃的な荷重を受けると，**延性破壊**とは違って塑性変形をほとんど伴わない破壊を生じることがあり，これを**脆性破壊**といいます．なお，延性材料でも原子が動きにくい低温ではもろくなります（**低温脆性**）．また，**水素原子**などが結晶内に侵入していると原子が動きにくくなり，もろくなります（**水素脆性**）．

●じん性

鋼材の衝撃荷重に対する粘り強さを表す性質のこと．じん性の測定には**シャルピー試験**が用いられます．一般に，含有している炭素量が少ない鋼材ほどじん性は向上します．

●疲労破壊

鋼材が繰り返し応力を受けた時に発生する亀裂が要因となって生ずる破壊現象．**静的強さより低い応力で破壊**することがあり，これを**疲労破壊**といいます．疲労破壊は図 3-3 に示す繰り返し応力の変動幅（上限応力と下限応力の差）が大きいほど起きやすいことが知られています．なお，図 3-4 に示す**S-N曲線**からもわかるように，繰り返し回数 N と強度 S のいずれも対数目盛で表したときに，ばらつきはありますが両者はほぼ直線関係にあります．通常，**200万回繰り返しにおける強度を設計上の目安**としています．なお，鋼材では，この程度の繰り返し回数で強度低下が止まり，いくら繰り返しても疲労破壊しない限界の応力範囲がありますが，これを**疲労限度**（疲労限または疲労限界）といいます．

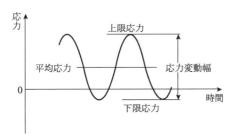

図 3-3　繰り返し応力

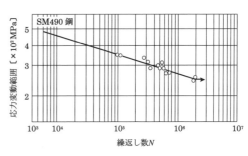

図 3-4　S-N曲線

●遅れ破壊

特に高張力鋼材において，ある時間が経過したときに突然発生する破壊現象のこと．遅れ破壊の要因の一つとして，**鋼材に内在する水素**が挙げられます．また，温度が高いほど，腐食しやすい環境ほど，発生しやすいことも知られています．

●クリープとリラクゼーション

(1) クリープ

一定の応力のもとで**永久ひずみが時間とともに増加する現象**のこと．

(2) リラクゼーション

鋼材に一定のひずみを与えたままにしておくと，**応力が時間の経過とともに減少する現象**のこと．この現象は，弾性ひずみの一部がクリープによって塑性ひずみに転換するために生じるものです．

●調質鋼

焼き入れ・焼き戻しの組み合わせによって，強度，じん性を向上させた鋼材．現在では，引張強さ 570MPa 以上の溶接性のよい構造用高張力鋼が主流となっています．

●低降伏点鋼

低降伏点鋼は，添加元素を極力低減した純鉄に近いものであり，従来の軟鋼に比べ強度が低く，延性が極めて高い鋼材です．この低降伏点鋼を用いた**履歴型制振ダンパー**を建物に組み込むことで，地震時の建物の揺れが抑えられ，柱や梁などの主要構造部の損傷を未然に防ぐことが可能です．

●降伏比

降伏比は，

$$降伏比＝\frac{降伏点}{引張強さ}$$

で定義されます．たとえば，降伏比が高くて 100％の場合は，引張強さと降伏点（降伏強度）に差がなく，伸び始めるとすぐに破断してしまうことを意味します．ちなみに，高強度の鋼は引張強さが高くなる割合よりも降伏点の高くなる割合の方が大きく，降伏比が大きくなります（降伏比の高い鋼材を用いた骨組みは粘りが小さい）．

●鋼材の性質と降伏比

・鉄骨部材の塑性変形能力は，一般に，鋼材の降伏比が小さいものほど向上します（耐震性が高い）．
・高強度の鋼材は降伏比が大きく，粘りが小さい．

●SS 材と SM 材の降伏点

　一般構造用圧延鋼材（SS 材）と溶接構造用圧延鋼材（SM 材）の降伏点は，鋼材の厚さに応じて下限値のみ規定され，上限値は規定されていません．

●黒皮（ミルスケール）

　鋼を熱間圧延して製造するときに生じる黒皮（黒い錆）は，溶接や塗装の際には有害となるため除去しなければなりませんが，それ自体は安定した皮膜で防食効果があります．

●冷間加工

　金属の塑性を利用して加工変形する作業において，加熱しないで行う加工(常温で行う加工)を冷間加工といいます．鋼材に冷間加工を行うと，見かけ上の降伏点は上昇しますが靭性は低下します．これに対して，高温度に加熱して行う加工を熱間加工といいます．

●シャルピー試験

　シャルピー試験とは，種々の形状の切り欠きを持つ試験片を振子型ハンマーの衝撃力で破断し，吸収エネルギーの大きさで材料のじん性を判定するものです．シャルピー試験値が小さいほど，吸収エネルギーが小さく，材料はもろいといえます．したがって，シャルピー試験値が小さいほど，脆性破壊を起こしやすくなります．

●電食

　異なる金属が湿潤なところで互いに接触するとイオン化傾向の大きいものが腐食しますが，これを電食といいます．

●異形鉄筋

　鉄筋とコンクリートの付着を良くするため，表面に節状の突起がある鉄筋のことを異形鉄筋（SD 材）といいます．規格の違い（降伏点等の違い）により，SD295A（溶接接合を前提としないもの），SD295B（溶接性が確保されたもの），SD345（溶接性が確保されたもの）などに分けられ，呼び名（公称直径の違い）によって D10，D13，D16 などがあります．なお，SD345 の 345 は降伏点強度が 345N/mm² であることを表しています(鋼材の SS400 の 400 は引張強度が 400N/mm² であることを表します)．ちなみに，鉄筋の許容応力度は，通常 1.7 の安全率を考えますので，SD345 の許容応力度は 345/1.7≒200 N/mm² となります．参考までに，表面に突起のないものを丸鋼（SR 材）といいます．

●鉄筋コンクリート用再生棒鋼

　再生用鋼材や廃材を再び圧延して製造する棒状の鋼材(鉄筋)で，コンクリートの補強を目的として中に埋め込まれます．

●建築構造用耐火鋼（FR 鋼）

　建築構造用耐火鋼（FR 鋼）は，高温時の耐火性に優れており，600℃における降伏点が常

温規格値の 2/3 以上であることを保証した鋼材です.

[その他の重要事項]

●鋼材の比重はアルミニウム材の約 3 倍である.

●鋼材は炭素量が増えると, 引張強度・降伏点強度・硬度が増すが, 伸びは減少し, 溶接性は低下する.

●鋼材の引張強さは, 炭素含有量が 0.8% 前後のときに最大となる.

●鋼材の線膨張係数（熱膨張係数）は約 $1.0 \times 10^{-5}(1/℃)$ であり, この値は**コンクリートの線膨張係数とほぼ等しい**.

●建築構造用ステンレス鋼 SUS304 の線膨張係数は, 普通鋼である SS400 材より大きい.

●**ステンレス鋼は, 炭素鋼（Fe）, ニッケル（Ni）およびクロム（Cr）を主成分とする合金**で, 錆びにくい性質をもつ.

●鋼材はアルカリ性の高い環境では腐食しにくい.

●鋼材の常温時におけるヤング係数（弾性係数）は, 引張強度の違いに関係なく, およそ $E_S = 2.05 \times 10^5 \mathrm{N/mm^2}$ であり一定である. また, せん断弾性係数 G は, $G = 0.79 \times 10^5 \mathrm{N/mm^2}$ 程度である.

●**鋼材の引張強度は 250〜300℃で最大**となり, これを超えると温度の上昇とともに急激に低下する. さらに, 500℃付近で半減, 1,000℃でほぼ 0 となる.

●同じ鋼塊から圧延された場合, 一般に, 薄いものほど組織が緻密になるので, 鋼材の降伏点は, 板厚の薄いものの方が厚いものより高くなる.

●骨組みのじん性を高めるため, 塑性化が予想される部位に**降伏比（＝降伏強度/引張強度）**の小さい材料を使用する.

●**鋼材の基準強度 F は「降伏点」と「引張強さの 0.7 倍」のうち, 小さい方の値で与えられ**る. ちなみに, 板厚 40mm 以下の SN400B 材の基準強度は $F = 235\mathrm{N/mm^2}$ です [3].

●F を基準強度とすると, 鋼材の許容引張応力度は $F/1.5$, 鋼材の許容せん断応力度は $F/1.5\sqrt{3}$ であり, 許容せん断応力度＝許容引張応力度$/\sqrt{3}$ の関係が成立する.

●鉄骨鋼材について, **引張りに対する短期許容応力度の値は鋼材の基準強度と等しく, 引張りに対する長期許容応力度は鋼材の基準強度の 3 分の 2 となっている（短期許容応力度＝1.5×長期許容応力度）**.

●圧縮材の許容圧縮応力度は, 圧縮材の細長比が大きくなるほど, 細長くなって座屈しやすくなるので, 小さくなる.

---

3) SN は Steel New の略記で, 建築構造用圧延鋼材であることを表します. SN400A＝降伏点の下限のみが規定された鋼材であり, 塑性変形能力を期待しない部材または部位に使用する. SN400B・SN490B＝降伏点の上下限などが規定され, 降伏後の変形能力や溶接性が保証されているので, 広く一般の構造部位に使用されている. SN400C・SN490C＝溶接加工時を含め, 板厚方向に大きな引張応力を受ける部材または部位に使用されている.

【問題 3.4（鋼材）】 鋼材に関する記述[ア]～[オ]の正誤を答えなさい.

[ア] 鋼材の炭素量を多くすると，引張強度および伸びが増大する.
[イ] 鋼材の引張強さは，1200℃程度までは変化しないが，それ以上温度を上げると急激に低下する.
[ウ] 鋼材に冷間加工を行うと，見かけ上の降伏点は上昇するが靭性は低下する.
[エ] 鋼材の線膨張係数はコンクリートの線膨張係数の約 1/3 である.
[オ] 鉄筋コンクリート用棒鋼は再生鋼から作ってはならない.

(国家公務員Ⅱ種試験)

【解答】[ア]＝誤（鋼材の**引張強さは，炭素含有量が 0.8%前後のときに最大**となります），[イ]＝誤（鋼材の引張強度は 250～300℃で最大となり，これを超えると温度の上昇とともに急激に低下します. さらに，500℃付近で半減，1,000℃でほぼ 0 となります），[ウ]＝正（記述の通り，鋼材に冷間加工を行うと，見かけ上の降伏点は上昇しますが靭性は低下します），[エ]＝誤（鋼材の線膨張係数は約1.0×10^{-5}(1/℃)であり，この値はコンクリートの線膨張係数とほぼ等しい），[オ]＝誤（**鉄筋コンクリート用再生棒鋼**はあります）

【問題 3.5（建築構造材）】 建築構造材に関する記述[ア]～[エ]の正誤を答えなさい.

[ア] 異種鋼材を，各鋼種に適合する溶接棒を使用して溶接する場合，溶接継ぎ目ののど断面の長期応力に対する許容応力度は，接合される母材の許容応力度のうち大きい方の値とする.
[イ] 繰返し応力を受ける鋼材は，その繰返し数に応じて疲労を考慮した設計を行う必要がある.
[ウ] 鉄筋コンクリート梁のせん断破壊を防止する目的で，あばら筋が配置される.
[エ] 常温における鉄筋と普通コンクリートの線膨張係数は，ほぼ同じと考えてよい.

(国家公務員Ⅰ種試験)

【解答】[ア]＝誤（異種鋼材を，各鋼種に適合する溶接棒を使用して溶接する場合，溶接継ぎ目ののど断面の長期応力に対する許容応力度は，接合される母材の許容応力度のうち小さい方の値とします），[イ]＝正（記述の通り，繰返し応力を受ける鋼材は，その繰返し数に応じて**疲労を考慮した設計**を行う必要があります），[ウ]＝正（記述の通り，**鉄筋コンクリート梁のせん断破壊を防止する目的で，あばら筋が配置**されています），[エ]＝正（常温における鋼材と普通コンクリートの**線膨張係数**はほぼ等しく1×10^{-5}/℃程度です）

【問題 3.6（建築構造用圧延鋼材）】 建築構造用圧延鋼材に関する記述[ア]～[オ]の正誤を答えなさい.

[ア] 鋼材では，コンクリートに比べ，大きなクリープ変形が生じる.

[イ] 鋼材の引張強度は，常温の場合よりも 1000℃の方が小さい.

[ウ] 鋼材のヤング係数は，温度変化による長さの変化を示す係数で，コンクリートの値とほぼ同じである.

[エ] 鋼材の引張試験における「伸び」とは，引張力により鋼材が降伏した後，再び応力度が上昇を始める点におけるひずみのことをいう.

[オ] 鉄骨鋼材について，引張りに対する短期許容応力度の値は鋼材の基準強度と等しく，引張りに対する長期許容応力度は鋼材の基準強度の 3 分の 2 となっている.

(国家公務員 II 種試験)

【解答】 [ア]＝誤（鋼材に一定のひずみを与えたままにしておくと，応力が時間とともに減少する**リラクゼーション**が生じます），[イ]＝正（鋼材の引張強度は 250℃まで上昇し，300℃から急激に低下します．さらに，500℃付近で半減，1,000℃でほぼ 0 となります），[ウ]＝誤（ヤング係数ではなく**線膨張係数**です），[エ]＝誤（引張力により鋼材が降伏した後，再び応力度が上昇を始める現象を**ひずみ硬化**といいます），[オ]＝正（引張りに対する短期許容応力度の値は鋼材の基準強度と等しく，また，**短期許容応力度＝1.5×長期許容応力度**の関係があります）

3.3　セメント・骨材・コンクリート

●単位セメント量と単位水量

　単位セメント量はコンクリート 1 m³ に含まれるセメントの量で，**単位水量**はコンクリート 1 m³ に配合されている水の量（どれくらいの水が入っているか）のことです．単位セメント量や単位水量が減少すると乾燥収縮率は小さくなります．

●水セメント比

　水セメント比とは "セメントの重さに対する水の重さの割合" のことで，たとえば，水セメント比 40% とはセメントの重さに対して水の重さが 40% の比率で入っていることを表します．水セメント比を下げて単位セメント量を多くすると耐久性や水密性は向上し，塩害や凍結融解作用に対する抵抗性も大きくなりますが，必要以上にセメントを多くした場合はかえって耐久性が低下しますので注意が必要です．

●水セメント比と強度の関係

　水セメント比の値が高い（コンクリートに混ぜる水の量が多い）と流動性も高まり施工しやすくなる反面，コンクリートの強度が落ちてしまいます．逆に，水セメント比の値が低いとコンクリートの強度は高くなります．ちなみに，建築用コンクリートでは，水セメント比は 50～65% のものが使用されます．

●コンシステンシー

　主として**水量の多少による柔らかさの程度（変形あるいは流動に対する抵抗の程度）**で示される性質のこと．通常，スランプの値によって表します．ただし，コンシステンシーは，「作業に適する範囲でできる限り少ないスランプのものでなければならない」とされていますので，水だけ入れて柔らかくしたものではありません．

●ワーカビリティー

　コンクリートの打ち込み易さの程度および材料の分離に抵抗する程度を示す性質のこと．AE 剤等の混和剤によってワーカビリティーを向上させることができます．

●粗骨材と細骨材

　骨材は，粒径によって粗骨材と細骨材に分類され，粒径の大きいものは粗骨材，小さいものは細骨材と呼ばれています．
・粗骨材
　5mm ふるいを質量で 85% 以上とどまる粒形の骨材
・細骨材
　10mm ふるいをすべて通過し，5mm ふるいを質量で 85% 以上通過する骨材
ちなみに，配合設計などでは，粗骨材は gravel（砂利）から G または g，細骨材は sand（砂）から S または s と表記されます．

●細骨材率

示方配合で用いられるもので，骨材のうち 5mm ふるいを通る部分を細骨材，5mm ふるいにとどまる部分を粗骨材として算出した場合の細骨材と骨材全量との絶体容積比を百分率(%)で表したもの．細骨材率を小さくするとワーカビリティーを損ない，大きくするとワーカビリティーが改善されます．細骨材率は，所要のワーカビリティーが得られる範囲内で，単位水量が最小になるよう試験によって定めます．

●スランプ試験

フレッシュコンクリートのコンシステンシーを測定する方法として最も広く用いられている試験方法のこと．スランプ試験では，まず，鉄製のスランプコーンに 3 層に分けてコンクリートを詰めます（各層を突き棒で 25 回ずつ均等に突く）．スランプコーンを鉛直に引き上げるとコンクリートは形状を崩して上端が少し下がりますが，この下がった値を図に示すようにスランプ値（cm）として読み取るものです（図 3-5 参照）．なお，**スランプを大きくすると，コンクリートが材料分離しやすくなり，耐久性の低下などの悪影響が生じてきます．**

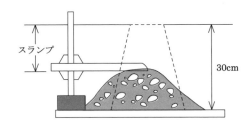

図 3-5　スランプ試験

●早強ポルトランドセメント

初期強度の発現性に優れるエーライト(CaS)の構成比率を相対的に増加させるとともに，セメントの粉末度も高めることなどにより，普通ポルトランドセメントよりも初期に高強度を発現できるよう調整されたセメントのこと．その特徴は，以下のとおりです．

①初期強度が大きい．
②長期強度が大きい．
③養生期間が短縮できる．
④低温時でも強度の発現性が大きい．
⑤水密性や耐久性が大きい．

ただし，早強ポルトランドセメントは強度の発現が高い反面，**水和反応による初期熱量**が問題になり，**熱膨張に起因したひび割れ**が発生しやすいという欠点があります．ちなみに，ポルトランドセメント（石灰石・粘土を混ぜて焼いたクリンカと石膏から作られる粉末状の物質）は，その固まったものの色や硬さがイギリスのポルトランド岬から産出される建築材「ポルトランドストーン」によく似ていることから，ポルトランドセメントと呼ばれています．

●アルカリシリカ反応（アルカリ骨材反応）

　骨材中の特定の鉱物（シリカ鉱物など）とコンクリート中のアルカリ性溶液（水酸化ナトリウムや水酸化カリウム）との間の化学反応のこと．この反応によってコンクリート内部で局部的な**体積膨張**が生じ，コンクリートにひび割れを生じさせるとともに，強度低下あるいは弾性の低下という物性の変化が生じます．なお，**アルカリシリカ反応**のことを以前は**アルカリ骨材反応**と呼んでいました．アルカリシリカ反応を抑制するための対策としては，

① 低アルカリ型ポルトランドセメントの使用
② 高炉セメントあるいはフライアッシュセメントといった混合セメントの使用
③ コンクリートのアルカリ総量の規制

などをあげることができます．

●ＡＥ剤

　コンクリート中に微細な**独立気泡を形成させる混和剤**のこと．気泡がコンクリート中でベアリングの役割をし，ワーカビリティーを向上させます．その結果，**単位水量を低減でき，コンクリートの凍結融解に対する抵抗性や耐久性を向上させる**ことができます．ちなみに，AE は「Air Entraining（空気を連行するという意味）」の略語で，AE 剤などの混和剤によって連行される空気のことを**エントレインドエア**といいます．

●減水剤

　この混和剤は，**静電気的な反発作用**によってセメント粒子を分散させるため，流動性が大きくなり，**所要のワーカビリティーを得るために必要な単位水量や単位セメント量を減少できる効果**があります．

●ブリージング

　コンクリートを打設した後，締固めが終ってコンクリートが沈下すると，それにつれて表面に分離して浮き出してくる水のこと．ブリージングにより，コンクリートの上面にレイタンスといわれる弱い層ができたり，鉄筋下端に空隙ができますので，AE 剤などの混和剤を用いて防止します．

●レイタンス

　コンクリートを打ってからしばらくすると表面に水が浮いてきます．この水のことを**ブリージング水**と呼んでいます．ブリージング水は，コンクリートの中の微粒子成分（不純物）も一緒に表面に連れてきてしまいますが，これが**レイタンス**（表面に浮き上がってくる灰白色・白亜質の表皮のこと）です．次に打設するコンクリートとの付着性を良くするために，レイタンスをはぎ取りますが，これを**レイタンス処理**といいます．

●コールドジョイント

　なんらかの理由でコンクリートが連続的に流し込めないと，先に流し込んだコンクリートが固まってしまい，後から流し込んだコンクリートと完全に一体化させることができません．

このとき，先に流し込んだ場所と後から流し込んだ場所との間にできる不連続面が**コールドジョイント**と呼ばれるものです．この面にはひび割れが生じていることが多く，構造物の耐力，耐久性，水密性を著しく低下させる原因となります．

●コンクリートのヤング係数

　コンクリートの応力度－ひずみ度曲線は，**図 3-6** に示すように，鋼材のような直線とならず，コンクリートに生ずる応力度が大きくなるほど緩やかな曲線を示します．この図から，
①コンクリートのヤング係数（割線弾性係数）は，その圧縮強度が高いほど大きな値となる
　（応力度が同じであれば勾配が大きい．すなわち，**圧縮強度の大きいコンクリートはヤング係数が大きい**）．参考までに，圧縮強度が 24N/mm² と 40N/mm² の普通コンクリートの場合，ヤング係数はそれぞれ 25kN/mm²，31kN/mm² となる．
②コンクリートに生ずる**応力度**が大きくなるほど，ヤング係数は小さくなる．
ことがわかると思います．

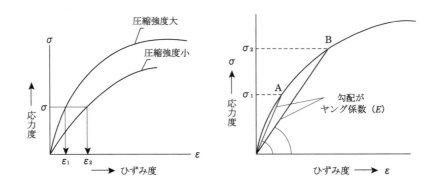

図 3-6　コンクリートの応力度－ひずみ度曲線

●骨材の含水状態

　骨材には，含水状況によって次の 4 つの状態があります．
①**絶対乾燥状態（絶乾状態）**：温度が 100〜110℃の乾燥炉で一定質量になるまで乾燥させ，骨材が内部の空隙も含めてまったく水を持っていない状態．
②**空気中乾燥状態（気乾状態）**：空気中で自然乾燥した状態で，表面の付着水がなく，内部の水も飽和していない状態．
③**表面乾燥飽水状態（表乾状態）**：表面は付着水を取り除いて乾燥させ，内部の空隙はすべて水で飽和されている状態で，**コンクリートの配合設計ではこの状態を基本**としています．
④**湿潤状態**：内部は水で飽和され，表面にも付着水がある状態．

　ちなみに，骨材が吸うことができる水の最大量が**吸水率**で，$\dfrac{b}{m} \times 100$ ［％］と表されます．

表 3-1　骨材の含水状態

質　量	絶対乾燥状態 （絶乾状態）	空気中乾燥状態 （気乾状態）	表面乾燥飽水状態 （表乾状態）	湿潤状態
質　量	m	$m+a$	$m+b$	$m+c$

●養生

　打ち終わったコンクリートは，水和反応により十分に強度を発現し，所要の耐久性・水密性・鋼材保護性能等の品質を確保し，有害なひび割れを生じさせないようにしなければなりません．そのため，打ち込み後の一定期間を硬化に必要な湿度に保ち，有害な作用の影響を受けないようにしますが，この作業を**養生**といいます．

[その他の重要事項]
●コンクリートのスランプは，一般に，コンクリートの単位水量を小さくするほど小さくなる．
●同じ応力度でのひずみ度は，"軽量コンクリート＞普通コンクリート" です．
●普通コンクリートの圧縮強度時のひずみ度は，0.15〜0.30%（0.15×10^{-2}〜0.30×10^{-2}）である．
●コンクリートのせん断弾性係数 G は，　ヤング係数 E の 0.4 倍程度 [4]です．
●コンクリートのヤング係数は，コンクリートの気乾単位体積重量または設計基準強度が大きいほど大きい値となる．
●コンクリートのヤング係数は，強度が同じなら，軽量コンクリートより普通コンクリートの方が大きい．
●普通コンクリートと軽量コンクリートの熱膨張率を比べると，一般に，普通コンクリートの方が大きい．
●セメントの粒子が小さいものほど，コンクリートの初期強度の発現が早くなる．
●水和熱および乾燥収縮によるコンクリートのひび割れは，単位セメント量が少ないコンクリートほど発生しにくい．
●コンクリートの圧縮強度は，水セメント比が大きいほど小さい．

---

4)　ポアソン比 $\nu = 0.2$ を代入すれば，$G = \dfrac{E}{2(1+\nu)} = \dfrac{E}{2(1+0.2)} \fallingdotseq 0.4E$ となります．

- コンクリートの圧縮応力度－ひずみ度関係において，圧縮強度が高いコンクリートほど最大強度点以降の応力低下の度合いが大きい．
- 水セメント比が小さい（圧縮強度が大きい）ほど，セメントペーストと組織が緻密になるので，コンクリートの中性化速度が遅い．
- コンクリートの設計基準強度は構造計算において基準としたコンクリートの圧縮強度で，通常は材齢 28 日を基準としている．
- コンクリートの圧縮強度のための供試体寸法は，直径の 2 倍の長さを持つ円柱形である．
- コンクリート供試体の**圧縮強度**は，形状が相似であれば，**寸法の大きいものほど小さい**．
- 局部圧縮を受けている時のコンクリートの支圧強度は，周辺コンクリートの拘束により，通常の全面圧縮強度より大きい値となる．
- 3 軸圧縮応力下の圧縮強度は，側面が拘束されるので，1 軸圧縮応力下の圧縮強度よりも大きい．
- 1 種・2 種軽量コンクリートの許容せん断応力度は，同じ設計基準強度の普通コンクリートの 0.9 倍である．
- 大断面のコンクリートは，水和熱が蓄積し，冷却時において収縮ひび割れを生じやすいため，中庸熱ポルトランドセメント（普通ポルトランドセメントに比べ，水和熱が低いセメント）を用いる．
- AE 剤を用いたコンクリートは，微細な空気泡が形成されるので，凍結融解作用に対する抵抗性が増大し，耐久性も向上する．
- 常温における普通コンクリートの線膨張係数と一般の鋼材の線膨張係数はほぼ等しく，1 $\times 10^{-5}/℃$である．
- **鉄筋コンクリート用棒鋼 SD345 の数値 345** は，**降伏点の下限値が 345N/mm²** であることを示している．
- 鉄筋コンクリート構造において，コンクリート中の塩化物は，コンクリート自体に対しては特に問題とはならないが，塩分量が一定量を超えると鉄筋の腐食が急激に進行する原因となる．

【問題 3.7（コンクリートの性質）】 コンクリートの性質に関する記述[ア]～[オ]の正誤を答えなさい.

[ア] アルカリ骨材反応とは，コンクリート中のアルカリ成分と骨材が反応して，より強度を増すことである.

[イ] コンクリートの単位水量は，ブリージングや乾燥収縮などによる品質低下に影響があるので，上限値を規定している.

[ウ] 厳寒期にコンクリートを打設するため，早強ポルトランドセメントを使用することとした.

[エ] AE剤（空気連行剤）は，フレッシュコンクリートのワーカビリティーを向上させるが，硬化コンクリートの凍結融解に対する抵抗性を低下させる.

[オ] 普通コンクリートと軽量コンクリートの熱膨張率を比べると，一般に，普通コンクリートの方が大きい.

（国家公務員II種試験）

【解答】[ア]＝誤（**アルカリ骨材反応**はコンクリートにひび割れを生じさせ，強度も低下します），[イ]＝正（記述の通り，コンクリートの単位水量は，ブリージングや乾燥収縮などによる品質低下に影響があるので，上限値を規定しています），[ウ]＝正（**早強ポルトランドセメント**は，低温時でも強度の発現性が大きい），[エ]＝誤（**AE剤**は，コンクリートの凍結融解に対する抵抗性や耐久性を向上させることができます），[オ]＝正（記述の通り，普通コンクリートと軽量コンクリートの熱膨張率を比べると，一般に，普通コンクリートの方が大きい）

【問題 3.8（コンクリート）】 コンクリートに関する記述[ア]～[エ]の正誤を答えなさい.

[ア] コンクリートの中性化，表面劣化などに対する抵抗性は，水セメント比に支配されるところが大きいので，できるだけ水セメント比を大きくすることが望ましい.

[イ] AE剤などのコンクリート混和剤は，フレッシュコンクリートの性質や硬化したコンクリートの性質を改良または調整するものである.

[ウ] スランプを大きくすると，コンクリートが材料分離しやすくなり，耐久性の低下などの悪影響が生じてくる.

[エ] コンクリートの細骨材率は，良好なワーカビリティーを得るため，できるだけ大きくすることが望ましい.

（国家公務員II種試験）

【解答】[ア]＝誤（**水セメント比を下げて単位セメント量を多くすると耐久性や水密性は向上し，塩害や凍結融解作用に対する抵抗性も大きくなります），[イ]＝正（記述の通り，**AE

174

剤などの**コンクリート混和剤**は，フレッシュコンクリートの性質や硬化したコンクリートの性質を改良または調整するものです），[ウ]＝正（記述の通り，スランプを大きくすると，コンクリートが材料分離しやすくなり，耐久性の低下などの悪影響が生じます），[エ]＝誤（**細骨材率**は，所要のワーカビリティーが得られる範囲内で，単位水量が最小になるよう試験によって定めます）

【問題 3.9（コンクリート）】コンクリートの一般的性質に関する記述[ア]～[エ]の正誤を答えなさい．

[ア] 水セメント比が小さいほど，硬化したコンクリートの圧縮強度は大きくなる．
[イ] 細骨材率を大きくすると，コンクリート材料の分離が生じやすくなる．
[ウ] 圧縮強度が大きいほど，ヤング係数は大きくなる．
[エ] 養生時のコンクリートは，湿潤よりも乾燥の方が望ましい．

(国家公務員Ⅱ種試験)

【解答】[ア]＝正（**水セメント比**の値が低いとコンクリートの強度は高くなります），[イ]＝誤（**細骨材率**を大きくするとワーカビリティーが改善されます），[ウ]＝正（記述の通り，圧縮強度が大きいほど，ヤング係数は大きくなります），[エ]＝誤（**コンクリートの養生**は湿潤状態で行います）

【問題 3.10（コンクリート）】一般的なコンクリートに関する記述[ア]～[エ]の正誤を答えなさい．

[ア] コールドジョイントとは，連続したコンクリート打ち作業の途中で，先に打ち込んだコンクリートと，後から打ち込んだコンクリートとの打継ぎ部分に生じた一体化しない継ぎ目のことをいう．
[イ] AE剤を添加したフレッシュコンクリートには，非常に小さな気泡が無数に発生して流動性が良くなるため，スランプは小さくなる．
[ウ] 水セメント比が小さくなるほど，コンクリートの圧縮強度は小さくなる．
[エ] 強度の小さいコンクリートほど，同一応力度に対するひずみ度は大きい．

(国家公務員Ⅱ種試験)

【解答】[ア]＝正（記述の通り，**コールドジョイント**とは，連続したコンクリート打ち作業の途中で，先に打ち込んだコンクリートと，後から打ち込んだコンクリートとの打継ぎ部分に生じた一体化しない継ぎ目のことをいいます），[イ]＝誤（"スランプは小さくなる"ではなく，正しくは"スランプは大きくなる"），[ウ]＝誤（**水セメント比**が小さくなるほど相対

的にセメント量が増えるので，コンクリートの圧縮強度は大きくなります），[エ]＝正（強度の小さいコンクリートほど変形しやすく，同一応力度に対するひずみ度は大きくなります）

【問題 3.11（建築材料）】建築材料に関する記述［ア］〜［エ］の正誤を答えなさい．

[ア] 降伏比が大きい鋼材は塑性変形に対する粘りがあるので，このような性質の鋼材を骨組に用いた鋼構造物は，一般に，耐震性能が高くなる．

[イ] 高炉セメントを用いたコンクリートは，普通ポルトランドセメントを用いた場合に比べて，酸や汚水などに対する抵抗力が大きく，長期にわたり強度を発揮するが，初期強度は小さい．

[ウ] コンクリートの圧縮強度は，引張強度の約 10 倍である．

[エ] 木材の強度は，樹種では広葉樹より針葉樹の方が大きく，同一木材では辺材より心材の方が大きい．

(国家公務員 II 種試験)

【解答】[ア]＝誤（**降伏比が高くて 100％の場合は，引張強さと降伏点に差がなく，伸び始めるとすぐに破断してしまうことを意味します．すなわち，降伏比が大きい鋼材は粘りが小さく，一般に，耐震性能は低くなります），[イ]＝正（記述の通り，**高炉セメント**を用いたコンクリートは，普通ポルトランドセメントを用いた場合に比べて，酸や汚水などに対する抵抗力が大きく，長期にわたり強度を発揮するが，初期強度は小さい），[ウ]＝正（記述の通り，**コンクリートの圧縮強度は，引張強度の約 10 倍です**），[エ]＝誤（**広葉樹は硬木，針葉樹は軟木**ともいいます）

【問題 3.12（建築材料）】建築材料に関する記述[ア]，[イ]，[ウ]の正誤を答えなさい．

[ア] コンクリートの圧縮応力度－ひずみ度関係において，圧縮強度が高いコンクリートほど最大強度点以降の応力低下の度合いが大きい．

[イ] コンクリートは，水セメント比が大きいものほど収縮ひずみが小さい．

[ウ] 鉄筋の長期許容応力度は，引張側コンクリートのひび割れ幅の拡大防止と，降伏点に対する一定の安全率の確保という目的で定められている．

(国家公務員 I 種試験)

【解答】[ア]＝正（記述の通り，コンクリートの圧縮応力度－ひずみ度関係において，圧縮強度が高いコンクリートほど最大強度点以降の応力低下の度合いが大きくなります），[イ]＝誤（**水セメント比**が大きいコンクリートは相対的に水の量が多いので，収縮ひずみは大きくなります），[ウ]＝正（記述の通り，**鉄筋の長期許容応力度**は，引張側コンクリートのひび割れ幅の拡大防止と，降伏点に対する一定の安全率の確保という目的で定められています）

【問題 3.13（建築材料）】建築材料に関する記述［ア］〜［エ］の正誤を答えなさい.

［ア］SS490 材は，SN490B 材に比べて，塑性変形性能と溶接性に優れる.

［イ］100N/mm² 級の低降伏点鋼は，SS400 材に比べて，降伏点が低く，延性が高いため，制振ダンパーなどに用いられている.

［ウ］コンクリートのワーカビリティーとは，フレッシュコンクリートの軟らかさに関する指標で，円錐台形状の筒にフレッシュコンクリートを詰め，その筒を引き上げた際のフレッシュコンクリートの落ち込み長さをいう.

［エ］直交集成板（CLT）とは，ひき板または小角材をその繊維方向を互いにほぼ平行にして幅方向に並べまたは接着したものを，主としてその繊維方向を互いにほぼ直角にして積層接着し 3 層以上の構造をもたせた一般材をいう.

（国家公務員総合職試験[大卒程度試験]）

【解答】［ア］＝誤（SS490 材は引張強度が 490N/mm² の一般構造用鋼材で，溶接用鋼材ではありません. 溶接用鋼材は **SM 材**です. 一方，**SN490B 材**は降伏点の上下限などが規定され，降伏後の変形能力や溶接性が保証されています），［イ］＝正（記述の通り，**100N/mm² 級の低降伏点鋼**は，SS400 材に比べて，降伏点が低く，延性が高いため，**制振ダンパー**などに用いられています），［ウ］＝誤（**ワーカビリティー**は，コンクリートの打ち込み易さの程度および材料の分離に抵抗する程度を示す性質のことです. 一方，**コンシステンシー**は，主として水量の多少による柔らかさの程度（変形あるいは流動に対する抵抗の程度）で示される性質のことで，通常，**スランプの値**によって表します），［エ］＝正（CLT とは Cross Laminated Timber の略称で，ひき板を並べた後，繊維方向が直交するように積層接着した木質系材料のことです. 厚みのある大きな板であり，建築の構造材のほか，土木用材や家具などにも使用されています）

【問題 3.14（建築材料）】建築物に使用される構造材料の一般的な性質に関する記述［ア］〜［エ］の正誤を答えなさい.

［ア］コンクリートの弾性係数は，強度が大きくなると大きくなる.

［イ］異形鉄筋 SD345 の 345 は，鉄筋の引張強さが 345N/mm² 以上であることを示している.

［ウ］鋼材および鉄筋の弾性係数は，強度によらずほぼ一定である.

［エ］鋼材における引張り，曲げおよびせん断の許容応力度のうち，最も小さいのは曲げである.

（国家公務員 I 種試験）

【解答】[ア]＝正（圧縮強度の大きいコンクリートは，圧縮強度の小さいコンクリートよりも，同じ応力度における応力度－ひずみ曲線の勾配が大きく，**弾性係数は大きくなります**．これに対して，コンクリートに生じる応力度が大きくなるほど，応力度－ひずみ曲線の勾配が小さくなり，弾性係数は小さくなります），[イ]＝誤（鉄筋では，記号の後ろの数値は引張強さではなく，降伏点強度を表します．それゆえ，**SD345 の 345 は，鉄筋の降伏点強度が345N/mm² であることを表しています**），[ウ]＝正（鋼材および鉄筋の弾性係数は，強度によらずほぼ一定で，200kN/mm² です），[エ]＝誤（せん断の**許容応力度**は，曲げと引張りの許容引張応力度の1/√3 で最も小さいことが知られています．なお，許容応力度については土木と建築では基準が違うので注意が必要ですが，土木でも“引張りと圧縮の許容応力度が等しく，せん断の許容応力度はこれらの1/√3” としています）

【問題 3.15（建築材料）】 わが国における建築材料に関する記述 [ア]〜[エ]の正誤を答えなさい．

[ア] 一般構造用圧延鋼材の **B** 種は，鉄骨造建築物等に固有の要求性能を考慮し，一定の塑性変形性能，溶接性能，板厚方向の性能を有するよう基準が定められた鋼材であり，柱および梁に広く用いられている．

[イ] コンクリートに用いられる減水剤は，アルミニウム粉末とセメント中のアルカリ類との化学反応によりガスを発生させ，ワーカビリティーを向上させることを目的とする混和剤である．

[ウ] マスコンクリートには，水和熱を抑えるために，低熱ボルトランドセメント等が用いられる．

[エ] 単板積層材（LVL）は，木材の単板を主としてその繊維方向を互いにほぼ平行にして積層接着した材料および繊維方向が直交する単板を用いた場合にあっては，直交する単板の合計厚さが製品の厚さの 30％未満であり，かつ，当該単板の枚数の構成比が30％以下である材料である．

（国家公務員総合職試験[大卒程度試験]）

【解答】[ア]＝誤（**一般構造用圧延鋼材**は，規格として溶接性は保証されていないため，溶接性を確実に担保するには**溶接構造用圧延鋼材**（SM 材）などを利用する必要があります），[イ]＝誤（**減水剤**は，静電気的な反発作用によってセメント粒子を分散させるため，流動性が大きくなり，所要のワーカビリティーを得るために必要な単位水量や単位セメント量を減少できる効果があります．化学反応によってガスを発生させたりはしません），[ウ]＝正（**マスコンクリート**とは質量や体積の大きいコンクリートのことで，ダムや大きな壁といった大規模な構造物を造る際に用いられます．それゆえ，水和熱を抑えるために，低熱ボルトランドセメント等が用いられています），[エ]＝正（記述の通りで正しい．なお，単板積層材の製法は合板と非常によく似ていますが，合板と LVL の違いは各層の繊維の向きにあります．

178

合板は，平面的な均質性を得るため，各層の繊維の向きを直交させています．これに対して，LVLは，おもに柱や梁など長い棒状のものとして利用されることを前提に，長さ方向の強度を優先して作られています．幅方向の変形を防ぐために長さ方向と直交する層を挿入することもありますが，各層の繊維は基本的には長さ方向にそろえられています）

【問題 3.16（鉄筋コンクリート造の施工）】 鉄筋コンクリート造の施工に関する記述[ア]〜[オ]の正誤を答えなさい．

[ア] フレッシュコンクリートのワーカビリティーが悪いときは，現場に到着したフレッシュコンクリートに適量の水を加え十分に攪拌してから打設する．

[イ] レイタンスやごみが除去され，かつ，十分な湿潤状態となっていれば，打ち継ぎ部の位置はどこでも構わない．

[ウ] コンクリートの打設を開始する前に，現場に納入されたフレッシュコンクリートの空気量やスランプ試験を行い，所定の品質であることを確認する．

[エ] 型枠は，コンクリートに接するせき板，これを支える支保工および締付け用緊結材で構成されている．

[オ] 鉄筋のかぶり厚さは，フープやスターラップの表面から最短距離にあるコンクリート表面までを計測し，定められた値を下回ってはならない．

（国家公務員II種試験）

【解答】[ア]＝誤（**現場に到着したフレッシュコンクリートに水を加える行為は，決して許されません**），[イ]＝誤（**打継目は，できるだけせん断力の小さい位置に設け，打継面を部材の圧縮力の作用する方向と直角にするのを原則とします**），[ウ]＝正（記述の通り，コンクリートの打設を開始する前に，現場に納入された**フレッシュコンクリートの空気量やスランプ試験**を行い，所定の品質であることを確認します），[エ]＝正（記述の通り，**型枠**は，コンクリートに接するせき板，これを支える支保工および締付け用緊結材で構成されています），[オ]＝正（記述の通り，**鉄筋のかぶり厚さ**は，フープやスターラップの表面から最短距離にあるコンクリート表面までを計測し，定められた値を下回ってはなりません）

3.4　ガラス

●ガラスの種類

(1) 型板ガラス

　型板ガラスは，ロールアウト法（2 本のロールの間に溶けたガラスを直接通して板にする方法）により片面に型模様を付けたガラスで，透過する光を拡散するとともに，視線を適度に遮(さえぎ)る効果を有するため，室内の間仕切りや浴室などに用いられています.

(2) 網入りガラス

　網入りガラスは，火災時のガラス破損時に破片が落ちないように網を封入したガラスです.網入りガラスは，網を封入しているため，フロート板ガラスより熱割れが生じやすくなります.

(3) 合わせガラス

　合わせガラスとは，複数の板ガラスの間に樹脂などの中間膜を挟み，熱と圧力を加えて接着したガラスです.対貫通性・耐衝撃性に優れ，また，割れた際の飛散も起きにくいため，自動車ガラスや防犯ガラスとして用いられています.さらに，中間膜の特性を変更することにより，紫外線・赤外線の吸収，防音，着色などの様々な付加機能を与えることも可能です.

(4) 複層ガラス

　複層ガラスは，スペーサーと呼ばれる金属部材で，2 枚のガラスの間に空気層を設けたガラスのことをいいます.2 枚のガラスの間に薄く空気層を挟み込むことによって断熱性能を向上させ，部屋の内外の温度差が原因となる結露などを減少させることができます.また，防音効果にも優れています.

(5) 強化ガラス

　強化ガラスは，板ガラスを約 700℃まで加熱した後，ガラス表面に空気を吹きつけ，急冷することによって生成されます.同じ厚さのガラスに比べて 3〜5 倍の静的強度がありますが，製造後の切断・穴あけ・面取りなどの加工は一切できません.破損しても，破片は細かな粒状になります.

(6) 熱線反射ガラス

　熱線反射ガラスは，片面に金属酸化物の反射薄膜を焼き付けたガラスで，可視光線や日射エネルギーを遮るため，冷房負荷の軽減効果を有しています.

(7) 熱線吸収板ガラス

　熱線吸収板ガラスは，通常のガラスの原料に微量の鉄，ニッケル，コバルトなどの金属を加え着色した板ガラスです.透明な板ガラスに比べ，より多く太陽の日射エネルギーを吸収し，赤外線や可視光線，紫外線などの透過を適度におさえる性能をもっており，冷房負荷が

軽減されます.

(8) Low-E ガラス

Low-E ガラス（Low Emissivity = 低放射）とは板ガラスの表面に酸化スズや銀などの特殊金属膜をコーティングしたもので，この Low-E 膜が遠赤外線の反射率を高めています．このため，Low-E ガラスを複層ガラスに使用することで，中空層の放射による熱伝達を低減し，高断熱性能を実現させることができます.

【問題 3.17（ガラス）】 ガラスに関する記述 [ア]〜[エ]の正誤を答えなさい.

[ア] フロート板ガラスは，溶融したガラスを溶融した金属の上に浮かべて製板するフロートシステムによって生産されており，現在流通する板ガラスの主流となっている.

[イ] 熱線反射ガラスは，フロート板ガラスの表面に反射率の高い薄膜をコートし，可視光線や日射エネルギーを反射させるようにしたガラスである.

[ウ] 強化ガラスは，フロート板ガラスや熱線吸収板ガラスに熱処理を施し，強度を高めたガラスであり，万一ガラスが割れても破片が細粒状になる.

[エ] 複層ガラスは，2 枚の板ガラスを透明で強靭な中間膜で貼り合わせたガラスで，耐貫通性に優れ，また，ガラスが強い衝撃を受けて破損しても膜によって破片の飛散が防止される.

（国家公務員Ⅰ種試験）

【解答】 [ア]＝正（記述の通り，**フロート板ガラス**は，溶融したガラスを溶融した金属の上に浮かべて製板するフロートシステムによって生産されており，現在流通する板ガラスの主流となっています），[イ]＝正（記述の通り，**熱線反射ガラス**は，フロート板ガラスの表面に反射率の高い薄膜をコートし，可視光線や日射エネルギーを反射させるようにしたガラスです），[ウ]＝正（記述の通り，**強化ガラス**は，フロート板ガラスや熱線吸収板ガラスに熱処理を施し，強度を高めたガラスであり，万一ガラスが割れても破片が細粒状になります），[エ]＝誤（**複層ガラス**は，2 枚のガラスの間に空気層を設けたガラスのことで，2 枚のガラスの間に薄く空気層を挟み込むことによって断熱性能を向上させ，部屋の内外の温度差が原因となる結露などを減少させることができます．ちなみに，耐貫通性に優れ，また，ガラスが強い衝撃を受けて破損しても膜によって破片の飛散が防止できるのは**合わせガラス**です）

【問題 3.18（建築用ガラス）】建築用ガラスに関する記述 [ア]～[オ]の正誤を答えなさい.

[ア] 型板ガラスとは,ロールアウト法により片面に型模様を付けたガラスで,透過する光を拡散するとともに,視線を適度に遮る効果を有するため,室内の間仕切りや浴室などに用いられる.

[イ] 網入り板ガラスとは,板ガラスの中央層に鉄鋼を入れたガラスで,同厚の普通板ガラスに比べて熱割れ強度が大きいため,防火性に優れる.

[ウ] 熱線反射ガラスとは,片面に金属酸化物の反射薄膜を焼き付けたガラスで,可視光線や日射エネルギーを遮るため,冷房負荷の軽減効果を有する.

[エ] 複層ガラスとは,2 枚以上の板ガラスの間に接着力の強い特殊樹脂フィルムの中間膜を挟み接着したガラスで,破損時に破片が飛散し難く,防犯用としても用いられている.

[オ] 強化ガラスとは,ガラスを軟化点近くまで加熱した後に表面を急冷することにより,曲げ強度を高めたガラスで,熱処理後の切断加工も容易である.

（国家公務員Ⅱ種試験）

【解答】[ア]＝正（記述の通り,**型板ガラス**はロールアウト法により片面に型模様を付けたガラスで,視線を適度に遮る効果を有するため,室内の間仕切りや浴室などに用いられます),[イ]＝誤（**網入りガラス**は,フロート板ガラスより熱割れが生じやすい),[ウ]＝正（記述の通り,**熱線反射ガラス**は片面に金属酸化物の反射薄膜を焼き付けたガラスで,可視光線や日射エネルギーを遮るため,冷房負荷の軽減効果を有しています),[エ]＝誤（**複層ガラス**は,断熱や防音効果に優れています),[オ]＝誤（**強化ガラス**は,製造後の切断・穴あけ・面取りなどの加工は一切できません）

【問題 3.19（建築用ガラス）】建築用ガラスに関する記述[ア]～[エ]の正誤を答えなさい.

[ア] 網入りガラスは,ガラス破損時に破片が落ちないように網を封入したガラスである.

[イ] 強化ガラスは,同厚の板ガラスの 3～5 倍の強度をもち,熱処理後の現場加工が容易である.

[ウ] 合わせガラスは,2 枚のガラスに中間膜を挟み,熱と圧力を加えて接着したガラスで,破損しにくく,破損しても飛散せず安全性が高い.

[エ] 複層ガラスは,2～3 枚のガラスの間に乾燥空気を入れて密閉したガラスで,断熱や防音効果に優れる.

（国家公務員Ⅱ種試験）

【解答】[ア]＝正（記述の通り,**網入りガラス**は,ガラス破損時に破片が落ちないように網を封入したガラスです),[イ]＝誤（**強化ガラス**は,同厚の板ガラスの 3～5 倍の強度をもちま

すが，製造後の加工は一切できません），[ウ]＝正（記述の通り，合わせガラスは，2 枚のガラスに中間膜を挟み，熱と圧力を加えて接着したガラスで，破損しにくく，破損しても飛散せず安全性が高い），[エ]＝正（記述の通り，複層ガラスは，2〜3 枚のガラスの間に乾燥空気を入れて密閉したガラスで，断熱や防音効果に優れています）

3.5　仕上げ材料

●代表的なタイルの種類
(1)　素地による分類
①磁器質：素地が緻密で硬く，吸水性が低い（吸水率 1%以下）．たたくと澄んだ音がします．
②せっ器質：素地は硬く，吸水性は中程度（吸水率 5%以下）．
③陶器質：素地は多孔質で吸水性が高い（吸水率 22%以下）．たたくと濁った音がします．
　吸水率の高い方から順に，**陶器質＞せっ器質＞磁器質**　となります．

(2)　用途による分類
①内装タイル：建築物の内壁に使用され，一般には寸法精度の高い**陶器質のものがほとんど**です．寒冷地の凍害防止用として磁器質またはせっ器質のものもあります．
②外装タイル：建物の外壁に用いられるタイルは，高強度で吸水率が低く，耐候性・耐久性に優れている磁器質およびせっ器質のものです．
③床タイル：床タイルは耐磨耗性が要求されるため，磁器質およびせっ器質のものが用いられます．
④モザイクタイル：内・外部の壁・床に用いられ，材質は磁器質です．

(3)　釉薬の有無による分類
①施釉タイル：表面の美しさを出すとともに，水や汚れを防ぐため，素地に釉薬をかけて焼成したものです．
②無釉タイル：釉薬をかけずに粘土自体の成分や顔料によって色合いを出したものです．

●芋目地と破れ目地
　タイルや石などを貼るとき，縦横ともに直線に仕上げた，下図のような目地のことをいいます．レンガのように積み上げるものは，芋目地にできません．一方，タイルなどで横方向の目地を通し，縦方向の目地が一直線にならないようにした目地が**破れ目地**で**馬目地**ともいいます．

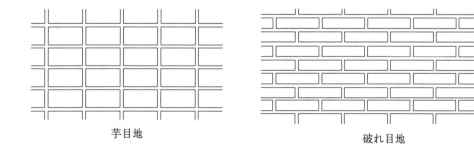

芋目地　　　　　　　　　　　　　　破れ目地

●花崗岩（御影石）

花崗岩（御影石）は，耐久性・耐摩耗性・風化に強く，磨けば光沢があり，大変美しい材料です．また，成分に磁鉄鉱を含むものが多く，マイナスイオンを発生し，天然の抗菌や防腐の役割も備えているといわれています．花崗岩（御影石）は，日本では，建築の内外装の化粧材として壁や床・カウンタートップなどに多く使用されています．花崗岩（御影石）の表面仕上げは，「本磨き」・「水磨き」・「ジェットバーナー（冷却水を散布しながら，加熱用のバーナーで急激に表面の結晶を膨張・破裂させ，表面を凹凸面に仕上げる方法）」などがあります．

●大理石

大理石は，石灰岩がマグマの熱で温度変化した変成岩の一種で，炭酸カルシウムが主成分です．大理石は，御影石（花こう岩）に比べて，軟らかくて加工しやすく，また，模様や色調が美しく，磨くと光沢が出るため，内装によく用いられている石材です．その反面，大理石は酸性雨などに対する耐候性がなく，長期間，雨風にさらされるような場所に大理石を使用すると，すぐに光沢を失ってしまいます．それゆえ，屋外に大理石を使用する場合は，コーティング剤で保護するなど必ず何らかの措置を施す必要があります．

●プラスター

塗壁材料の一種で，ドロマイトを主成分とするドロマイトプラスターと，焼セッコウに砂あるいは消石灰などを加えて使用するセッコウプラスターがあります．ちなみに，ドロマイトプラスターは気硬性材料，セッコウプラスターは水硬性材料です．

●カーペットの種類

カーペットの種類には，パイル（カーペットの表面にある毛足のこと）の有無や製造方法などにより，ウィルトンやニードルパンチなどに分類されます．

（1）ウィルトン

18世紀の中ごろイギリスのウィルトン市で初めて作られ，手織りじゅうたんの風合を機械織りで再現したカーペットのこと．機械織りのカーペットでは最高級のカーペットです．

（2）ニードルパンチ

ポリプロピレンなどの繊維を針で刺し固めてフェルト状にした不織布のカーペットのこと．パイル糸がなく，裏面は合成ゴムで補強されていて感触が硬く弾力性に乏しいですが，カラーが豊富なことや低価格で施工が容易なことなどが特徴です．

●フローリングの種類

フローリングは，その構造から大きく2種類に分けられます．

（1）複合フローリング

合板などの基材に化粧単板を貼ったフローリングです．反りや縮みなど狂いが少なく，バリエーションが多いのが利点です．

(2) 単層フローリング

　一般に，無垢といわれるフローリングです．天然木そのままですので，木本来の美しさが表現できます．

●合成樹脂調合ペイント

　油性調合ペイントは長持ちするものの，「仕上がり感が悪い」「乾燥が極端に遅い」「塗膜の表層劣化が早く進行する」などの欠点がありました．そこで，油のもつ長所を活かしつつ，欠点を合成樹脂で補ったものが合成樹脂調合ペイントで，木材の表面などを保護するために最も多く使用されていますが，**アルカリに弱いため，コンクリートやモルタルには適していません．**

●合成樹脂エマルションペイント

　合成樹脂エマルションペイントとは，酢酸合成樹脂，スチレンアクリル樹脂などの合成樹脂と顔料を結合させた乳液状の塗料のことをいいます．**水性塗料**のため，作業性に優れ，乾燥も速いという特徴がありますが，**金属面には適していません．**

●アクリル樹脂エナメル

　エナメルペイントのうち，アクリル樹脂エナメルは，塩化ビニル樹脂エナメルに比べ，耐候性や耐アルカリ性に優れ，内部・外部ともによく使われています．

●プラスチック

　プラスチックは，**熱可塑性樹脂**と**熱硬化性樹脂**に分類できます．熱可塑性樹脂は加熱すれば何度でも成形できるので，リサイクルも比較的容易に行えます．一方，熱硬化性樹脂は硬化すると再び加熱しても溶融せず，溶剤にも溶けません．したがって，再生することはできません．

●ガルバリウム鋼板

　ガルバリウム鋼板は，鋼板をアルミニウム，亜鉛およびケイ素からなる合金でめっきしたものであり，耐食性に優れることから外装材として用いられています．同じ耐食鋼材として広く使用されているステンレス鋼板に比べて，購入単価が大幅に安いのも特徴です．

●アスファルトルーフィング

　有機天然繊維を主原料としたフェルト状の原紙にアスファルトを浸透・被覆し，その両面に鉱物質の粉末を付着させたもので，主にアスファルト防水や屋根などに用いられる防水・防湿材料のことをいいます．

●アスファルト防水

　アスファルト，アスファルトルーフィングなどを数層重ね合わせて防水層をつくる工法のこと．防水層が厚く連続しているため，施工のバラツキが少なく，信頼性の高い工法です．

アスファルト防水工事における幾つかの留意点を以下に示します．

①アスファルトルーフィング類の継ぎ目は，縦横とも 100mm 程度重ね合わせる．

②アスファルトルーフィング類は，張り付け前に表裏の石粉を十分に取り除き，空気を追い出しながら張り付ける．

③防水層押さえおよび上部の仕上げの伸縮目地は，縦横とも 3m 程度ごとに設ける．

④出隅・入隅[5]（凹んだ隅）・立ち上がりの曲部などは，モルタルで半径 50mm 程度の丸面または，45°の傾斜で 30〜70mm 程度の面を付ける．

●塗膜防水

塗膜防水とは，液状の樹脂・合成ゴムなどをハケやヘラあるいはローラーなどで下地に塗布するか，あるいは吹付機により施工して成膜・硬化させ，シームレスな（継ぎ目のない）防水層を形成する工法です．その特長は以下の通りです．

①シームレスな塗膜を形成するので，継ぎ目がなく，防水の信頼性が高い．

②複雑な形状の部位にも対応できる．

③防水層は平坦で美しい仕上がりになる．

●マスキングテープ

マスキングテープは，シーリング目地の施工において，目地の周辺を汚さず，かつ，目地の通りを良くするために用いるもの（作業箇所以外を汚さないために貼る粘着テープ）で，シーリング材の打設後，硬化する前にはがします．

●仕上塗材

仕上塗材は，砂，結合材（セメント等），着色顔料等を混合したもので，建築物の内外壁や天井などの表面に美装や素地の保護を目的として，吹付け，ローラー，こて塗りなどで仕上げます．凹凸模様・ゆず肌模様などのパターンを造り，仕上げるための塗装材料であり，保護また着色用の薄い皮膜を指す一般的な塗料とは区別されています．

●ロックウール化粧吸音板

ロックウール（繊維）を原料とした**ロックウール化粧吸音板**は，吸音を目的として主に天井の仕上げに使用され，防火・断熱性があります．

---

5) 出隅は，2つの壁などがつくる角部分の外側の呼び名．内側の部分を入隅といいます．

【問題 3.20（仕上げ材料）】 仕上げ材に関する記述[ア]〜[エ]の正誤を答えなさい.

[ア] ステンレス鋼は，炭素鋼（Fe），ニッケル（Ni）およびクロム（Cr）を主成分とする合金で，錆びにくい性質をもつ.

[イ] セラミックタイルは，吸水率の高い方から順に陶器質，せっ器質，磁器質に分類され，陶器質タイルは，一般に，内装用に使用される.

[ウ] 複層ガラスは，2 枚のガラスの間に透明な合成樹脂膜を挟んで接着したもので，単板ガラスより防音，断熱効果が大きい.

[エ] 合板は，奇数枚の薄い単板で構成され，相接する単板の繊維方向が互いに直交するように接着したもので，単板に比べて板の強度，狂いおよび伸縮が大きい.

（国家公務員 II 種試験）

【解答】 [ア]＝正（記述の通り，ステンレス鋼は錆びにくい性質を持っています），[イ]＝正（記述の通り，陶器質タイルは，一般に内装用に使用されています），[ウ]＝誤（**複層ガラス**は，2〜3 枚のガラスの間に乾燥空気を入れて密閉したガラスで，断熱や防音効果に優れています），[エ]＝誤（**合板**は，単板に比べて板の強度，狂いおよび伸縮が小さい）

【問題 3.21（陶磁器質タイル張り工事）】 陶磁器質タイル張り工事に関する記述[ア]〜[オ]の正誤を答えなさい.

[ア] 陶器質タイルは，磁器質タイルに比べ吸水性が小さく凍害を受けにくい.

[イ] タイルの裏足は，タイルを張り付ける時の張付けモルタルとの付着性をよくするためにつけられている.

[ウ] タイル張り工事の場合，タイルのはく離や亀裂の原因となるので，伸縮目地を設けてはならない.

[エ] 改良圧着張りとは，下地に張付けモルタルを塗りタイルを取り付け，目地にモルタルが盛り上がるまで専用振動具で振動を与えて固定する工法をいう.

[オ] 張付けモルタルの硬化不良や接着不良を防ぐために，タイル張り前に下地を十分に乾燥させる.

（国家公務員 II 種試験）

【解答】 [ア]＝誤（**陶器質の素地は多孔質で吸水性が高い**），[イ]＝正（接着性を高めるため，タイルの裏側に櫛目模様の凹凸があらかじめつけられていますが，これを裏足（うらあし）といいます），[ウ]＝誤（**伸縮目地を設けないといけません**），[エ]＝誤（**改良圧着張り**とは，張り付け用モルタルを下地面に平坦に塗り，これがかたまらないうちに，タイル裏面全体に同じモルタルを塗ってタイルを張り付ける工法のことをいいます），[オ]＝誤（タイル張りに先だって下地に適度の水湿しを行う）

【問題 3.22（陶磁器質タイル張り工事）】陶磁器質タイル張り工事に関する記述［ア］〜［エ］の正誤を答えなさい.

［ア］タイルの凍害とは，タイルきじ中に吸収された水分が，凍結による体積膨張と融解現象を繰り返すことにより，タイルきじを構成している素材が疲労破壊される現象である.

［イ］タイル張り工事の場合，タイルのはく離や亀裂の原因となるので，伸縮目地を設けてはならない.

［ウ］タイル張り工事において，タイル目地にタイル厚の 1/2 以上の目地モルタルを充填した.

［エ］張付けモルタルの硬化不良や接着不良を防ぐために，タイル張り前に下地を十分に乾燥させた.

（国家公務員Ⅱ種試験）

【解答】［ア］＝正（記述の通り，タイルの凍害とは，タイルきじ中に吸収された水分が，凍結による体積膨張と融解現象を繰り返すことにより，タイルきじを構成している素材が疲労破壊される現象です），［イ］＝誤（**伸縮目地を設けないといけません**），［ウ］＝正（記述の通り，タイル目地にタイル厚の 1/2 以上の目地モルタルを充填することになっています），［エ］＝誤（タイル張りに先立ち，下地モルタルに適度の水湿しを行わなければなりません）

【問題 3.23（仕上げ材料）】わが国における建築物の仕上げ材料に関する記述［ア］〜［エ］の正誤を答えなさい.

［ア］大理石は，建築物に用いられる代表的な装飾石材であり，耐酸性・耐火性に優れ，主に屋外で使用される.

［イ］熱線吸収板ガラスは，ガラス原材料に日射吸収特性に優れた金属を加えて着色することにより，熱線を吸収する効果をもち，室内の冷房負荷を軽減する効果が期待できる.

［ウ］鋼材に対して溶融亜鉛めっきを行う場合は，部材への過大な応力負荷，部材の変形，溶接部の割れおよびめっき外観上のやけの不具合を避けるため，めっき槽への二度漬けを原則とする.

［エ］シックハウス対策としてホルムアルデヒド発散建築材料が指定され，使用する内装仕上材や換気回数等に規制を受けるが，発散速度が極めて低い最上位規格の材料（F☆☆☆☆）を使用すればホルムアルデヒド発散建築材料としての規制を受けない.

（国家公務員Ⅰ種試験）

【解答】［ア］＝誤（**大理石**は，御影石に比べて，軟らかく，加工しやすく，また，模様や色調が美しく，磨くと光沢が出るため，**内装によく用いられている石材**です. 反面，**耐久性**は

弱く，屋外で酸性雨にさらされると，長くても 1 年くらいで表面のつやを失ってしまいます）
[イ]＝正（記述の通り，**熱線吸収板ガラス**は，室内の冷房負荷を軽減する効果を期待できます），[ウ]＝誤（2 度漬けすると，**めっきやけ**の原因となり，外観を損ねることになります），
[エ]＝正（ホルムアルデヒド等級の最上位規格を示すマーク **F ☆☆☆☆** と表示されている建材や内装材だけが，建築基準法によって使用量が制限されません．なお，表示記号の F ☆☆☆☆は "F フォースター" と読みます）

【問題 3.24（仕上げ材料）】 仕上げ材料に関する記述[ア]〜[オ]の正誤を答えなさい．

[ア] 強化ガラスは，2 枚以上の板ガラスを合成樹脂フイルムで圧着したもので，破損しても飛放せず，衝撃物が貫通しにくい．
[イ] ロックウール化粧吸音板は，吸音を目的として主に天井の仕上げに使用され，防火・断熱性がある．
[ウ] 大理石はみかげ石に比べ耐久性は小さいが，耐酸性は優れている．
[エ] 左官材料は気硬性材料として，しっくい，ドロマイトプラスターなどがあり，水硬性材料として，せっこうプラスター，モルタルなどがある．
[オ] 合成樹脂調合ペイントは，一般の鉄部や木材の塗装に使用されるが，コンクリートやモルタル面への塗装には適さない．

（国家公務員Ⅱ種試験）

【解答】[ア]＝誤（**強化ガラス**は，板ガラスを約 700℃ まで加熱した後，ガラス表面に空気を吹きつけ，急冷することによって生成されます），[イ]＝正（記述の通り，**ロックウール化粧吸音板**は，吸音を目的として主に天井の仕上げに使用され，防火・断熱性があります），[ウ]＝誤（**大理石**の主成分は炭酸カルシウムで，酸性雨などに対する耐候性がありません），[エ]＝正（記述の通りです），[オ]＝正（**合成樹脂調合ペイント**は，アルカリに弱いため，**コンクリートやモルタルには適していません**）

【問題 3.25（建築材料）】 建築材料に関する記述[ア]～[エ]の正誤を答えなさい.

[ア] 複層ガラスは，2枚のガラスに中間膜を挟み，熱と圧力を加えて接着したガラスで，破損しにくく，破損しても飛散せず安全性が高い.

[イ] みかげ石は，大理石に比べ，耐久性・耐酸性とも優れている.

[ウ] タイルは，きじの質により，磁器質・せっ器質・陶器質に区分され，外装タイルとしては，主に磁器質・せっ器質が用いられる.

[エ] 合成樹脂調合ペイントは，耐アルカリ性に優れているため，コンクリートやモルタルの素地に適用する.

（国家公務員Ⅱ種試験）

【解答】 [ア]＝誤（これは**合わせガラス**の記述です），[イ]＝正（記述の通り，**みかげ石**は，大理石に比べ，耐久性・耐酸性とも優れています），[ウ]＝正（記述の通り，**タイル**は，きじの質により，磁器質・せっ器質・陶器質に区分され，外装タイルとしては，主に磁器質・せっ器質が用いられています），[エ]＝誤（**合成樹脂調合ペイント**は，アルカリに弱いため，コンクリートやモルタルには適していません）

【問題 3.26（アスファルト防水工事）】 アスファルト防水工事に関する記述［ア]～[エ]の正誤を答えなさい.

[ア] 防水層のふくれや剥離を防止するため，下地をできるだけ乾燥させる.

[イ] アスファルトは，加熱しても変化しないが引火しやすくなるので，溶融温度を350～400℃に調節する.

[ウ] アスファルト防水層は柔軟性があるので，鋭く曲げて施工できるのが特徴である.

[エ] 保護層のない防水層の場合，下地の勾配をできるだけ水平にする.

（国家公務員Ⅱ種試験）

【解答】 [ア]＝正（記述の通り，防水層のふくれや剥離を防止するため，下地をできるだけ乾燥させます），[イ]＝誤（**アスファルトの溶融温度**は，260～270℃を標準とします），[ウ]＝誤（常識的に考えても，鋭く曲げて施工するのは良くないことはわかると思います），[エ]＝誤（保護層のない防水層ですから，常識的に考えても，下地の勾配をできるだけ水平にするのは良くないとわかるでしょう）

【**問題 3.27（仕上げ用材料）**】わが国における建築物の仕上げ用材料の種類等に関する記述[ア]〜[エ]の正誤を答えなさい.

[ア] 床用材料に用いられる花こう岩の表面仕上げの種類には，主に「水磨き」や「ジェットバーナー」などがある.

[イ] 一般に，外壁仕上げ用のタイルには陶器質のものが多く用いられる.

[ウ] カーペットの種類には，パイルの有無や製造方法などにより，「ウィルトン」や「ニードルパンチ」などに分類される.

[エ] フローリングの種類は，用途や材料などにより，「コンポジション」や「ホモジニアス」などに分類される.

(国家公務員Ⅱ種試験)

【**解答**】[ア]＝正（記述の通り，床用材料に用いられる花こう岩の表面仕上げの種類には，主に「水磨き」や「ジェットバーナー」などがあります），[イ]＝誤（**建物の外壁に用いられるタイル**としては，高強度で吸水率が低く，耐候性・耐久性に優れている磁器質やせっ器質のものが多く用いられます. 陶器質は，多孔質で吸水性が高いことから用いられません），[ウ]＝正（記述の通り，カーペットの種類には，パイルの有無や製造方法などにより，「ウィルトン」や「ニードルパンチ」などに分類されます），[エ]＝誤（**フローリング**は，その構造から大きく複合フローリングと単層フローリングの 2 種類に分けられます）

【**問題 3.28（仕上げ用材料）**】わが国における建築物の仕上げ用材料の種類などに関する記述 [ア]〜[エ]の正誤を答えなさい.

[ア] 不定形の屋根材料では，塗膜防水類・シート防水類の膜状のものと，アスファルト防水類・繊維強化セメント板類の層状のものとに分類される.

[イ] 外壁に用いられるカーテンウォールとは，工場生産された部材で構成される建物の非耐力壁の総称であり，帳壁ともいう.

[ウ] 木質系内装材料では，その品質として接着性，含水率，曲げ剛性，板面の品質，ホルムアルデヒド放散量などが規定されている.

[エ] 強化ガラスとは，2〜数枚のガラスを透明なプラスチックフィルムで圧巻して製造するもので，破損による脱落・飛散の防止を目的としている.

(国家公務員Ⅱ種試験)

【**解答**】[ア]＝誤（**不定形の屋根材料**は目地や隙間に詰める段階ではペースト状ですので，この記述は誤であることがわかります），[イ]＝正（記述の通り，外壁に用いられる**カーテンウォール**とは，工場生産された部材で構成される建物の非耐力壁の総称であり，帳壁ともいいます），[ウ]＝正（記述の通り，木質系内装材料では，その品質として接着性，含水率，曲

げ剛性，板面の品質，ホルムアルデヒド放散量などが規定されています），[エ]＝誤（**強化ガラス**は，板ガラスを約700℃まで加熱した後，ガラス表面に空気を吹きつけ，急冷することによって生成されます．製造後の切断・穴あけ・面取りなどの加工は，一切できません）

【問題3.29（内外装）】わが国における建築物の内外装等に関する記述[ア]〜[エ]について正誤を答えなさい．

[ア] 熱硬化性樹脂は，成形後において，加熱すると軟化し，冷却すれば堅硬な状態に戻る性質を有しており，化粧板等に用いられる．

[イ] 発泡層があるビニル系シート床材は，発泡層がないものに比べ，衝撃吸収性，保湿性に劣る．

[ウ] ガルバリウム鋼板は，鋼板をアルミニウム，亜鉛およびケイ素からなる合金でめっきしたものであり，耐食性に優れることから外装材として用いられる．

[エ] 仕上塗材は，砂，結合材（セメント等），着色顔料等を混合したもので，立体的な模様（ゆず肌状等）をつけることができ，コンクリート，ALC等の仕上げとして用いられる．

(国家公務員総合職試験[大卒程度試験])

【解答】[ア]＝誤（これは**熱可塑性樹脂**に関する記述です．**熱硬化性樹脂**は硬化すると再び加熱しても溶融せず，溶剤にも溶けません），[イ]＝誤（**発泡層があるビニル系シート床材**は，発泡層がないものに比べ，衝撃吸収性や断熱性などに優れています），[ウ]＝正（記述の通り，**ガルバリウム鋼板**は，鋼板をアルミニウム，亜鉛およびケイ素からなる合金でめっきしたものであり，耐食性に優れることから外装材として用いられる），[エ]＝正（記述の通り，**仕上塗材**は，砂，結合材（セメント等），着色顔料等を混合したもので，立体的な模様（ゆず肌状等）をつけることができ，コンクリート，ALC等の仕上げとして用いられています）

第4章

一般構造

4.1 地盤・基礎構造

●土のせん断強さ

地盤の安定性を支配するのは土の**せん断強さ**であり，土のせん断抵抗は以下の**クーロンの式**で求めることができます．

$$s = c + \sigma \tan\phi \quad [\text{kN/m}^2] \tag{4.1}$$

ここに，s：せん断強さ，c：**粘着力**，σ（σはシグマと読みます）：**垂直応力**，ϕ（ϕはファイと読みます）：土の**内部摩擦角**（せん断抵抗角）

式(4.1)から，一般に，**内部摩擦角が大きくなると地盤の許容支持力は大きくなる**といえます．なお，一般に，**土の内部摩擦角が大きいほど，擁壁の背面に作用する土圧は小さくなる**ことが知られています．

●一軸圧縮試験と三軸圧縮試験

一軸圧縮試験とは，円柱形試料土をそのまま上下圧で圧縮せん断する方法で，粘性土に用いられます．一方，**三軸圧縮試験**は，不透水性の膜で包んだ円柱形の供試体に三軸室内で圧力を加えながら，さらに軸方向に圧縮して強度−変形特性を求める試験であり，土の粘着力 c，内部摩擦角 ϕ を求めることができます．

●平板載荷試験

路盤や路床の支持力を評価するために行う試験．具体的には，一般に直径 30cm の円盤にジャッキで荷重をかけ，荷重の大きさと沈下量から K 値を求めます．

●標準貫入試験

この試験は，所定の深さまでボーリングし，あけられた孔底に標準貫入試験用サンプラーを設置し，質量63.5±0.5kg のハンマーを落下高 76±1cm の高さから自由落下させることで打撃を与え，サンプラー（試料採取を行う管）を 30cm 打ち込むのに要する打撃数 N を測定するものです．その回数 N をその深さでの地盤の**N値**と呼び，この値から地盤の相対的な強さを推定することができます．なお，N 値が同じであっても，一般に砂質土と粘性土の許容支持力は異なり，**粘性土の方が良質な地盤であると判断されます**．

●スウェーデン式貫入試験

　小規模建築物を対象とした場合に，地盤強度を調べる方法として最も一般的な方法です．スクリューポイントを取り付けたロッドの頭部に 1kN（≒100kgf）まで荷重を加えて，ロッドがどれだけ地中に貫入するかを測ります．貫入が止まった後，ハンドルに回転を加えてさらに地中にねじ込み，25cm 貫入するのに半回転(180 度)で何回，回転したかを測定し，この結果をもとに地盤の強度を判断します．

●ダルシーの法則

　土試料中の流れが層流であれば，土試料中の流速 v は，動水勾配を i，比例定数である**透水係数**を k とすれば次式で求められますが，これを**ダルシーの法則**といいます．

$$v = ki \qquad [cm/s] \qquad (4.2)$$

なお，当然ですが，透水係数は，粘土より砂質土の方が大きくなります．

●液状化現象

　軟弱な砂質土の場合，**液状化現象**が起こる可能性があります．液状化現象とは，浸透水の上昇によって，普段は砂の粒子間に存在する圧力が失われ，その結果，砂質地盤そのものが水のようになって地盤の支持力がなくなってしまう現象のことをいいます．一般には，粒径が比較的そろっていて地下水位が高いほど発生しやすいといえます．

●土の圧密

　粘土地盤の上に荷重がかかると間隙水がしぼり出され，時間の経過とともに土の体積が収縮（地盤沈下）していく現象を**圧密**といいます．

●杭の設計

　杭に水平力を負担させる設計をする場合，杭頭条件をピンと仮定すると地震時に被害が杭頭付近に集中することがあります．これは，杭頭をピン接合とした場合でも，建物の自重による押さえ効果によって，杭頭に曲げが発生するから（柱頭がピンであっても固定度 0.7 程度の曲げが生じることが実験で確かめられているから）です．

●異種杭の混用

　不同沈下による障害を防止するためにも，異種杭の混用は原則として避けることが望ましいとされています．

●ネガティブフリクション（負の摩擦力）

　打設された杭は，一般にその周辺摩擦力もその支持力の一部として考えていますが，一部の沖積粘土層などの場合，その地盤沈下などによって，図 4-1 に示すように，周辺摩擦力がマイナスの支持力，すなわち，逆に杭荷重の一部として作用することになる現象を**ネガティブフリクション（負の摩擦力）**といいます．

　負の周面摩擦力は**中立点**（杭の変形量と地盤の沈下量が同一になる位置）と呼ばれる位置より上部で発生し，この点より下部では正の摩擦力が杭に作用します．したがって，杭の軸力分布は地表面ではなく中立点で最大となります．

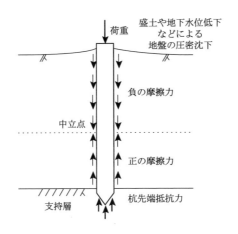

図 4-1　ネガティブフリクション（負の摩擦力）

●杭基礎を設計する際の基本事項

・杭の許容支持力は，地盤の極限支持力と杭体の許容応力度より定まる．
・基礎スラブ底面の地盤の支持力は考慮しない．
・地盤沈下地帯では負の摩擦力の検討を行う．
・液状化の恐れのある地域では摩擦力の大幅な低下を考慮する．

【問題 4.1（地盤調査法）】地盤調査法に関する記述[ア]，[イ]，[ウ]の正誤を答えなさい.

[ア] 標準貫入試験とは，先端がスクリュー状になっているロッドにおもりと載荷用クランプを取り付け，クランプを地面に 1m ねじ込ませるのに要した半回転数（180 度）で地盤を評価する調査方法である.

[イ] 平板載荷試験とは，角状または丸状の板材で地盤に静的な荷重を加えて，地盤の支持力などを確認する調査方法である.

[ウ] スウェーデン式貫入試験とは，63.5±0.5kg のおもりを 76±1cm の高さから落下させ，サンプラーと呼ばれる鉄管を地盤に 30cm 打ち込むのに必要な打撃回数から地盤の支持力を確認する調査方法であり，この打撃回数を N 値という.

（国家公務員 II 種試験）

【解答】[ア]＝誤（これは**スウェーデン式貫入試験**をイメージした記述です. ただし，正しくは，"1m" ではなく，"25cm"です），[イ]＝正（記述の通り，**平板載荷試験**とは，角状または丸状の板材で地盤に静的な荷重を加えて，地盤の支持力などを確認する調査方法です），[ウ]＝誤（これは**標準貫入試験**の記述です）

【問題 4.2（地盤）】地盤に関する記述[ア]～[エ]の正誤を答えなさい.

[ア] 液状化現象とは，地震動などの急激な振動により地盤の間隙水圧が上昇し，土粒子間の摩擦力が減少して，地下水とともに土砂が地上に噴出する現象をいい，地下水面が浅く，締り方の緩い砂質地盤で発生しやすい.

[イ] 水を多く含んだ粘土質地盤が長期間圧力を受けたとき発生する圧密沈下は，土粒子間に含まれる間隙水が徐々に排出され，地盤が沈下していく現象である.

[ウ] 地盤の粘着力，単位体積重量，基礎の深さ，基礎底面の形状が同じ場合，一般に，内部摩擦角が小さいほど地盤の許容支持力は大きくなる.

[エ] 軟弱地盤を貫通して深い硬質地層に支持される長い杭を設計する場合，周囲の地盤の沈下によって生ずる杭周面の摩擦力を考慮する必要がある.

（国家公務員 II 種試験）

【解答】[ア]＝正（記述の通り，**液状化現象**とは，地震動などの急激な振動により地盤の間隙水圧が上昇し，土粒子間の摩擦力が減少して，地下水とともに土砂が地上に噴出する現象をいい，地下水面が浅く，締り方の緩い砂質地盤で発生しやすい），[イ]＝正（記述の通り，水を多く含んだ粘土質地盤が長期間圧力を受けたとき発生する圧密沈下は，土粒子間に含まれる間隙水が徐々に排出され，地盤が沈下していく現象です），[ウ]＝誤（一般に，内部摩擦角が大きくなると**地盤の許容支持力**は大きくなります），[エ]＝正（記述の通り，軟弱地盤を貫通して深い硬質地層に支持される長い杭を設計する場合，周囲の地盤の沈下によって生ず

る杭周面の摩擦力を考慮する必要があります)

【問題 4.3（地盤）】 地盤に関する記述[ア]～[エ]の正誤を答えなさい.

[ア] 液状化現象は, 砂材を用いた埋め立て地, 砂質地盤地などで起きやすい.

[イ] 平板載荷試験は, 載荷板に圧縮力を長時間加え, 時間と圧密量との関係から土の圧密性状を調査するものである.

[ウ] 標準貫入試験による N 値が大きいほど, 土は軟らかい.

[エ] 一軸圧縮試験とは, 円柱形試料土をそのまま上下圧で圧縮せん断する方法で, 粘性土に用いられる.

（国家公務員Ⅱ種試験）

【解答】 [ア]＝正（記述の通り, **液状化現象**は, 砂材を用いた埋め立て地, 砂質地盤地などで起きやすい）, [イ]＝誤（**平板載荷試験**は, 路盤や路床の支持力を評価するために行う試験です）, [ウ]＝誤（N 値が大きいほど, 土は堅い）, [エ]＝正（記述の通り, 一軸圧縮試験とは, 円柱形試料土をそのまま上下圧で圧縮せん断する方法で, 粘性土に用いられています）

【問題 4.4（地盤および基礎構造）】 地盤およびわが国における建築物の基礎構造に関する記述[ア]～[エ]の正誤を答えなさい.

[ア] 砂層は, 粘土層に比べて, 粘着力と内部摩擦角がともに小さい.

[イ] 地盤の許容支持力は, 標準貫入試験の N 値が同じ場合, 一般に, 砂質地盤より粘土質地盤の方が大きい傾向にある.

[ウ] 砂質地盤の液状化は, 粒径が不ぞろいで, 地下水位が低いほど発生しやすい.

[エ] 杭に水平力を負担させる設計をする場合, 一般に, 杭頭はピンとして計算する.

（国家公務員Ⅱ種試験）

【解答】 [ア]＝誤（砂は, 粘土層に比べて, 粘着力は小さく, 内部摩擦角は大きい）, [イ]＝正（記述の通り, **地盤の許容支持力**は, 標準貫入試験の N 値が同じ場合, 一般に, 砂質地盤より粘土質地盤の方が大きい傾向にあります）, [ウ]＝誤（**砂質地盤の液状化**は, 粒径が比較的そろっていて地下水位が高いほど発生しやすい）, [エ]＝誤（**杭に水平力を負担させる設計**をする場合, 杭頭条件をピンと仮定すると地震時に被害が杭頭付近に集中することがあります）

【問題 4.5（地盤および土の種類・性質）】 地盤および土の種類・性質に関する記述[ア]〜[エ]の正誤を答えなさい.

[ア] 標準貫入試験の N 値が同じ場合，砂質土と粘性土の許容支持力はほぼ同じである.

[イ] 透水係数は，粘土より砂質土の方が大きい.

[ウ] 一般に，砂質土では圧密沈下が，粘性土では液状化が問題となりやすい.

[エ] 一般に，内部摩擦角が大きくなると地盤の許容支持力は大きくなる.

（国家公務員 II 種試験）

【解答】 [ア]＝誤（**N 値**が同じであっても，一般に砂質土と粘性土の許容支持力は異なり，粘性土の方が良質な地盤であると判断されます），[イ]＝正（記述の通り，透水係数は，粘土より砂質土の方が大きい），[ウ]＝誤（一般に，**砂質土では液状化**が，**粘性土では圧密沈下**が問題となりやすい），[エ]＝正（記述の通り，一般に，**内部摩擦角**が大きくなると地盤の許容支持力は大きくなります）

【問題 4.6（構造計画および構造設計）】 わが国における建築物の構造計画および構造設計に関する記述 [ア]〜[エ]の正誤を答えなさい.

[ア] 床の積載荷重は，集会室，事務室，住宅の居室のうち，住宅の居室の場合について最も小さく設定できる.

[イ] 建築物の設計用地震力は，通常，第 1 種地盤上に建つ場合の方が，第 3 種地盤上に建つ場合に比べて大きくなる.

[ウ] 一般に，土の内部摩擦角が大きいほど，擁壁の背面に作用する土圧は小さくなる.

[エ] 構造特性係数（D_s 値）とは，建築物の各階の剛性率および偏心率に応じた，必要保有水平耐力の低減係数のことである.

（国家公務員 II 種試験）

【解答】 [ア]＝正（記述の通り，床の積載荷重は，集会室，事務室，住宅の居室のうち，住宅の居室の場合について最も小さく設定できます），[イ]＝誤（**第 3 種地盤は軟らかい地盤**ですので，その上に建つ建築物は揺れやすくなります．それゆえ，設計用地震力は，第 1 種地盤上に建つ場合と比べて，大きくなります），[ウ]＝正（記述の通り，一般に，**土の内部摩擦角**が大きいほど，擁壁の背面に作用する土圧は小さくなります），[エ]＝誤（**構造特性係数** D_s は，建築物の振動減衰性および各階のじん性に応じて**必要保有水平耐力を低減する係数です**）

【問題 4.7（構造設計）】 わが国の建築物における各種構造や地盤調査に関する記述[ア]〜[エ]の正誤を答えなさい.

[ア] 木造建築物の壁量計算において，耐力壁である軸組の倍率（壁倍率）は，同一の壁に異なる複数の仕様を併用する場合，各仕様の倍率の和とすることができるが，和の上限は 5 となっている.

[イ] 平面が長方形の鉄筋コンクリート造建築物の構造計算において，矩形断面の柱の主筋のうち，四隅に配筋されている主筋は，張り間方向およびけた行方向に作用するそれぞれの曲げモーメントに対して，その断面積の半分に相当する部分が有効に働くものとして計算する.

[ウ] 鉄骨造建築物において用いられる高力ボルト摩擦接合の接合面には，すべり係数が 0.35 を上回るように必要な処置を行わなければならない.

[エ] スウェーデン式サウンディング試験とは，地盤に貫入した専用機器のロッド先端から超音波を発生させてその反射波を観測し分析する地盤調査手法である.

（国家公務員総合職試験[大卒程度試験]）

【解答】 [ア]＝正（**壁倍率**とは，建築基準法で定められた耐力壁の持つ強さのことです. 壁の剛性，降伏強度，最大強度，じん性を総合的に考慮して定められた指標であり，国土交通大臣の認定を受けなければ取得することができません. 耐力壁の仕様によって数値は異なり，**壁倍率 5 が上限値**となっています），[イ]＝誤（四隅に配置される主鉄筋は，断面積の 4 分の 3 が有効範囲です），[ウ]＝誤（高力ボルト摩擦接合部の許容せん断応力度は，**すべり係数を 0.45** として定められています），[エ]＝誤（スウェーデン式貫入試験では，スクリューポイントを取り付けたロッドの頭部に 1kN（≒100kgf）まで荷重を加えて，ロッドがどれだけ地中に貫入するかを測ります. 貫入が止まった後，ハンドルに回転を加えてさらに地中にねじ込み，25cm 貫入するのに半回転(180 度)で何回，回転したかを測定し，この結果をもとに地盤の強度を判断します.）

4.2 木構造

●木造軸組工法

木造軸組工法とは，日本で古くから発達してきた伝統工法を簡略化・発展させた工法で，**在来工法**とも呼ばれています（柱・梁・桁・筋交いなど，木製の軸組で家の骨組みをつくる工法のこと）．

①大引き（大曳き）

床下の構成材で，束の上に載り，上部の根太を支える材料のこと．

②束

垂直に立つ部材．床下に使われるものは床束とも言うが，単に束ということも多い．

③つか石

床を支える大引きの下にある垂直材を床束といいますがその床束を支えるもの．

④根太

床板を支える横材のこと．

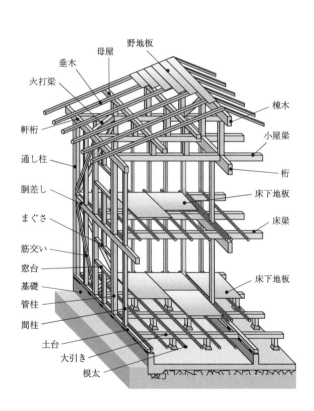

図 4-2 木造軸組工法

⑤胴差し

　木造軸組工法（在来工法）において，2階の床の高さで建物の周りをぐるりと巡る横架材のこと．

⑥通し柱

　1階から2階の上まで1本の木を使った柱のこと．

⑦火打梁

　桁や梁，土台の角などの水平部材に対して45度に入れる構造材のこと．特に，桁と梁を結ぶ火打梁は構造上重要な役目を果たし，桁と梁の水平角を固定するとともに，堅固な水平面を構成します．

●瓦屋根にする場合の屋根勾配

　瓦屋根にする場合の屋根勾配は，一般に 4/10〜5/10 です．ちなみに，材料による屋根勾配には，

瓦＞アスファルトシングル＞金属板

の関係があります．

●和小屋

　屋根を支える構造で，垂直部材である小屋裏（桁[1]から上で屋根の下になる部分．通常，野地板[1]と天井に囲まれた半室内空間を指します）の束と水平部材の母屋で構成された日本式の構造のこと．

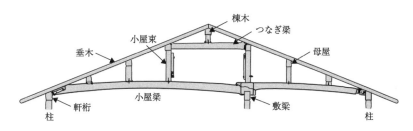

図 4-3　和小屋の小屋組例

---

1) 桁：軒桁ともいい，平面上で長手方向に使われる横木のこと，野地板：屋根下地に張る板

●洋小屋
<ruby>洋小屋<rt>ようごや</rt></ruby>

屋根を支える構造で，垂直部材と水平部材の母屋以外に，方杖と呼ばれる斜め材を用いて三角形のトラスを形成して支える西洋式の構造のこと．

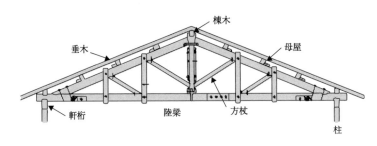

図 4-4　洋小屋の小屋組例

●大壁仕様と真壁仕様

木造軸組工法での壁の納め方には，大壁仕様と真壁仕様の 2 タイプの納め方があります．洋室関係は，構造材の柱が見えないように，壁を柱の外側で仕上る大壁仕様，また，和室は柱の内側で仕上る真壁仕様が基本です．

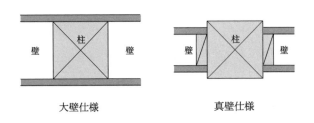

図 4-5　大壁仕様と真壁仕様

●住宅性能表示の耐震等級

建物の強さを表す指標として，品確法の住宅性能表示での耐震等級があります．最低の基準として建築基準法の範囲内を等級 1（数百年に 1 度程度発生する地震力に対して倒壊・崩壊等しない程度），建築基準法の 1.25 倍の強さを等級 2，建築基準法の 1.5 倍の強さを等級 3 として，3 段階の耐震等級が設けられています．

建築基準法の壁量計算では，建物の規模に応じて**耐力壁**が必要です．すなわち，横からかかる，地震時に発生する水平力（地震力）および台風時に発生する水平力（風圧力）に建物が耐えられるように，建物の床面積（地震力）および外壁の見付面積の大きさ（風圧力）に応じて耐力壁が必要になります．地震力と風圧力の，それぞれに必要な壁量の多い方（安全側）の壁量が必要です．

●1階がRCで2階を木造とした場合

　地上2階建ての建築物において，1階を鉄筋コンクリート造，2階を木造とした場合，**各階がそれぞれの構造に関する規定を満足する**ようにします．

【問題4.8（在来木造）】図（問題4-8）は在来木造の切妻の小屋組です．図中のA，B，Cの部材の名称を答えなさい．

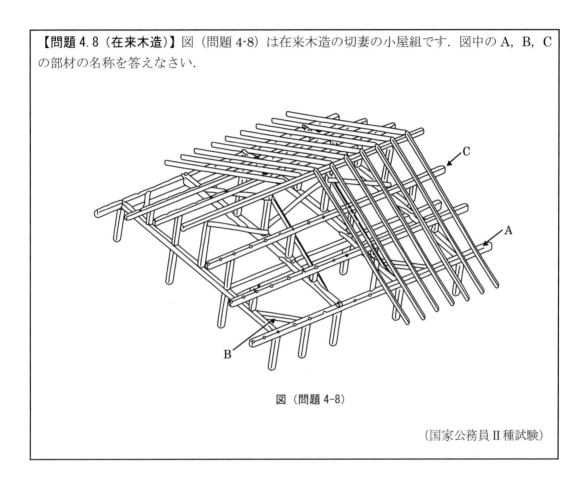

図（問題4-8）

（国家公務員Ⅱ種試験）

【解答】A＝軒桁，B＝火打梁，C＝母屋

【問題 4.9（木構造）】 木構造に関する記述［ア］～［オ］の正誤を答えなさい.

［ア］軸組工法の小屋梁には，引張応力はかかっているが，曲げ応力はかからない.

［イ］耐力壁の壁量にあたっては，見付面積から算定する.

［ウ］大壁は，壁の仕上面を柱面より後退して取り付ける.

［エ］瓦屋根にする場合，勾配は一般に 1/100 である.

［オ］筋かいは，地震力や風圧力等の水平力による変形を防ぐための部材である.

（国家公務員Ⅱ種試験）

【解答】［ア］＝誤（軸組工法の小屋梁には，曲げ応力も作用します），［イ］＝誤（見付面積から算定するは風圧力です. 地震力は建物の床面積に応じて算定します），［ウ］＝誤（柱の内側で仕上るのは**真壁仕様**です），［エ］＝誤（**瓦屋根にする**場合の屋根勾配は，一般に 4/10～5/10 です），［オ］＝正（記述の通り，**筋かいは，地震力や風圧力等の水平力による変形を防ぐための部材**です）

【問題 4.10（木構造）】 建築物の木構造に関する記述［ア］～［エ］の正誤を答えなさい.

［ア］軸組構造において，和小屋はトラス構造により，洋小屋は単純梁構造により，荷重が伝達される.

［イ］集成材は湾曲した部材を自由に製造できるので，集成材構造では曲線や曲面を構成しやすい.

［ウ］火打梁は，桁と梁の水平角を固定し，堅固な水平面を構成するために用いられる.

［エ］束を立てる床組において，床束は大引きを支え，直下に設けられた束石を通して床荷重を地盤に伝える.

（国家公務員Ⅱ種試験）

【解答】［ア］＝誤（**トラス構造は洋小屋**です），［イ］＝正（記述の通り，**集成材**は湾曲した部材を自由に製造できるので，集成材構造では曲線や曲面を構成しやすい），［ウ］＝正（記述の通り，**火打梁**は，桁と梁の水平角を固定し，堅固な水平面を構成するために用いられます），［エ］＝正（記述の通り，束を立てる床組において，**床束**は大引きを支え，直下に設けられた束石を通して床荷重を地盤に伝えます）

4.3　鉄筋コンクリート構造

●鉄筋コンクリート造（RC 造）の特徴

　鉄筋コンクリート造は，圧縮力に強いコンクリートと引張力に強い鉄筋を組み合わせた構造です[2]．耐震性・耐火性・耐久性に優れ，自由度の高い設計に適しています．8 階建てまでが多く，高層になるほど下層階の柱が太くなります（下の階ほど部屋が少し狭くなります）．標準スパンは 5〜8m，経済スパンは 6〜7m とされますが，高強度材料の使用などで長辺方向スパンは 10m 程度なら可能です．

　構造躯体としての重量が大きいため，大きな耐力の支持地盤が必要になります．また，コンクリートの強度によって建物自体の強度が大きく違ってくるため，施工管理を厳しく行う必要があります．

●ラーメン構造と壁式構造

　鉄筋コンクリート造には**ラーメン構造**と**壁式構造**の 2 種類の形式があります．

(1) ラーメン構造

　ラーメン構造は，柱と梁の接合部を剛接合とした構造です．設計の自由度が高く，広い開口部や大空間も可能です．柱の位置さえ揃えておけば，各階全く違ったプランでも対応できます．しかし，通常は柱や梁が室内に出ますので，狭く感じたり，家具を置くのに邪魔にもなります（室内に柱型や梁型が見えるケースが多いので，視覚的に気になることもあります）．そこで，最近はアウトフレームといって，柱をバルコニー側に出したり，廊下側に出したりします．**ラーメン式の良い点は，プランがたてやすく，将来の間取りの変更も壁式より自由にできること**です

(2) 壁式構造[3]

　壁式構造とは，柱梁がなく，壁により，支えられる構造であり，**通常は 5 階建てまでの建物に採用**されます．この構造を採用するには鉄筋コンクリートの壁が多いことが必要であり，結果として地震に強い構造となっています[4]．また，室内に柱や梁の形が出てこないため，**室内を有効に使えます（すっきりとしたインテリア空間を実現できます）**．一方，短所としてはコンクリートの量が増えるため，建設コストが上がること，また，設計に自由度が少なく外観は箱型になり，**室内にもコンクリートの壁が出てくるため，間取りに制約を受け，将来に改築リフォームがしづらいことです．また，窓など開口部の大きさも制約**されます．

---

2) コンクリートの線膨張係数（熱膨張率，熱膨張係数）は，一般鋼材の値と同じく $1.0 \times 10^{-5}(1/℃)$ です．

3) 地上階数は 5 以下，軒の高さは 16m 以下，各階の階高は 3m 以下です．

4) 鉄筋コンクリート造の壁式構造は，ラーメン構造に比べて変形能力が小さく，地震に対して主として強度にたよる構造です．コンクリートの設計基準強度は $18N/mm^2$ 以上とします．

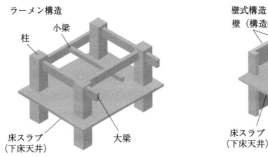

図 4-6 ラーメン構造と壁式構造

●壁式ラーメン構造

　ラーメン構造と壁式構造の特徴をうまく組み合わせた折衷型の骨組のこと．ラーメン構造は，壁のない広い空間ができますが柱型が出っ張り，壁式構造は，柱型（柱の出っ張り）は出ませんが耐力壁が室内に必要ですので，空間の自由度は低下します．そこで，平べったい柱を使って構成することで，両方のデメリットを減らし，メリットを採り入れた構法が**壁式ラーメン構造**と呼ばれるものです．改めて要点を以下に整理します．

①壁式ラーメン鉄筋コンクリート造は，けた行方向が偏平な壁状の柱と梁からなる壁式ラーメン，張り間方向[5)]がそれぞれの架構が最下階から最上階まで連続している耐力壁で構成された構造です．

②地階を除く階数が 15 以下で，かつ，軒の高さは 45m 以下とします．

●プレキャストコンクリート工法

　コンクリートパネル（PC 板）を組み合わせて建物を構成する工法のこと．引張力に耐えるハイテンションボルトで接合し，その隙間にモルタルを充填して一体構造とします．

●鉄骨鉄筋コンクリート造（SRC 造）

　鉄骨鉄筋コンクリート造（SRC 造）は，鉄骨の骨組みのまわりに鉄筋を配置し，コンクリートで一体化した構造です．最も強度が高く，耐火性・耐久性・耐震性に優れています．高層マンションで，強度的に RC 造では無理な場合に用いられます．欠点は，最も工期が長く，工事費も高くつくことです．そのため，上層階の一部を RC 造にすることもあります．

●耐力壁と耐震壁

　建築物において，地震や風などの水平荷重に抵抗する能力をもつ壁のことを**耐力壁**といいますが，鉄筋コンクリート造の場合には，耐力壁とほぼ同じ意味を表す**耐震壁**が用いられています．ちなみに，耐震壁の壁板の厚さは 120mm 以上で，かつ，壁板の内法高さの 1/30 以上とします．

---

5) 張り間：一般にはスパンと同じ意味に使われますが，木造建築物では，けた行方向に対して張り間方向というように，棟と直角な方向の建物の幅をいう場合もあります．

●壁量（壁式鉄筋コンクリート造）

耐力壁の長さの合計(mm)を，当該階の壁量算定用床面積（m²）で除した数値のこと．

●壁倍率

壁倍率とは，建築基準法で定められた耐力壁の持つ強さのことです．壁の剛性，降伏強度，最大強度，じん性を総合的に考慮して定められた指標であり，国土交通大臣の認定を受けなければ取得することができません．耐力壁の仕様によって数値は異なり，**壁倍率5が上限値**となっています．

●主筋

・梁の材軸方向に入れる鉄筋のことであり，主に曲げモーメントを負担します．
・主要な梁は，全スパンにわたり複鉄筋とします．

●補助筋

鉄筋を組み立てるときに位置を正しく保ち，コンクリート打設に際しても鉄筋が動かないよう，補助的に使う鉄筋を**補助筋**といいます．

●鉄筋コンクリート柱の主筋

・コンクリート全断面積に対する主筋全断面積の割合は0.8%以上とします．
・主筋を増すと強度は強くなりますが，じん性（粘り強さ）は小さくなります．じん性を確保するには，帯筋等によってせん断強度を増加させます．

●鉄筋の長期許容応力度（目的）

鉄筋の長期許容応力度は，「引張側コンクリートのひび割れ幅の拡大防止」と「降伏点に対する一定の安全率の確保」という目的で定められています．

●圧縮側鉄筋

鉄筋コンクリート造の梁において，圧縮側の鉄筋量を増加させることは，**クリープによるたわみを小さくする効果**があります．

●帯筋（フープ）とあばら筋（スターラップ）

いずれもせん断補強筋としてせん断力に抵抗しますが，柱に配置されたものを帯筋（フープ），梁に配置されたものをあばら筋（スターラップ）といいます．

●帯筋（フープ）の役割

・コンクリートとともにせん断力に抵抗します．
・コンクリートの拘束，主筋の座屈防止によって，強度・じん性を増加させます．

●あばら筋（スターラップ）の役割

・梁の主筋を囲む鉄筋（**せん断補強筋**）のことであり，コンクリートとともにせん断力を負担します．

・密に入れることで，粘りをもたせ（曲げ破壊を先行させ），せん断破壊しないようにします．

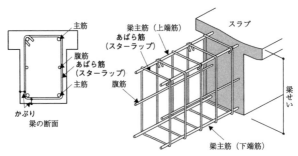

図 4-7　あばら筋（スターラップ）

●せん断補強筋比 p_w

せん断補強筋比は，0.2%以上とします．

$$p_w = \frac{a_w}{b \cdot x} \times 100 \quad (\%) \geqq 0.2\%$$

ここに，a_w：1組のせん断補強筋の断面積，b：梁の幅，x：せん断補強筋の間隔

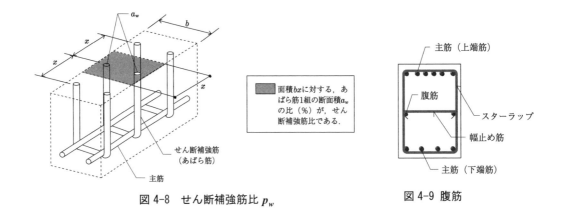

面積 bx に対する，あばら筋1組の断面積 a_w の比（%）が，せん断補強筋比である．

図 4-8　せん断補強筋比 p_w

図 4-9　腹筋

●腹筋

腹筋とは，コンクリートの梁せいが 600mm 以上となる場合，スターラップが平行四辺形状に変形するため，それを防止するために梁の上下の主筋と平行に梁成の腹に入れる鉄筋のことです．ちなみに，腹筋の間に架け渡す水平補助筋を**幅止め筋**といいます．

●梁せい

梁せいは，たわみの影響などを考慮してスパンの **1/10** 程度とします．

●せん断スパン比

せん断力が一定と見なせることができる区間の長さが**せん断スパン**で，せん断スパンを断面の有効せいで除したものを**せん断スパン比**といいます．

●鉄筋に対するコンクリートのかぶり厚さ

鉄筋のかぶり厚さは，あばら筋あるいは帯筋の表面からこれを被覆するコンクリートの表面までの距離のうち最も小さい値をいいます．鉄筋に対するコンクリートのかぶり厚さは，コンクリート部材の耐久性，耐力性能，耐火性能に影響をもつ重要な要素で，建築基準法では，かぶり厚さを **3cm** 以上とすることが定められています．ちなみに，コンクリートの中性化を遅らせる最も単純で効果的な方法は，コンクリート表面から鉄筋までの距離（かぶり厚さ）を大きくすることです．

●つり合い鉄筋比

鉄筋コンクリートの梁において，圧縮側と引張側が同時に最大耐力に達する場合の引張鉄筋比を**つり合い鉄筋比**といいます．

●異形鉄筋の SD295A

295 の数値は降伏点を表しています．SD295 には SD295A（溶接接合を前提としないため，化学成分の規格がありません）と SD295B（化学成分の規格があり，溶接性が確保されています）があります．ちなみに，SD345 は化学成分の規格があり，溶接性が確保されています．なお，SD は Steel Deformed Bar，丸鋼の SR は Steel Round Bar の略記です．

●柱の最小径と主要支点間距離の比

・普通コンクリートを用いた場合，柱の最小径は主要支点間距離の 1/15 以上とします．
・軽量コンクリートを用いた場合，柱の最小径は主要支点間距離の 1/10 以上とします．

●靭性

靭性とは"ねばり強さ"を表し，**柱の靭性は一般に圧縮軸力が増大するほど低下します**．

●ぜい性破壊

破壊に至るまでにほとんど塑性変形をともなわずに，パキっと割れてしまう破壊のこと．亀裂は高速に伝搬し，破面は平滑なのが特徴です．ガラスや陶器などのぜい性材料はもちろん，通常は延性破壊を起こす金属材料でも低温ではぜい性破壊を起こすこともあります．柱であれば，破壊直前まで外観は変わりなく，破壊直前にかぶりコンクリートが剥落し，急激に耐荷力を失う破壊であるということができます．

●柱の設計

- コンクリートの全断面積に対する主筋全断面積の割合は 0.8％以上とします.
- 帯筋は主筋の座屈を防止します. また, コンクリートとともにせん断力に抵抗し, コンクリートを拘束して強度とじん性を増加させます.
- 帯鉄筋比は 0.2％以上とします.
- ねばり強さを確保するために, 短柱としない（垂れ壁や腰壁をつけない）.

●柱の長期許容せん断力

柱の長期許容せん断力の算定においては, 一般に, せん断ひび割れの発生を許容せず, 帯筋や軸圧縮応力度の効果を無視します.

●柱の短期許容せん断力

帯筋比を大きくすると, 一般に, 短期許容せん断力は大きくなります.

●圧縮力を受ける鉄筋コンクリート柱

- 水平力を受ける柱は, **圧縮軸力が増大するほど, 変形能力が小さくなり, じん性が低下します.**
- **圧縮力が大きくなると, せん断耐力は大きくなります.**
- 圧縮力が増大するほど曲げ耐力は増加します（ただし, ある程度以上になると曲げ耐力も減少します）.
- 圧縮力を受ける柱において, 主筋の圧縮応力度は, コンクリートのクリープによって徐々に増加します.

●梁の設計

- あばら筋を密にすると, 梁にねばり強さを持たせることができます.
- あばら筋比は 0.2％以上とします.
- 梁せいは一般にスパンの 1/12〜1/10 程度とします.

●梁の許容曲げモーメント M

梁の許容曲げモーメント M は, 次式で求めることができます.

$$M = a_t(引張鉄筋の断面積) \times f_t(鉄筋の許容引張応力度) \times \frac{7}{8}d(応力中心距離)$$

ただし, $d =$ 梁の有効せい（梁せいから引張側主筋のかぶり厚を引いたもの）

●梁の終局曲げモーメント M_u

梁の終局曲げモーメント M_u は, 次式で求めることができます.

$$M_u = 0.9 \times a_t(引張鉄筋の断面積) \times \sigma_y(引張鉄筋の材料強度) \times d(梁の有効せい)$$

●**梁の圧縮鉄筋**

　梁の圧縮鉄筋は，一般に，**クリープによるたわみの抑制，地震に対するじん性の確保**に効果があります．

［その他の柱・梁に関する重要事項］

●コンクリートに対する鉄筋のヤング係数比 n は，一般にコンクリートの設計基準強度が高くなるほど小さくなる．

●柱および梁のじん性を確保するために，部材がせん断破壊する以前に曲げ降伏するように設計する．

●柱は，断面のせいに対する長さの比の小さい柱（太短い柱）は，曲げせん断強度は大きくなるが，粘り強さは小さくなる．

●梁に設ける設備用の円形の貫通孔は，梁せいの 1/3 以下とする．

●異形鉄筋を主筋とする柱において，脆性的な破壊形式である付着割裂破壊を避けるため，柱の断面の偶角部に径の細い鉄筋を配置することが望ましい．

●柱梁接合部内の帯筋は，柱の帯筋と異なり，せん断補強筋として接合部のせん断強度を上昇させる効果がほとんど期待できない．

●地震時に水平力を受ける柱の曲げひび割れは，曲げ応力の大きい柱の頭部・脚部に発生しやすい．

●柱に垂れ壁や腰壁が接続していると，脆性的な破壊が生じやすい．

●鉄筋コンクリート造の梁において，圧縮側の鉄筋量を増大させることは，クリープによるたわみを小さくする効果がある．

［床の設計（鉄筋コンクリート造）に関する重要事項］

●床スラブは積載荷重を支えるのみならず，水平荷重を梁や柱に伝達する重要な役割を担っている．

●床スラブの長期たわみは，乾燥収縮・ひび割れ・クリープの影響で増大する．

●片持ちスラブの厚さ t は，短辺の有効スパンを ℓ_x(mm) とした場合，$t = \ell_x/10$ かつ 80mm 以上である．

●スラブの厚さは，8cm 以上とし，かつ，短辺方向における有効張り間長さの 1/40 以上とする．

●スラブの厚さが定められているのは，スラブの剛性が不足すると，過大なたわみ・ひび割れ・振動障害などが生じるからである．

●梁部材における鉄筋のコンクリートに対する許容付着応力度は，下端筋より上端筋の方が小さい．これは，コンクリートの沈降現象によって，上端筋では鉄筋下端でのコンクリートの付着が悪いからである．

●型枠の存置期間

コンクリートの圧縮強度による場合，セメントの種類および気温に関係なく，基礎，はりの側板，柱と壁のせき板の存置期間は，コンクリートの圧縮強度が $5N/mm^2$ 以上になるまでです．

●支保工の存置期間

(1)コンクリートの圧縮強度による場合

・スラブ下

セメントの種類および気温に関係なく，圧縮強度が設計基準強度の 85 ％以上または $12N/mm^2$ 以上であり，かつ，施工中の荷重および外力について，構造計算により安全であることが確認されるまでと規定されています．

・梁下

圧縮強度が設計基準強度以上であり，かつ，施工中の荷重および外力について，構造計算により安全であることが確認されるまでとなっています．

(2)コンクリートの材齢による場合

・スラブ下

セメントの種類が普通ポルトランドセメントの場合には，存置期間の平均気温が 15℃以上で 17 日，5℃以上で 25 日，0℃以上で 28 日となります．

・梁下

セメントおよび気温に関係なく 28 日です．

●コンクリートの養生

・コンクリートは打込み後，十分な水分を与え，適温に保ち，振動や衝撃を与えないように養生を行います．

・打込み後の養生期間に，コンクリートが凍結するおそれのある場合に施工するコンクリートには，AE 剤または AE 減水剤を使用します．

●鉄筋コンクリート造の保有水平耐力計算

鉄筋コンクリート造の保有水平耐力計算の内容は，以下の通りです．

①許容応力度計算（1 次設計），層間変形角の計算をする場合，標準せん断力係数 C_0 は 0.2 以上として地震力を求める．

②水平耐力が必要保有水平耐力（建築物に要求される最終的な水平力）以上であるか否かの確認計算をする場合，標準せん断力係数 C_0 は 1.0 以上として地震力を求める．

［耐震設計に関する重要事項］

●階数が 1 以下，延べ面積が 200m² 以下は，構造計算が不要である．

●高さが 60m を超える場合は，大臣が認める構造計算による．

●耐震計算ルート 1 （高さ 20m 以下の比較的小規模な建築物が対象）において，耐力壁の設

計用せん断力は 1 次設計（許容応力度計算）用地震力により耐震壁に生じるせん断力の **2 倍以上**の値とする．

●耐震計算ルート 2 （高さ 31m 以下の鉄筋コンクリート造の構造物が対象）において，柱や耐震壁のせん断設計の検討および剛性率・偏心率の算定のほかに，塔状比の検討を行う．剛性率（≧6/10）・偏心率（≦15/100）・塔状比（≦4）が満足しない場合は，保有水平耐力を確認しなければならない．

●耐震計算ルート 3 は，1 次設計・層間変形角（≦1/200）の検討を行うほか，建築物の各階の保有水平耐力を検討することにより，大地震時の地震動に対する安全性を確認するものである．塔状比が 4 を超える場合は，基礎杭の圧縮方向および引き抜き方向の極限支持力を算定することによって，建築物が転倒しないことを確認する．

［鉄筋コンクリート造（耐震壁）の設計上の留意点］

●壁厚は **120mm** 以上かつ壁板の内法高さの **1/30 以上**とする．

●壁板の厚さが **200mm** 以上ある場合は，壁筋を**複配筋**とする．

●壁板のせん断補強筋比は，直交する各方向に関してそれぞれ **0.25％以上**とする．

●耐震計算ルート 1 の適用を受ける建築物における，耐力壁の設計用せん断力は，1 次設計用地震力により耐力壁に生ずるせん断力の **2 倍以上**の値とする．

［プレストレストコンクリート構造の重要事項］

●プレストレスの導入方法には，現場で導入する**ポストテンション方式**とプレストレスを導入した部材を現場で組み立てる**プレテンション方式**がある．

●プレストレストコンクリート造に用いられる緊張材は，鉄筋の 2〜4 倍の引張強度を有し，応力ひずみ曲線も明瞭な降伏点を示さないという機械的性質がある．

●プレストレストコンクリート部材に導入されたプレストレス力は，コンクリートのクリープや PC 鋼棒のリラクゼーション等により，時間の経過とともに減少する．

●プレテンション方式は，ポストテンション方式の場合より，コンクリートの設計基準強度が高く設定されている．

●プレストレストコンクリート構造は，一般に，鉄筋コンクリート構造と比べて，大きなスパンが可能である．

【**問題 4.11（鉄筋コンクリート構造）**】鉄筋コンクリート構造におけるコンクリートと鉄筋の関係に関する記述[ア]〜[エ]の正誤を答えなさい．

[ア] コンクリートはアルカリ性であることから，鉄筋の錆を防ぐ効果がある．
[イ] コンクリートの温度による長さの変化の割合は，鉄筋の約 5 分の 1 である．
[ウ] コンクリートは主に圧縮に抵抗し，鉄筋は主に引張りに抵抗する．
[エ] コンクリートと鉄筋の付着性状を確保するため，鉄筋には丸鋼が用いられることが多い．

(国家公務員 II 種試験)

【**解答**】[ア]＝正（記述の通り，コンクリートはアルカリ性であることから，鉄筋の錆を防ぐ効果があります），[イ]＝誤（コンクリートと鉄筋の**線膨張係数**はほぼ等しい），[ウ]＝正（記述の通り，コンクリートは主に圧縮に抵抗し，鉄筋は主に引張りに抵抗します），[エ]＝誤（丸鋼ではなく"**異形鉄筋（異形棒鋼）**"が正しい）

【**問題 4.12（構造形式）**】構造形式に関する記述[ア]〜[エ]の正誤を答えなさい．

[ア] ラーメン構造の場合，一般に，各部材の応力は軸力だけとなる．
[イ] ラーメン構造の場合，一般に，柱型や梁型がないため内部空間を効率よく利用できる．
[ウ] 壁構造の場合，一般に，壁量の多い集合住宅などへの適用が有利である．
[エ] 壁構造の場合，一般に，スパンを広げる計画に有利である．

(国家公務員 II 種試験)

【**解答**】[ア]＝誤（**ラーメン構造**ですから，"各部材の応力は軸力だけ"という記述は明らかに誤りです），[イ]＝誤（**ラーメン構造**は，通常，柱や梁が室内に出ますので，狭く感じたり，家具を置くのに邪魔にもなります），[ウ]＝正（記述の通り，**壁構造**の場合，一般に，壁量の多い集合住宅などへの適用が有利です），[エ]＝誤（**ラーメン構造**の方が，プランがたてやすく，将来の間取りの変更も壁式より自由にできます）

【**問題 4.13（鉄筋コンクリート造）**】鉄筋コンクリート造に関する記述[ア]〜[オ]の正誤を答えなさい.

[ア] フープは柱主筋の座屈防止とせん断補強，スターラップははりに生ずる引張力に対する補強が主な目的である.

[イ] 柱とはりの接合部を一体化するには，十分な長さのはり主筋を柱内に定着させる必要がある.

[ウ] 北海道と日本海側以外の地域で陸屋根の構造計算を行う場合は，積雪荷重は考慮しなくてもよい.

[エ] 大ばり主筋の上端筋をガス圧接する場合は，はり端部とするのが一般的である.

[オ] 通常，鉄筋コンクリート造は鉄骨造に比べて，工期が長く，建物重量が大きくなる場合が多い.

（国家公務員Ⅱ種試験）

【**解答**】[ア]＝誤（**フープ**と**スターラップ**はいずれもせん断補強筋としてせん断力に抵抗しますが，柱に配置されたものをフープ，梁に配置されたものをスターラップといいます），[イ]＝正（記述の通り，柱とはりの接合部を一体化するには，十分な長さのはり主筋を柱内に定着させる必要があります），[ウ]＝誤（**積雪荷重**は，多雪区域では**長期荷重**として，それ以外の区域では**短期荷重**として扱っています），[エ]＝誤（**継手位置**は，常時荷重に対する応力の小さい位置とします．大ばりの両端部には比較的大きな曲げモーメントが作用しますので，この記述は誤りです），[オ]＝正（記述の通り，通常，鉄筋コンクリート造は鉄骨造に比べて，工期が長く，建物重量が大きくなる場合が多い）

【**問題 4.14（鉄筋コンクリートの耐久性）**】鉄筋コンクリートの耐久性に関する記述［ア］〜[エ]の正誤を答えなさい.

[ア] 単位水量が減少すると乾燥収縮率は大きくなる傾向がある.

[イ] 乾燥収縮によるひび割れの低減の観点から，単位セメント量をできるだけ少なくすることが望ましい.

[ウ] 塩害や凍結融解作用に対しては，水セメント比の小さいコンクリートほど抵抗性が大きくなる.

[エ] 沈みひび割れの発生防止の観点から，ブリージング量は仕上げのしやすさを妨げない範囲内で，できるだけ多くすることが望ましい.

（国家公務員Ⅱ種試験）

【**解答**】[ア]＝誤（単位水量が減少すると**乾燥収縮**は小さくなります），[イ]＝正（**単位セメント量**が減少すると乾燥収縮は小さくなります），[ウ]＝正（記述の通り，塩害や凍結融解作

用に対しては，水セメント比の小さいコンクリートほど抵抗性が大きくなります），[エ]＝誤（**ブリージング**によって，コンクリートの上面にレイタンスといわれる弱い層ができたり，鉄筋下端に空隙ができますので，AE 剤などの混和剤を用いて防止します）

【問題 4.15（鉄筋コンクリート造）】鉄筋コンクリート造建築物の設計に関する記述[ア]～[エ]の正誤を答えなさい．

[ア] 鉄筋コンクリート造の梁の主筋の設計では，主にせん断力が作用するときに断面内に発生する引張力を負担するように算定する．

[イ] 梁の腹筋，幅止め筋などの補助筋は，コンクリートを拘束して梁のねばり強さを高める効果を有するため，構造計算の対象としなければならない．

[ウ] 梁に曲げモーメントが作用したとき，引張鉄筋の応力度が許容引張応力度に達するときの曲げモーメントと，圧縮側最外縁のコンクリートの応力度が許容圧縮応力度に達するときの曲げモーメントのうち，小さい方の曲げモーメントがこの梁の許容曲げモーメントとなる．

[エ] 鉄筋のかぶり厚さは，あばら筋あるいは帯筋の表面からこれを被覆するコンクリートの表面までの距離のうち最も小さい値をいう．

(国家公務員Ⅱ種試験)

【解答】[ア]＝誤（**主筋は主に曲げモーメントを負担する**ためのものです），[イ]＝誤（腹筋や**幅止め筋**などの補助筋は，スターラップが平行四辺形状に変形するのを防止するために入れます），[ウ]＝正（記述の通りです），[エ]＝正（記述の通り，**鉄筋のかぶり厚さは**，あばら筋あるいは帯筋の表面からこれを被覆するコンクリートの表面までの距離のうち，最も小さい値をいいます）

【問題 4.16（鉄筋コンクリート造）】鉄筋コンクリート構造に関する記述[ア]～[エ]の正誤を答えなさい．

[ア] 鉄筋に対するコンクリートのかぶり厚さは，コンクリート部材の耐久性，耐力性能，耐火性能に影響をもつ重要な要素である．

[イ] 床スラブは積載荷重を支えるのみならず，水平荷重を梁や柱に伝達する重要な役割を担っている．

[ウ] 柱に垂れ壁や腰壁が接続していると，その柱は剛性が高くなり，せん断破壊が生じにくい．

[エ] 梁は原則として両端での曲げ破壊がせん断破壊に先行するよう設計する．

(国家公務員Ⅱ種試験)

【**解答**】[ア]＝正（記述の通り，鉄筋に対するコンクリートのかぶり厚さは，コンクリート部材の耐久性，耐力性能，耐火性能に影響をもつ重要な要素です），[イ]＝正（記述の通り，床スラブは積載荷重を支えるのみならず，水平荷重を梁や柱に伝達する重要な役割を担っています），[ウ]＝誤（柱に**垂れ壁**や**腰壁**が接続していると，脆性的な破壊が生じやすくなります），[エ]＝正（記述の通り，梁は原則として両端での曲げ破壊がせん断破壊に先行するよう設計します）

【**問題** 4.17（**コンクリート**）】コンクリートに関する記述[ア]〜[エ]の正誤を答えなさい．

[ア] 鉄筋コンクリート構造において，コンクリート中の塩化物は，コンクリート自体に対しては特に問題とはならないが，塩分量が一定量を超えると鉄筋の腐食が急激に進行する原因となる．

[イ] 大断面のコンクリートは，水和熱が蓄積し，冷却時において収縮ひび割れを生じやすいため，中庸熱ポルトランドセメントを用いた．

[ウ] コンクリートにAE剤を混和すると，内部に空気泡が一様に分布して流動性が向上し，スランプは小さくなる．

[エ] コンクリートは，養生期間の初期に大気中に放置して乾燥させると，強度の増進が高まる．

(国家公務員Ⅱ種試験)

【**解答**】[ア]＝正（記述の通り，鉄筋コンクリート構造において，コンクリート中の塩化物は，コンクリート自体に対しては特に問題とはならないが，塩分量が一定量を超えると鉄筋の腐食が急激に進行する原因となります），[イ]＝正（記述の通り，大断面のコンクリートは，水和熱が蓄積し，冷却時において収縮ひび割れを生じやすいため，中庸熱ポルトランドセメントを用います），[ウ]＝誤（流動性が向上して，**スランプ**は大きくなります），[エ]＝誤（打ち込み後の一定期間を硬化に必要な湿度に保ち，有害な作用の影響を受けないようにしますが，この作業を**養生**といいます）

【問題 4.18（鉄筋コンクリート造）】 わが国における建築物の鉄筋コンクリート造に関する記述[ア]～[エ]の正誤を答えなさい.

[ア] 一般に，柱や壁は，せん断補強筋比が大きいほど粘り強さが大きくなる.

[イ] 柱のせん断破壊の防止のためには，せん断スパン比の小さい短柱とすることが効果的である.

[ウ] 柱や梁，耐力壁においては，鉄筋に対するコンクリートのかぶり厚さを 2cm 以上確保する.

[エ] 異形鉄筋「SD295A」の数値「295」は引張り強さを示している.

(国家公務員Ⅱ種試験)

【解答】[ア]＝正（記述の通り，一般に，柱や壁は，せん断補強筋比が大きいほど粘り強さが大きくなります），[イ]＝誤（**ねばり強さ**を確保するためには，短柱としない方が良い），[ウ]＝誤（**かぶり厚さは 3cm 以上**を確保しなければなりません），[エ]＝誤（引張り強さではなく，降伏点を表しています）

【問題 4.19（鉄筋コンクリート構造）】 わが国における鉄筋コンクリート構造に関する記述[ア]～[エ]の正誤を答えなさい.

[ア] 構造設計においては，一定範囲内であばら筋量を増加させることにより，梁のせん断強度を大きくすることができる.

[イ] 鉄筋を組み立てるときに位置を正しく保ち，コンクリート打設に際しても鉄筋が動かないよう，補助的に使う鉄筋を補助筋という.

[ウ] 梁に作用する引張力を負担するのは引張側の鉄筋であるため，主要な梁において圧縮側に鉄筋を配置する必要はない.

[エ] 鉄筋に対するコンクリートのかぶり厚さは，部材の耐火性の向上のために必要なものであり，耐久性の向上には寄与しない.

(国家公務員一般職種試験)

【解答】[ア]＝正（**あばら筋**は主筋を囲む鉄筋のことであり，コンクリートとともにせん断力を負担します. それゆえ，一定範囲内であばら筋量を増加させることにより，梁のせん断強度を大きくすることができます），[イ]＝正（記述の通り，鉄筋を組み立てるときに位置を正しく保ち，コンクリート打設に際しても鉄筋が動かないよう，補助的に使う鉄筋を**補助筋**といいます），[ウ]＝誤（圧縮側と引張側に鉄筋を配置した梁を**複筋梁**といいます. 構造耐力上，主要な梁は複筋梁としなければなりませんが，これは圧縮鉄筋が一般に長期荷重によるクリープのたわみ抑制，地震時に対する靭性の確保に効果があるからです），[エ]＝誤（鉄筋

のかぶり厚さは，部材の耐火性だけでなく，中性化によって耐久性が低下しないためにも必要です．また，鉄筋とコンクリートの付着強度を確保するためにも必要なものです）

【問題 4.20（建築構造設計）】一般的な 6，7 階程度のラーメン式鉄筋コンクリート造の建物に関する記述[ア]～[エ]の正誤の組み合わせとして，最も妥当なものを解答群から選びなさい．

[ア] 1 階の梁の断面の大きさは，せいがスパンの 1/8～1/10 程度，幅がせいの 1/2 程度である．

[イ] 1 階の柱径は，スパンの約 1/30 程度である．

[ウ] 4 辺固定の床スラブの厚さは，12～18cm 程度である．

[エ] 耐震壁の壁厚は，15～21cm 程度である．

	[ア]	[イ]	[ウ]	[エ]
1.	正	正	誤	正
2.	正	正	誤	誤
3.	正	誤	正	正
4.	誤	正	正	正
5.	誤	誤	正	正

（国家公務員 II 種試験）

【解答】柱の最小径と主要支点間距離の比は，「普通コンクリートを用いた場合，柱の最小径は主要支点間距離の 1/15 以上」，「軽量コンクリートを用いた場合，柱の最小径は主要支点間距離の 1/10 以上」です．それゆえ，[イ]は誤となります．[イ]が誤となっているのは 3 と 5 ですが，1 の記述（1 階の梁の断面の大きさは，せいがスパンの 1/8～1/10 程度，幅がせいの 1/2 程度である）は正しいことから，この問題の正解は 3 となります．

【問題 4.21（鉄筋コンクリート造）】 図Ⅰのように集中荷重 P を受ける鉄筋コンクリート造の架構について，その架構の各断面 A−A'〜E−E'における主筋の位置を図Ⅱに示した．図Ⅱに示した断面のうちから，妥当なもののみを選び出しているものを[ア]〜[オ]から選びなさい．ただし，架構における各部材の自重は無視するものとします．

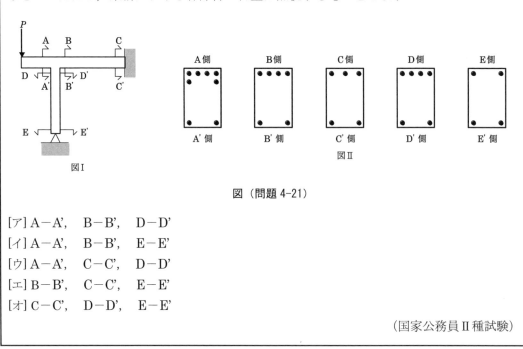

図（問題 4-21）

[ア] A−A'， B−B'， D−D'
[イ] A−A'， B−B'， E−E'
[ウ] A−A'， C−C'， D−D'
[エ] B−B'， C−C'， E−E'
[オ] C−C'， D−D'， E−E'

（国家公務員Ⅱ種試験）

【解答】 引っ張り側が生じる方向に曲げモーメント図の概略を描けば，解図（問題 4-21）のようになります．なお，図中の M は，A−A'に作用する曲げモーメントを表しています．当然ですが，引張側に主筋を配置しますので，C−C'， D−D'は明らかに誤りです．したがって，正解は C−C'と D−D'が含まれない[イ]であることがわかります．なお，A−A'に作用する曲げモーメントが B−B'と D−D'に分配されますので，A−A'の主筋は B−B'の主筋よりも多く配置されています．

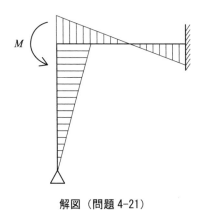

解図（問題 4-21）

【**問題 4.22（鉄筋コンクリート造）**】鉄筋コンクリート造のせん断補強筋に関する次の記述 [ア]〜[エ]にあてはまる語句を答えなさい.

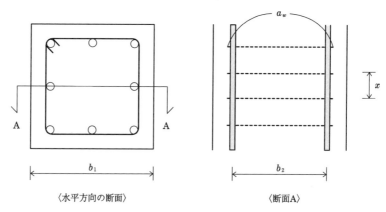

a_w：断面Aにおける1組のせん断補強筋断面積
b_1：柱の幅
b_2：外縁にある主筋間の距離
x：せん断補強筋間隔

図（問題 4-22）

「鉄筋コンクリート造において，せん断力を負担する目的で配してある鉄筋を総称して，せん断補強筋という．梁のせん断補強筋を [ア] といい，柱のせん断補強筋を [イ] という． [イ] は，せん断力を負担するのみでなく，コンクリートの見かけの圧縮強度を高めたり，主筋の座屈を防止する効果を有する.

　わが国では，建築基準法施行令において柱のせん断補強筋比に関する規定が設けられている．図（問題 4-22）は，鉄筋コンクリート造の柱の断面を示しているが，この規定において， [ウ] の値を [エ] ％以上とすることが定められている」

（国家公務員 II 種試験）

【**解答**】[ア] ＝あばら筋，[イ] ＝帯筋，[ウ] $= \dfrac{a_w}{b_1 x}$，[エ] ＝0.2

【**問題 4.23（ひび割れ）**】ひび割れが発生している構造体 A～D の中で，ひび割れが地震によるせん断力を受けて発生した可能性のあるものを選びなさい．

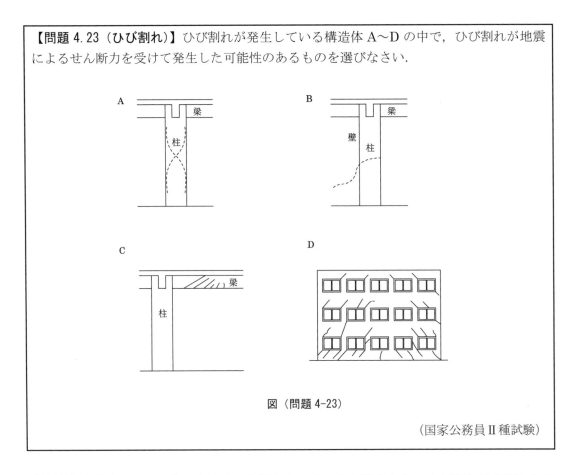

図（問題 4-23）

(国家公務員 II 種試験)

【**解答**】地震力によって柱に生じるせん断力は，正のせん断力と負のせん断力が交互に生じます．また，梁に生じるせん断力は，解図（問題 4-23）に示すように，左端では正のせん断力，右端の端部では負のせん断力が生じます．それゆえ，正解は A と C であることがわかります．

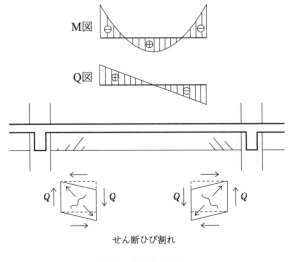

せん断ひび割れ

解図（問題 4-23）

【**問題 4.24（鉄筋コンクリート造建築物の構造設計）**】鉄筋コンクリート造建築物の構造設計に関する記述[ア]～[エ]の正誤を答えなさい.

[ア] 建築物の重心と剛心の位置がなるべく離れるように耐力壁を配置する.

[イ] 一般に，梁材においてはせん断破壊が両端での曲げ破壊に先行するように設計する.

[ウ] 一般に，同一建物の基礎にはなるべく異種の基礎の併用を避ける.

[エ] 一般に，柱の靭性は，圧縮軸力が増大するほど低下する.

(国家公務員Ⅱ種試験)

【**解答**】[ア]＝誤（剛心と重心の距離が短いほど，その建物は耐震性に優れていることになります），[イ]＝誤（**せん断破壊**は建物に深刻なダメージを与えますので，通常は**曲げ破壊が先行するように設計**します），[ウ]＝正（**不同沈下**による障害を防止するためにも，異種杭の混用は原則として避けることが望ましい），[エ]＝正（記述の通り，一般に，柱の靭性は，圧縮軸力が増大するほど低下します）

【**問題 4.25（耐震改修設計）**】既存鉄筋コンクリート造建築物の耐震改修設計に関する記述[ア]～[エ]の正誤を答えなさい.

[ア] 耐力壁の再配置（撤去，増設）により建物全体の偏心率を大きくすることとした.

[イ] 屋上の防水押さえコンクリートを打ち増すことで建物重量を増加させることとした.

[ウ] 柱と垂れ壁や腰壁を切り離すことで，柱の剛性を均等化させることとした.

[エ] 開口部のある耐力壁を増設するため，枠付き鉄骨ブレースを採用することとした.

(国家公務員Ⅱ種試験)

【**解答**】[ア]＝誤（**偏心率**が 0.15 を超えるとねじれ振動が大きくなり，崩壊の危険性が生じます），[イ]＝誤（建物の重量が増加すると，一般に建物に作用する地震力も大きくなります），[ウ]＝正（柱に垂れ壁や腰壁が接続していると，脆性的な破壊が生じやすいことが知られています），[エ]＝正（記述の通り，開口部のある耐力壁を増設するため，枠付き鉄骨ブレースを採用します）

【問題 4.26（応力度）】図（問題 4-26）のような部材断面からなる鉄筋コンクリート造の梁が長期許容曲げモーメントに到達したときの各圧縮鉄筋に生じている軸方向圧縮力の合計値を求めなさい．ただし，以下の 1）〜6）の条件を満たすものとします．

1) 図において，中立軸より上側を圧縮側とし，下側を引張側とする．

2) 引張鉄筋の応力度が長期許容引張応力度に到達し，圧縮鉄筋および圧縮側コンクリートの応力度は長期許容圧縮応力度に到達していないものとする．なお，コンクリートは引張応力を負担しないものとする．

3) 材軸に直交する部材断面は曲げ変形後も平面を保持する．

4) 引張鉄筋比 $\left(p_t = \dfrac{a_t}{bd}\right)$ を 0.7%とし，複筋比 $\left(\gamma = \dfrac{a_c}{a_t}\right)$ を 50%とする．

5) 鉄筋の長期許容引張応力度は 220N/mm² とする．

6) x_n（梁の圧縮縁から中立軸までの距離）は 170mm である．

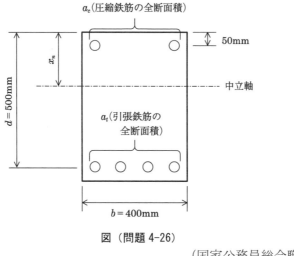

図（問題 4-26）

（国家公務員総合職試験[大卒程度試験]）

【解答】断面に作用する曲げモーメントを M，断面 2 次モーメントを I とすれば，曲げ応力度を求める公式から，

$$220 = \frac{M}{I} \times (500 - 170) \quad \therefore \frac{M}{I} = \frac{220}{330}$$

それゆえ，圧縮鉄筋に作用する圧縮応力度 σ_c は，

$$\sigma_c = \frac{M}{I} \times (170 - 50) = \frac{220}{330} \times 120 = 80 \ \text{N/mm}^2$$

ところで，圧縮側鉄筋の断面積 A_c は $A_c = 400 \times 500 \times \dfrac{0.7}{100} \times 0.5 = 700 \ \text{mm}^2$ ですので，求める答え（各圧縮鉄筋に生じている軸方向圧縮力の合計値 P_c）は，

$$P_c = 80 \times 700 = 56000 \ \text{N} = 56 \ \text{kN}$$

となります．

【**問題 4.27（終局曲げモーメント）**】図 I のような長方形断面の梁をもつ鉄筋コンクリート造ラーメン架構において，水平力が作用した結果，梁の引張主筋が降伏し，終局曲げモーメントの状態となった．このとき，梁に作用しているせん断力 Q を求めなさい．なお，図 II に，このときの梁における曲げモーメントの分布を示す．また，梁の終局曲げモーメントが，

$$0.9 \times (引張応力度の合力) \times (有効梁せい)$$

で算出されることを用いてよい．ただし，梁の内法長さを 7m，上端および下端の鉄筋の材料強度を 40kN/cm² とし，梁の自重は無視するものとする．

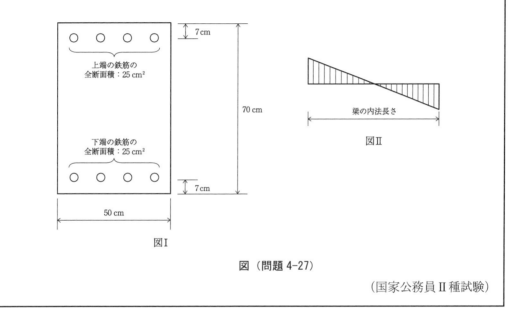

図（問題 4-27）

（国家公務員 II 種試験）

【**解答**】梁の上端が引張側となって終局モーメント状態となった場合の曲げモーメントを M_{u1} とすれば，

$$M_{u1} = 0.9 \times 40 \times 25 \times (70 - 7) = 56{,}700 \text{ kN·cm}$$

また，梁の下端が引張側となって終局モーメント状態となった場合の曲げモーメントを M_{u2} とすれば，

$$M_{u2} = 0.9 \times 40 \times 25 \times (70 - 7) = 56{,}700 \text{ kN·cm}$$

したがって，梁に作用しているせん断力 Q は，

$$Q = \frac{M_{u1} + M_{u2}}{\ell} = \frac{56{,}700 + 56{,}700}{700} = 162 \text{ kN}$$

となります．

【問題 4.28（鉄筋コンクリート工事）】鉄筋コンクリート工事に関する記述[ア]〜[エ]の正誤を答えなさい.

[ア] 基礎・梁側および壁のせき板を圧縮強度の確認により取り外す場合の存置期間は，コンクリートの圧縮強度が 50kg/cm² 以上に達したことが確認されるまでとする.

[イ] 支保工の存置期間は，スラブ下・梁下とも設計基準強度の 50 ％以上のコンクリート強度が得られたことが確認されるまでとする.

[ウ] コンクリートは打込み後，十分な水分を与え，適温に保ち，振動や衝撃を与えないように養生を行う.

[エ] 打込み後の養生期間に，コンクリートが凍結するおそれのある場合に施工するコンクリートには，AE 剤または AE 減水剤を使用する.

(国家公務員Ⅱ種試験)

【解答】[ア]＝正（問題文には "50kg/cm²" とありますが，"5N/mm²" と記載される場合もあります），[イ]＝誤（強度が確認されたとしても，施工中に考えられる積載荷重等に関して安全が確認されるまで，支保工を解体してはいけません），[ウ]＝正（記述の通り，コンクリートは打込み後，十分な水分を与え，適温に保ち，振動や衝撃を与えないように養生を行います），[エ]＝正（記述の通り，打込み後の養生期間に，コンクリートが凍結するおそれのある場合に施工するコンクリートには，AE 剤または AE 減水剤を使用します）

【問題 4.29（プレストレストコンクリート）】プレストレストコンクリートに関する次の記述の[ア]〜[オ]にあてはまる語句を答えなさい.

「コンクリートは， [ア] に対しては強いが， [イ] に対しては弱い. そこで，外から [ア] を加え，コンクリートに [イ] が生じないようにしたものが，プレストレストコンクリートの基本原理であり，多くは [ウ] のような曲げ材に用いられる.

プレストレスを導入するのには大きく分けて 2 つの方式がある. 1 つは [エ] で，PC 鋼材をあらかじめ引っ張っておき，コンクリートを打設し，コンクリートが硬化してから固定していた端部をゆるめてプレストレスを与える方法である. もう 1 つは [オ] で，コンクリートが硬化した後で，あけておいた孔に定着装置を使って PC 鋼材を緊張し，コンクリートに付着しない状態で両端部を固定してプレストレスを与える方法である」

(国家公務員Ⅱ種試験)

【解答】[ア]＝圧縮力，[イ]＝引張力，[ウ]＝梁，[エ]＝プレテンション方式，[オ]＝ポストテンション方式

4.4　鉄骨構造

●鉄骨造（S造）

　鉄骨造（S造）は，骨組みに鉄骨を使った構造です．地震に強く，広い空間を確保でき，間取りに自由度があります．鉄はコンクリートより軽いため，基礎工事が安くつきます．その反面，振動を伝えやすく，また，遮音性・耐火性・耐久性の面でコンクリートより劣ります．敷地の間口が狭いとき，建築コストを押さえたいとき，将来の解体費用を安くしたいときに適しています．

●フランジとウェブの役割

　梁の**フランジは主として曲げモーメント**に，**ウェブは主としてせん断力**に抵抗します．

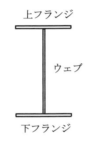

図4-10　フランジとウェブ

●溶融亜鉛めっき

　溶融亜鉛めっきは，鋼材を450℃程度で溶融させた亜鉛の浴中に浸し，鉄と亜鉛との合金反応を利用して表面に亜鉛の被膜を形成させる方法です．亜鉛めっきを施した鋼材は，錆びや腐食が発生しません．ただし，めっき槽の制約があるため，めっきをする鋼材の大きさに制限があります．また，二度漬けすると，めっきやけの原因となり，外観を損ねることになります．

●高力ボルト接合

　高力ボルト接合には，**摩擦接合**，**支圧接合**，**引張接合**がありますが，鋼構造の現場接合では摩擦接合が最も広く用いられています．ここに，摩擦接合とは，図4-11に示すように，ボルトで強く締め付けることによって生じる接触面間の摩擦力で応力を伝達するものです．以下に，高力ボルト接合における重要点をまとめます．

①H形鋼の梁の現場接合部には**遅れ破壊**（特に大きな外力が作用していなくても，一定の時間が経過した後に突然に破断する現象）の生じないF10T[6]の高力ボルトを用いる（F11Tは遅れ破壊を起こすおそれがあります）．

②高力ボルト摩擦接合部の許容せん断応力度は，**すべり係数を0.45**として定められている．

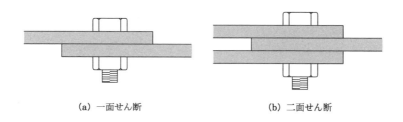

(a) 一面せん断   (b) 二面せん断

図 4-11　高力ボルト接合

●高力ボルト引張接合

　柱はり接合部に用いられるスプリットティ接合やエンドプレート接合，鋼管と鋼管をつなぐフランジ継手に代表される接合です．高力ボルト引張接合で伝達される応力は，ボルト軸と同方向の応力です．

●高力ボルトの締め付け

　高力ボルトを取り付け，**一次締め（80%程度の締め付け）→マーキング（とも回りの確認のためのマーク）→本締め（100%の締め付け）**の3段階で行います．なお，高力ボルトの締付けは，接合部のボルト群の中央部から外周部の順に締め付けなければなりません．

●トルシア形（型）高力ボルト

　頭が丸く，先端のピンテールと呼ばれる部分が必要な締め付けトルクが得られると破断するようになっているボルトのこと．ピンテールの破断で締付力を確認できるので，締め付けトルクを測定する必要がありません．

---

6) Ｆ１０Ｔ_{エフジュウティ}の意味は以下の通りです．
　Ｆ…Friction Joint の略で摩擦接合の意味
　Ｔ…Tensile Strength の略で引張力の意味
　10…最小引張強さが 1,000N/mm² の意味

[高力ボルト接合に関する重要事項]
- **F11T の高力ボルトは，遅れ破壊の可能性がある．**なお，遅れ破壊とは，高力ボルトを締め付けて使用している状態で特に大きな外力が作用しなくとも，一定時間経過後，突然にボルトが破断する現象のことである．
- H形鋼の梁の現場接合部には，遅れ破壊が生じない F10T の高力ボルトを用いる．
- 引張材の材端接合部がボルト接合の場合，高力ボルトなどのファスナによる孔によって部材断面が欠損するため，**引張応力度の計算にあたっては，部材の全断面積から欠損する面積を差し引いた有効断面積を用いる**ことが必要である．
- ボルト接合を採用するための条件については，建築基準法施行令において，軒の高さ，張り間，延べ面積に関する制限のほか，ボルトが緩まないための対策を行うことが定められている．
- 高力ボルト摩擦接合部の許容せん断応力度は，**すべり係数を 0.45 として**定められている．
- 高力ボルト孔の中心距離はその径（公称軸径）の **2.5 倍以上**とする．また，高力ボルトの孔径は，M22 を使用する場合（公称軸径が d＜27mm），高力ボルトの径より 2mm を超えてはならない．
- せん断力と引張力とを同時に受ける場合には，引張力の大きさに応じて，高力ボルトの軸断面に対する許容せん断応力度を低減する．
- **柱の現場継手の位置は，**継手に作用する応力をできるだけ小さくするために，**階高の中央付近**にする．

● 溶接継手

　溶接継手は，図 4-12 に示すように開先（みぞ）を加工して溶接金属を盛り込む**突き合わせ溶接**と開先を設けない**すみ肉溶接**（ほぼ直交する 2 つの面を溶接する三角形状の断面をもつ溶接継手）とに分けられます．突き合わせ溶接は完全溶け込み溶接のことで，**突き合わせ溶接ののど断面に対する許容応力度および材料強度は，母材と同一の値を採用することができます．**また，引張力を受ける部分の溶接は，すみ肉溶接より突き合わせ溶接の方が適しています．

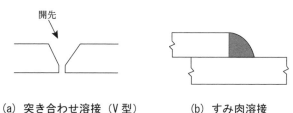

開先

| （a）突き合わせ溶接（V型） | （b）すみ肉溶接 |

図 4-12　溶接継手

● 溶接と高力ボルトの併用継手

　1 つの継手の中で高力ボルトと溶接を併用する場合，
① 先に溶接を行うと溶接熱によって板が曲がり，高力ボルトを締め付けても板に所定の圧縮力を与えることができないことがあるので，**両方の耐力を加算することはできない**．
② 先に高力ボルトを締め付けた場合には溶接による板の変形は拘束されるので，**両方の許容**

耐力を加算してもよい.

●溶接部の欠陥

溶接部の欠陥には，**溶接割れ**に加え，**図 4-13** に示すような，アンダーカット，オーバーラップ，スラグ巻き込み，ラメラテアなどがあります．ちなみに，**ラメラテア**とは，溶接部における溶接欠陥のうち，鋼材表面と平行に発生する割れのことです．

なお，溶接部に発生する欠陥のうち，アンダーカットについては，通常，超音波探傷試験ではなく外現検査によってその有無を確認します．

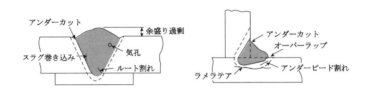

図 4-13　溶接部の欠陥

●脚長（サイズ）とのど厚

すみ肉溶接を行ったとき，図 4-14 のように溶融金属でできた長さを**脚長**といいます．2 つの脚長が異なった場合は，短い脚長を基準に45°の線を引き，これを**サイズ**とします．一方，サイズ s に $\cos 45°$ または $\sin 45°$ を乗じれば，**のど厚** a （力を伝える最小断面の厚さで有効厚ともいいます）を求めることができます．ちなみに，図 4-14 では，サイズ s は $s = 7\,\mathrm{mm}$ （短い方の脚長），のど厚 a は $a = 7 \times \cos 45° = 7 \times \dfrac{1}{\sqrt{2}} = 4.9\,(\mathrm{mm})$ となります．

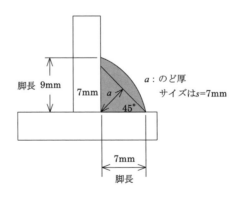

図 4-14　脚長とのど厚（すみ肉溶接）

●余盛り高さ

隅肉溶接の余盛り高さは，0mm≦0.4S 以下（S：すみ肉のサイズ）で，かつ 4mm 以下とします．

●エンドタブ

　エンドタブは，溶接の始端・終端部に生じやすい溶接欠陥が母材幅内に生じないようにするために用います．ちなみに，開先のある溶接の両端には，精密な溶接ができるように適切な形状のエンドタブを取り付けますが，完全溶込み溶接においては，一般に，溶接の完了後にエンドタブを切断する必要はありません．なお，エンドタブを使用しないすみ肉溶接の始終端は，滑らかに回し溶接を行います．

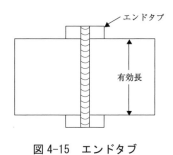

図 4-15　エンドタブ

●裏当て金
うらあてがね

　片側から溶接する場合，溶着金属が下に流れ落ちないように，裏側に裏当て金を用います．

●隅肉溶接の有効長さ

　隅肉溶接の有効長さ ℓ は，始端と終端は十分なのど厚がとれないので，まわし溶接も含めた溶接の全長 ℓ_0 から隅肉のサイズ s の 2 倍を差し引いて求めます．

$$\ell = \ell_0 - 2S$$

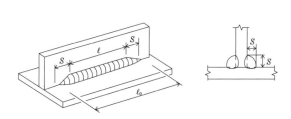

図 4-16　隅肉溶接の有効長さ

［溶接に関する重要事項］

●突き合わせ溶接および隅肉溶接におけるそれぞれの溶接継目の，のど断面に対する許容せん断応力度は等しい（接合される母材のせん断応力度と等しい）．

●突き合わせ溶接（完全溶け込み溶接）は，全種類の応力を母材と同等に負担することができる．一方，隅肉溶接は，主としてせん断力のみを負担することができる．

●完全溶込み溶接ののど断面に対する許容応力度と材料強度は，母材と同一の値とする．

●ラーメンの柱材の座屈長さ

　横移動（水平移動）が拘束されているラーメンの柱材は，節点間距離を等しくとることができます．これに対して横移動（水平移動）が拘束されていないラーメンの柱材では，節点間距離よりも長くなります．

●鉄骨工事での曲げ加工

　鉄骨工事における曲げ加工には，**常温加工**（プレス等で鋼材に外力を加えて曲げる方法）と**加熱加工**（部分的に850℃〜900℃の赤熱状態に加熱してから曲げる方法）があります．

●耐震計算（鉄骨構造）

　許容応力度計算を行う際に，地震力の算定にあたっての標準せん断力係数 C_0 は，0.3以上とします．

［設計にあたっての重要事項］

- ●鋼材は，低温になるにしたがって伸びと絞りが低下するため，脆性破壊が起こりやすい．
- ●鋼材の**規準強度Fは，降伏点と引張強さの70%のうち小さい値**としている．
- ●構造用鋼材の基準強度は，板厚によって変化することがある．
- ●構造用鋼材の短期許容応力度は，長期許容応力度の1.5倍である．
- ●局部座屈を防ぐには，幅厚比を小さくする．
- ●圧縮材の座屈の許容応力度は，その材の有効細長比が小さいほど大きくなる．
- ●引張材はボルト孔の欠損断面を考慮した有効断面積で検討する．
- ●山型鋼等では，有効断面から突出部分の1/2を減じる．
- ●水平力を負担する筋かいの軸部が降伏する場合，その筋かいの端部および接合部は破断しないようにする．
- ●梁材のたわみは，通常の場合はスパンの1/300以下，片持梁では1/250以下とする．
- ●水平力を負担する筋かい材では，**接合部の破断耐力を軸部の降伏耐力より大きくする**．
- ●H形断面の梁の変形能力の確保において，梁の長さおよび部材断面が同じであれば，等間隔に設置した横補剛の必要箇所数は，SM490の場合の方がSS400の場合よりも多い（強度の大きい部材にはより大きな応力が生じるので，より多くの補剛が必要となる）．
- ●鉄骨部材の幅厚比の制限は，材料の基準強度が大きいほど大きな力が作用するので，局部座屈しないように厳しくなる．

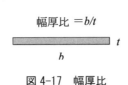

図 4-17　幅厚比

【問題 4.30（各種構造・地盤）】 建築物における各種構造や地盤に関する記述[ア]～[エ]の正誤を答えなさい.

[ア] 鉄骨造の圧縮材のフランジやウェブなどの板要素の幅厚比制限は, 材全体が座屈する前に局部座屈を生じさせ, 全体座屈が起こらないようにするためのものである.

[イ] 鉄筋コンクリート造の梁の引張鉄筋比が釣合い鉄筋比よりも小さいときは, 鉄筋がコンクリートよりも先に許容応力度に達する.

[ウ] 壁式鉄筋コンクリート造の壁量とは, 各階に配置された梁間方向の耐力壁の長さと桁行き方向の耐力壁の長さの合計〔cm〕を, その階の床面積〔m²〕で除した数値〔cm/m²〕をいう.

[エ] 地盤の許容支持力度は, 地盤調査の結果から得た地盤の粘着力や内部摩擦角を用いて算定する方法と, 平板載荷試験の結果を用いて算定する方法のいずれを用いて算定してもよい.

(国家公務員 I 種試験)

【解答】 [ア]=誤（板要素の**幅厚比制限**は, 局部座屈を生じさせないようにするためのものです）, [イ]=正（記述の通り, 鉄筋コンクリート造の梁の引張鉄筋比が釣合い鉄筋比よりも小さいときは, 鉄筋がコンクリートよりも先に許容応力度に達します）, [ウ]=誤（**壁量**とは, 耐力壁の長さの合計[mm]を, 当該階の壁量算定用床面積[m²]で除した数値です）, [エ]=正（記述の通り, 地盤の許容支持力度は, 地盤調査の結果から得た地盤の粘着力や内部摩擦角を用いて算定する方法と, 平板載荷試験の結果を用いて算定する方法のいずれを用いて算定しても構いません）

【問題 4.31（鉄骨造）】 鉄骨造に関する記述[ア]～[エ]の正誤を答えなさい.

[ア] 高力ボルトは, 軸方向の応力を伝達させる引張接合に使用してはならない.

[イ] 隅肉溶接の設計では, 主として溶接部に働く引張力に対して許容引張応力度以下であることを確認する.

[ウ] 両端をピン接合された, 一様でまっすぐな圧縮材の許容圧縮応力度は, その圧縮材の有効細長比に関係する.

[エ] H形鋼はりのフランジが局部座屈しないように, フランジの厚さを薄くし幅を広げた.

(国家公務員 II 種試験)

【解答】 [ア]＝誤（**高力ボルト引張接合**は, 認められています）, [イ]＝誤（隅肉溶接では, 溶接継目の**のど断面**に対して, 許容せん断応力度以下であることを確認します）, [ウ]＝正（**有効細長比**が大きくなれば座屈しやすくなりますので, 圧縮材の許容圧縮応力度も低減しま

す），[エ]＝誤（**フランジが局部座屈しないように，フランジを厚くしないといけません**）

【問題4.32（鉄骨構造）】鉄骨構造に関する記述［ア］〜［エ］の正誤を答えなさい．

［ア］構造用鋼材の基準強度は，板厚によって変化することがある．
［イ］降伏点240N/mm²，引張強さ420N/mm²である鋼材の降伏比は1.75である．
［ウ］小梁の設計において，応力は許容応力度以下となったが，たわみが許容値を超えたため，同じ断面寸法で降伏強度の大きい鋼材に変更した．
［エ］角形鋼管の柱の設計において，座屈を生じにくくするため，有効細長比を小さくした．

（国家公務員Ⅰ種試験）

【解答】［ア］＝正（記述の通り，構造用鋼材の基準強度は，板厚によって変化することがあります），［イ］＝誤（**降伏比＝降伏点/引張強さ＝240/42≒0.57です**），［ウ］＝誤（降伏強度の大きい鋼材に変更しても，同じ断面寸法のままだと断面2次モーメントが同じですので，たわみは小さくなりません），［エ］＝正（断面寸法が同じであれば，長さを短くすると**有効細長比**が小さくなります．すなわち，有効細長比を小さくすれば座屈は生じにくくなります）

【問題4.33（鉄骨造の接合）】鉄骨造の接合に関する記述［ア］〜［エ］の正誤を答えなさい．

［ア］溶接接合部において，継目のせん断力に対する許容応力度の値は，突き合わせ溶接の場合に比べ，隅肉溶接の場合の方が小さい．
［イ］溶接部に発生する欠陥のうち，アンダーカットについては，通常，超音波探傷試験ではなく外観検査により，その有無を確認する．
［ウ］ボルト接合を採用するための条件については，建築基準法施行令において，軒の高さ，張り間，延べ面積に関する制限のほか，ボルトが緩まないための対策を行うことが定められている．
［エ］梁・柱部材間を剛接合とするため，フランジを溶接接合した後，ウェブを高力ボルト接合し，必要な強度を満たすよう，フランジとウェブの双方に負担させる設計とする．

（国家公務員Ⅱ種試験）

【解答】［ア］＝誤（突き合わせ溶接および隅肉溶接におけるそれぞれの溶接継目の，**のど断面に対する許容せん断応力度は等しい**），［イ］＝正（記述の通り，溶接部に発生する欠陥のうち，アンダーカットについては，通常，超音波探傷試験ではなく外観検査により，その有無を確認します），［ウ］＝正（記述の通り，ボルト接合を採用するための条件については，建築基準法施行令においてボルトが緩まないための対策を行うことも定められています），［エ］＝誤（**溶接を先に行った場合，溶接熱による板の反りなどにより，高力ボルトに所定の摩擦**

力が得られません）

【**問題 4.34**（鉄骨造）】鉄骨造の接合部に関する記述[ア]～[エ]の正誤を答えなさい．

[ア] H型鋼の柱と梁を剛接合する場合は，高力ボルト接合によって工場で製作した部材を，建設現場で溶接によって組み上げる．

[イ] 建築物の梁や柱の接合には，高力ボルト引張接合が一般的に用いられている．

[ウ] 鉄骨の梁を突合せ溶接とした場合，溶接部の許容応力度は鋼板と同等のものとすることができる．

[エ] 溶接の際に用いられるエンドタブは，溶接が交差する部分で不良が生じやすいことから設置される補助器具である．

（国家公務員Ⅱ種試験）

【**解答**】[ア]＝誤（「高力ボルト接合によって工場で製作→溶接によって工場で製作」，「建設現場で溶接→建設現場で高力ボルト接合」が正しい），[イ]＝誤（**高力ボルト引張接合**で伝達される応力はボルト軸と同方向の応力だけですので，高力ボルト引張接合は建築物の梁や柱の接合に用いられる一般的な方法ではありません．一般的に用いられるのは，**高力ボルト摩擦接合**です），[ウ]＝正（**突き合わせ溶接**は完全溶け込み溶接のことで，突き合わせ溶接の**のど断面**に対する許容応力度および材料強度は，母材と同一の値を採用することができます），[エ]＝誤（**エンドタブ**は，溶接の始端・終端部に生じやすい溶接欠陥が母材幅内に生じないようにするために用います）

【**問題 4.35**（鉄骨造）】わが国における建築物の鉄骨造に関する記述[ア]～[エ]の正誤を答えなさい．

[ア] 引張力を受ける部分の溶接は，突合せ溶接より隅肉溶接の方が適している．

[イ] 梁のフランジは，主として曲げモーメントに抵抗する．

[ウ] 一つの継手に高力ボルトと溶接を併用する場合，高力ボルトを先に施工したときに限り，それぞれに応力を負担させてよい．

[エ] 低降伏点鋼は，従来の構造用鋼材に比べて降伏点が低いことから，建築物の構造部材には用いられない．

（国家公務員Ⅱ種試験）

【**解答**】[ア]＝誤（**隅肉溶接**は強度が低く，一般的には引張力のかかる部分には用いず，梁のウェブなどせん断力のかかる部分に用いられています），[イ]＝正（記述の通りです），[ウ]＝正（**高力ボルト接合**を先に行った場合，高力ボルトによって板の変形が拘束されますので，

両方の耐力を合計して溶接部の耐力とすることができます），[エ]＝誤（**低降伏点鋼を用いた**履歴型制振ダンパーを建物に組み込むことで，地震時の建物の揺れが抑えられ，柱や梁などの主要構造部の損傷を未然に防ぐことが可能です）

【問題4.36（鉄骨構造）】 鉄骨構造に関する記述［ア］，［イ］，［ウ］の正誤を答えなさい．

［ア］水平力を負担する筋かいの接合部では，接合部の破断強度が筋かい材の降伏強度より小さくなるようにする．

［イ］H形鋼を梁に用いる場合，一般に，曲げモーメントをウェブで，せん断力をフランジで負担させるものとする．

［ウ］床スラブが鉄筋コンクリート構造の建築物において，ラーメンの両方向に筋かいを設けて節点の水平移動を拘束する場合，柱材の座屈長さは階高とする．

(国家公務員Ⅱ種試験)

【解答】［ア］＝誤（水平力を負担する**筋かいの軸部が降伏する場合**，その筋かいの端部および接合部は破断しないようにします），［イ］＝誤（H形鋼を梁に用いる場合，**曲げモーメントはフランジ，せん断力はウェブで負担します**），［ウ］＝正（筋かいを設けて節点の水平移動を拘束する場合，**座屈長さは節点間距離すなわち階高に等しいとします**）

【問題4.37（鉄骨構造）】 鉄骨構造に関する記述［ア］，［イ］，［ウ］の正誤を答えなさい．

［ア］引張材の材端接合部がボルト接合の場合，高力ボルトなどのファスナによる孔によって部材断面が欠損するため，引張応力度の計算にあたっては，部材の全断面積から欠損する面積を差し引いた有効断面積を用いることが必要である．

［イ］引張材の設計において，筋かいなどの接合部は，引張材が大地震時に塑性化することがあるため，材端接合部の耐力に余裕をもたせることが必要である．

［ウ］一般に，製作工場における接合には高力ボルト摩擦接合が，建設現場における接合には溶接接合が用いられることが多い．

(国家公務員Ⅱ種試験)

【解答】［ア］＝正（記述の通り，引張材の材端接合部がボルト接合の場合，高力ボルトなどのファスナによる孔によって部材断面が欠損するため，**引張応力度の計算**にあたっては，部材の全断面積から欠損する面積を差し引いた有効断面積を用いることが必要です），［イ］＝正（記述の通り，引張材の設計において，筋かいなどの接合部は，引張材が大地震時に塑性化することがあるため，材端接合部の耐力に余裕をもたせることが必要です），［ウ］＝誤（一般に，**製作工場における接合には溶接接合**，建設現場における接合には**高力ボルト摩擦接合が**

用いられています）

【問題4.38（鉄骨造）】 鉄骨造の建築物に関する記述［ア］～［エ］の正誤を答えなさい．

［ア］梁に生じるせん断力は，主にフランジで抵抗する．

［イ］図（問題 4-38）のようなラーメンの柱材の座屈長さは，梁の剛性が無限大で，柱頭の横移動が自由で，両端の回転が拘束されている場合，節点間距離に等しくとることができる．

［ウ］板要素の幅厚比の制限は，材料の基準強度が小さいほど厳しくなる．

［エ］降伏比（引張強さに対する降伏点の比）の高い鋼材を用いた骨組みは，一般に，粘り（塑性変形能力）が小さい．

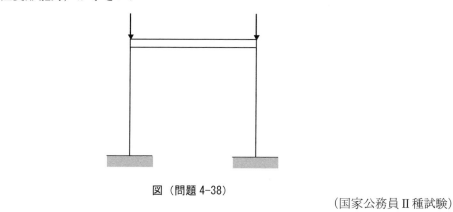

図（問題 4-38）

（国家公務員II種試験）

【解答】 ［ア］＝誤（せん断力は，主に**ウェブ**で抵抗します），［イ］＝正（解図（問題 4-38）を参照すればわかるように，柱材の**座屈長さ**は節点間距離に等しくとることができます），［ウ］＝誤（鉄骨部材の**幅厚比の制限**は，材料の基準強度が大きいほど大きな力が作用しますので，**局部座屈**しないように厳しくなります），［エ］＝正（記述の通り，**降伏比**の高い鋼材を用いた骨組みは粘りが小さい）

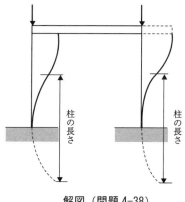

解図（問題 4-38）

【問題 4.39（建築構造設計）】建築構造設計に関する記述[ア]～[エ]の正誤を答えなさい.

[ア] 柱のぜい性破壊を防ぐために，鉄筋コンクリート造の柱に腰壁，垂れ壁を付ける.
[イ] 地階を有する建築物では，原則として，土圧および水圧を考慮する.
[ウ] 基礎の浮き上がりおよび構造体の転倒が生じないように設計する.
[エ] 鉄骨構造の柱における板要素の板厚が薄くなりすぎると，局部座屈が発生する.

(国家公務員Ⅱ種試験)

【解答】[ア]＝誤（**腰壁，垂れ壁と一体となった柱**は，一般にせん断力が集中して，粘り強さのないぜい性的な破壊になりやすい），[イ]＝正（地階を有する建築物では，原則として，土圧および水圧を考慮します），[ウ]＝正（基礎の浮き上がり及び構造体の転倒が生じないように設計します），[エ]＝正（薄板状断面の部材で部分的に起こる座屈が**局部座屈**です．それゆえ，鉄骨構造の柱における板要素の板厚が薄くなりすぎると，局部座屈が発生しやすくなります）

【問題 4.40（構造設計）】建築物の構造設計に関する記述[ア]～[エ]の正誤を答えなさい.

[ア] 鉄骨構造の曲げ材の許容応力度設計において断面の幅厚比が制限されているのは，弾性範囲において局部座屈を起こさせないことが目的である.
[イ] 鉄筋コンクリート構造の梁の構造設計においては，梁のせん断破壊を防止するために，梁のせん断耐力が曲げ耐力を上回るように設計する.
[ウ] 木質構造の接合部のうち，接着によるものは，一般に，木組みによるものに比べて，作用する応力に対して生ずる変形量が大きくなるという特徴がある.
[エ] 補強コンクリートブロック構造において，芋目地状に積み上げられたブロックは，破れ目地状に積み上げられたブロックよりも，鉛直荷重に対する安定性が高い.

(国家公務員総合職試験[大卒程度試験])

【解答】[ア]＝正（記述の通り，鉄骨構造の曲げ材の許容応力度設計において断面の**幅厚比**が制限されているのは，弾性範囲において局部座屈を起こさせないことが目的です），[イ]＝正（記述の通り，鉄筋コンクリート構造の梁の構造設計においては，梁のせん断破壊を防止するために，梁のせん断耐力が曲げ耐力を上回るように設計します），[ウ]＝誤（**木組み**とは，家の骨組みづくりにおいて釘や金物などに頼らず，木自体に切り込みなどを施し，はめ合わせていくことで木と木をがっしり組み上げていく技術のことをいいます．手刻みされた継ぎ手・仕口は木材の変形・被衝撃が起こっても破壊されにくく，また，木組みならではの貫(柱と柱を横木で貫いてつなぐ部材)は地震などによる衝撃を分散し，一気に倒壊してしまいにくい粘り強さを生み出します．一方，接着は接着剤によって化学的にくっつけることで

す．以上のことを知っていれば，この記述は誤だとわかると思います），[エ]＝誤（芋目地では縦横が一直線に通っていますので，レンガのように積み上げるものは芋目地にはできません．

【問題 4.41（鉄骨工事）】 鉄骨工事に関する記述[ア]〜[エ]の正誤を答えなさい．

[ア] 高力ボルト接合を行う鉄骨の摩擦面は，屋外に自然放置して発生させた赤錆状態で所要すべり係数を確保した．

[イ] 高力ボルトの締め付けにおいて，ナットとボルト・座金の共回りが生じたので，いったん取り外し，そのボルトで再度締め付け直しをした．

[ウ] 溶接接合の特徴としては，自由な接合形式ができ，接合部の連続性と剛性が得られるが，溶接熱によるひずみがでやすいことや接合部の検査が難しいことなどがあげられる．

[エ] 鋼材の曲げ加工は，部材を加熱しないで曲げ加工機械によって曲げる常温加工とし，赤熱状態に加熱しての熱間加工をしてはならない．

(国家公務員 II 種試験)

【解答】 [ア]＝正（所要の**すべり係数**を確保する方法としてこの記述は正しい．なお，摩擦面に塗装を行うのは論外です），[イ]＝誤（**共回り**が生じたナットとボルト・座金などは取り替えます），[ウ]＝正（記述の通りです），[エ]＝誤（鉄骨工事における曲げ加工には，**常温加工**（プレス等で鋼材に外力を加えて曲げる方法）と**加熱加工**（部分的に 850℃〜900℃ の赤熱状態に加熱してから曲げる方法）があります）

【**問題 4.42（構造計算）**】建築基準法令に定める構造計算に関する記述 [ア]〜[エ] の正誤を答えなさい.

[ア] 許容応力度計算では, 多雪区域において地震時に構造耐力上主要な部分の断面に生ずる短期の応力度を計算する場合, 荷重および外力の組合せにあたっては積雪荷重の数値を 0.35 倍とする.

[イ] 鉄骨造の建築物において水平力を負担する筋かいを設けた場合, 筋かい並びに柱および梁の部材群としての種別が同一であれば, その筋かいを設けた階の保有水平耐力のうち筋かいの水平耐力の占める割合が小さいほど, 必要保有水平耐力の計算に用いる構造特性係数 D_s は大きくなる.

[ウ] 鉄筋コンクリート造の構造耐力上主要な部分である梁, 柱および耐力壁の設計にあたっては, 部材のせん断破壊を避ける目的で, 地震時に各部材に作用するせん断力を割り増したり, 部材の両端に曲げ降伏が生じた時のせん断力等を用いて設計する.

[エ] 必要保有水平耐力の計算に用いる形状特性係数 F_{es} は, 各階の剛性率及び偏心率に応じた数値に基づいて算出され, 0.5〜2.0 の値となる.

(国家公務員総合職試験[大卒程度試験])

【**解答**】[ア]＝正（記述の通り, 許容応力度計算では, 多雪区域において地震時に構造耐力上主要な部分の断面に生ずる短期の応力度を計算する場合, 荷重および外力の組合せにあたっては積雪荷重の数値を **0.35** 倍とします）, [イ]＝誤（**構造特性係数** D_s は, 建築物の振動減衰性および各階のじん性に応じて必要保有水平耐力を低減する係数です. 筋かいの水平耐力の占める割合が小さいほど, 建築物は靭性に富むことになりますので, 構造特性係数 D_s は小さくなります）, [ウ]＝正（記述の通り, 鉄筋コンクリート造の構造耐力上主要な部分である梁, 柱および耐力壁の設計にあたっては, 部材のせん断破壊を避ける目的で, 地震時に各部材に作用するせん断力を割り増したり, 部材の両端に曲げ降伏が生じた時のせん断力等を用いて設計します）, [エ]＝誤（**形状係数** F_{es} は, 必要保有水平耐力の割り増し係数であり, 偏心率に応じた数値 F_e と剛性率に応じた数値 F_s の 2 つを乗じて計算し, 1.0〜3.0 の値となります）

【**問題 4.43（鉄骨工事）**】わが国の建築物における鉄骨工事の施工に関する記述 [ア]〜[エ] の正誤を答えなさい.

[ア] SN490 以上の高張力鋼に "けがき" を行う場合は，原則として，たがねを使用する.

[イ] 高力ボルト用の孔あけ加工の方法は，せん断孔あけを原則とする.

[ウ] 隅肉溶接において，余盛高さは 8mm 以上とする.

[エ] 完全溶込み溶接においては，一般に，溶接の完了後にエンドタブを切断する必要はない.

（国家公務員 II 種試験）

【**解答**】[ア]＝誤（"けがき" は "けがき針" を使用します．ポンチや「タガネ」は使用しません），[イ]＝誤（**高力ボルト用の孔明け加工は，ドリルあけが原則です**），[ウ]＝誤（**隅肉溶接の余盛高さは，最大でも 4mm 以下です**），[エ]＝正（記述の通り，**完全溶込み溶接**においては，一般に溶接の完了後に**エンドタブ**を切断する必要はありません）

【**問題 4.44（鉄骨工事）**】鉄骨工事に関する記述 [ア]〜[エ] の正誤を答えなさい.

[ア] 鉄骨の曲げ加工を加熱加工によるものとし，赤熱状態（850℃〜900℃）で行った.

[イ] 高力ボルトの締付けは，接合部のボルト群の中央部から外周部の順に締め付けた.

[ウ] 溶接接合において，接合部の強度を母材と同等以上にする必要があったため，すみ肉溶接とした.

[エ] トルシア型高力ボルトの締付け後の検査において，共回りを生じたボルトついては，再度締め付け直したことにより，共回りを生じなかったので，合格とした.

（国家公務員 II 種試験）

【**解答**】[ア]＝正（鋼材の加熱曲げ加工は，850〜900℃に加熱して行います．200〜400℃で行うと，鋼材が脆くなります），[イ]＝正（**高力ボルトの締付けは，接合部のボルト群の中央部から外周部の順に締め付けますので，この記述は正しい**），[ウ]＝誤（"**すみ肉溶接**" が誤．接合部の強度を母材と同等以上にする必要には "**突き合わせ溶接**" にしなければなりません），[エ]＝誤（**トルシア型高力ボルト**の締付け終了はピンテールの破断で確認します）

【**問題 4.45（鉄骨工事）**】わが国の建築物における鉄骨工事に関する記述［ア］〜［エ］の正誤を答えなさい.

［ア］溶接接合におけるオーバーラップや過大な余盛りは，グラインダーで適正な高さに削り取る.

［イ］高力ボルトの締め付けは，1つのボルト群ごとに，継手の端部から中央部に向かって行う.

［ウ］建入れ直しとは，建方精度を確保するため，柱の倒れや出入りなどの建方時の誤差を修正する作業をいう.

［エ］高力ボルトと溶接の混用接合は，溶接を先に行う.

(国家公務員総合職試験[大卒程度試験])

【**解答**】［ア］＝正（オーバーラップや過大な余盛りは溶接部の欠陥ですので，記述の通り，グラインダーで適正な高さに削り取るのが正しい），［イ］＝誤（一群のボルトの締付け順序は，**接合部の中心から外側へ向かって締付け**ていきます．これは，中央部から端部に締め付けていった場合，端部の拘束がないために，締め付けによるしわ寄せは自由に逃げることができるからです），［ウ］＝正（記述の通り，**建入れ直し**とは，建方精度を確保するため，柱の倒れや出入りなどの建方時の誤差を修正する作業をいう），［エ］＝誤（先に溶接を行うと溶接熱によって板が曲がり，高力ボルトを締め付けても板に所定の圧縮力を与えることができないことがあるので，両方の耐力を加算することはできません）

第5章

建築施工

5.1 工程計画

●月間（週間）工程表

月間工程表や週間工程表は，工事の進捗度を全体（総合）工程表と照合しながら，現時点より一定期間内の工事を再計画し，細部にわたって作成されるものです．

●バーチャート工程表

縦軸に作業項目をとり，横軸に時間(暦日等の月・日数)をとって，各作業の開始から終了までを棒状で表現した工程表のこと．見やすく，わかりやすいなどの長所がある反面，各作業の関連性や作業の余裕度がわかりにくいなどの欠点もあります．「棒(状)工程表」ともいいます．

●出来高予定曲線

出来高予定曲線は，工事の進捗度を工事費に換算して表現するものであり，一般に，工程や出来高の管理に用いられています．

●ネットワーク工程表

ある計画を遂行するために必要なすべての作業の相互関係を図式化したものを，**ネットワーク工程表**といいます．

●クリティカルパス

アローダイヤグラム（矢印で示した図）を使い，日程管理を行う手法を**PERT**（Program Evaluation and Review Technique）といいます．

図5-1に示すアローダイヤグラムから，

・作業Cの終了は，プロジェクトの開始から13日後
・作業Bの終了は，プロジェクトの開始から10日後

であることがわかります．したがって，作業Bがたとえ3日遅れてもプロジェクト全体の日程には影響しないのに対し，作業A→Cはプロジェクト全体の遅れに影響します．このように，プロジェクト全体を左右する作業経路（プロジェクト全体のスケジュールを決定している作業の連なり）を**クリティカルパス**といいます．当然ですが，クリティカルパス上の作業が遅れると，プロジェクト全体のスケジュールが遅れてしまいますので，クリティカルパス上の作業を円滑に進行させることがプロジェクトを管理する上で重要となります．ちなみに，

クリティカルパスは，**最早開始日**（次の作業が開始できる最も早い日）と**最遅完了日**（作業が遅くとも完了していなければならない日）が等しい経路ということもでき，図 5-2 において，A+D+E=16 日，A+B+C+E=15 日ですので，A+D+E の経路がクリティカルパス（この経路を重点管理することにより作業時間を短縮することが可能）となります．

なお，図 5-3 に示すアローダイヤグラムにおいて，破線は**ダミー作業**を表しています．ダミー作業とは同期をとるためのものであり，実体のない作業です．それゆえ，所要日数はゼロですが，作業 D は作業 A と作業 B が終了するまで開始することができません（作業 D の先行作業は，作業 A と作業 B です）．

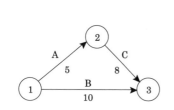

図 5-1　簡単なアローダイヤグラム

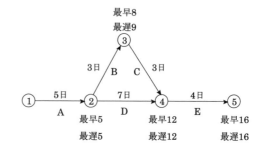

図 5-2　クリティカルパス

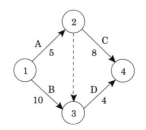

図 5-3　ダミー作業を含むアロー
ダイヤグラム

●フロート

結合点に 2 つ以上の作業が集まる場合，それぞれの作業がその結合点に到達する時間には差があるのが普通です．このとき，それらの作業の中で最も遅く完了する作業以外のものには時間的余裕が存在することになりますが，これを**フロート**（余裕時間）といいます．また，任意の作業内で，とり得る最大余裕時間を**トータルフロート**と呼んでいます．

●フローダイアグラム

フローダイアグラムとは，各原材料の受入から始まって製品の出荷に至るまでの時系列的な流れの順序に行われる作業や工程を列挙して，その工程のつながりが分かるような製造工程図としてまとめたフロー図のことをいいます．

●ネットワーク

節点と経路からなり，流れ（フロー）があるもの．

●進捗管理

建設プロジェクトは，定期的または特定の段階において，それまでの実績と現在のプロジェクトの状況，それに今後の予想を勘案して，先の計画を実際に即したものに修正する必要があります．この管理活動を**進捗管理**と呼んでいます．

●PDCA サイクル（plan-do-check-act cycle）

PDCA サイクルは，事業活動における生産管理や品質管理などの管理業務を円滑に進める手法の一つで，Plan（計画）→ Do（実行）→ Check（評価）→ Act（改善）の 4 段階を繰り返すことによって業務を継続的に改善します．

●線形計画法　（LP；linear programming）

いくつかの 1 次不等式および 1 次等式を満たす変数の値の中で，ある 1 次式を最大化または最小化する値を求める方法．

【問題 5.1（ネットワーク工程表）】 図（問題 5-1）のネットワーク工程表においてクリティカルパスの日数を求めなさい．

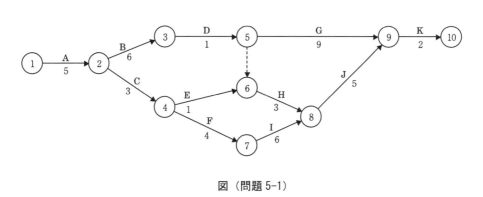

図（問題 5-1）

（国家公務員Ⅱ種試験）

【解答】プロジェクト全体を左右する作業経路（プロジェクト全体のスケジュールを決定している作業の連なり）を**クリティカルパス**といいます．当然ですが，クリティカルパス上の作業が遅れると，プロジェクト全体のスケジュールが遅れてしまいますので，クリティカルパス上の作業を円滑に進行させることがプロジェクトを管理する上で重要となります．

A→B→D→G→K が 5+6+1+9+2＝23 日

A→B→D→（⑤→⑥はダミー作業）H→J→K が 5+6+1+3+5+2＝22 日

A→C→E→H→J→K が 5+3+1+3+5+2=19 日

A→C→F→I→J→K が 5+3+4+6+5+2=25 日

したがって，クリティカルパスの日数は 25 日となります．

【問題 5.2（工程計画）】 わが国における建築工事の工程計画に関する記述[ア]〜[エ]の正誤を答えなさい．

[ア] 月間工程表や週間工程表は，工事の進捗度を全体（総合）工程表と照合しながら，現時点より一定期間内の工事を再計画し，細部にわたって作成されるものである．

[イ] 出来高予定曲線は，工事の進捗度を工事費に換算して表現するものであり，一般に，工程や出来高の管理に用いられている．

[ウ] バーチャート工程表は，一般に，工種別の並行作業において，作業間の相互関連の確認や工程管理上重要な作業の判断などを行う際に用いられている．

[エ] 図（問題 5-2）のような模式化したネットワーク工程表において，クリティカルパスの所要日数は 16 日である．

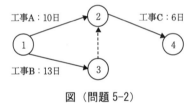

図（問題 5-2）

（国家公務員Ⅱ種試験）

【解答】[ア]＝正（記述の通り，**月間工程表**や**週間工程表**は，工事の進捗度を全体（総合）工程表と照合しながら，現時点より一定期間内の工事を再計画し，細部にわたって作成されるものです），[イ]＝正（記述の通り，**出来高予定曲線**は，工事の進捗度を工事費に換算して表現するものであり，一般に，工程や出来高の管理に用いられています），[ウ]＝誤（**バーチャート工程表**は，見やすく，わかりやすいなどの長所がありますが，各作業の関連性や作業の余裕度がわかりにくいなどの欠点もあります），[エ]＝誤（破線は**ダミー作業**を表しています．ダミー作業とは同期をとるためのものであり，実体のない作業ですが，作業②→④は，作業①→②と作業①→③が終了するまで開始することができません．したがって，クリティカルパスの所要日数は 19 日となります）

5.2　各部工事 [1]

●木質系内装材料の品質

　木質系内装材料では，その品質として接着性，含水率，曲げ剛性，板面の品質，ホルムアルデヒド放散量などが規定されています．

●カーテンウォール

　建築物の架構構造とは独立に構成され，建築物の外部空間と室内空間とを仕切る非耐力壁およびその工法の総称で，帳壁（ちょうへき）ともいいます．材質には金属板・ガラス・ブロック・プレキャストコンクリートなど種々ありますが，温度変化や建物の揺れなどによる変形に追随できるような配慮や耐火・耐風性能をもたせるなどの工夫がなされています．カーテンウォールが開発されたことにより，外壁重量の軽量化・建物のしなりによるゆがみの影響を極力小さくできるようになりました．

●コーキング材

　水密・気密を目的として，目地や隙間などに充填することをコーキング（caulking）といい，充填する材料をコーキング材（または，充填材・シーリング材）といいます．なお，このコーキング材は，
・形状があらかじめ定まっている定形のもの
・目地や隙間に詰める段階ではペースト状で，詰めてからしばらく経つとゴム状に変化（硬化）する不定形のもの
とに大別されます．

【コンクリート工事】

●せき板

　型枠の一部で，コンクリートに直接接する木や金属などの板類のこと．

●コンクリートを練り混ぜてから打ち終わるまでの時間

　コンクリートを練り混ぜてから打ち終わるまでの時間は，一般的な基準では外気温 25℃以上で 1.5 時間（90 分）以内，25℃以下で 2 時間（120 分）以内となっています．

●寒冷期における養生

　寒冷期は，工事期間中に凍害を受けるおそれがありますので，コンクリート打込み後，5 日間にわたってコンクリート温度を 2℃以上に保つ養生を行います．

---

1) 各部工事に関する内容は非常に多いことから，原則として，ここでは過去の国家公務員Ⅱ種試験（平成 24 年度からは一般職試験）で出題されたもののみ記述しました．

●加水

運搬および打ち込みの際には，**いかなる場合も加水をしてはなりません**．

●打ち込みの基本

①低い位置から打ち込み，型枠内部の横流しは避ける．

②全体が均一な高さを保つように一度打ち止めし，十分に突き締めてから次の層を打ち込む．

③原則として，遠い方から近い方に打ち込む．

●振動機による締め固め方法

①垂直に挿入し，挿入間隔は 60cm 程度以下とする．

②振動機の先端は，その下層に入れ，鉄筋や型枠などに接触させない．

③加振時間は，一箇所につき，5〜15 秒程度とする．

④振動機は，コンクリートの流し込みの補助として使用してはならない．

【タイル張り工事】

●湿式工法と乾式工法

①湿式工法

あらかじめ設けられた下地に，モルタルを使ってタイルを張り付けていく工法．

②乾式工法 [2]

モルタルではなく，金具やビスまたは有機質接着剤などを使ってタイルを張り付ける工法．

●陶磁器質タイル張り工事における重要事項

①タイルの凍害とは，タイルきじ中に吸収された水分が，凍結による体積膨張と融解現象を繰り返すことにより，タイルきじを構成している素材が疲労破壊される現象である．

②下地モルタルや張付け用モルタルが乾燥にともなって収縮したり，温度変化によって躯体とともに伸縮することによってタイルのはく離が生じるので，**伸縮目地**を設けて小面積に分割する必要がある．

③タイル目地に**タイル厚の 1/2 以上の目地モルタルを充填**する（目地深さはタイル厚の 1/2 以下 [3]）．

④接着剤張りの場合を除き，タイル張りに先だって下地モルタルに適度の水湿しを行う．

●裏足（うらあし）

タイルと壁や，タイルとコンクリートなどを接着する際に，接着性を高めるため，タイルの裏側に櫛目模様の凹凸があらかじめつけられていますが，この凹凸や模様を裏足といいます．

---

2) 乾式工法に用いるファスナーはステンレス製とします．

3) 充填した目地材からタイルの面までの空間部分を，目地深さといいますので，同じ意味になります．

●改良圧着張り

　張り付け用モルタルを下地面に平坦に塗り，これがかたまらないうちに，タイル裏面全体に同じモルタルを塗ってタイルを張り付ける工法．ちなみに，下地面に張り付け用モルタルを塗り，タイルをたたき押さえして張り付ける工法が**圧着張り工法**です．

●タイル型枠先付け工法

　コンクリート壁の型枠に，陶磁器質タイルを先付けしてコンクリートを打設する工法．コンクリートの打設にあたり，**「型枠への散水は，タイルの仮付けに先立ち行う」**，**「棒バイブレター（棒状振動機）は，タイルにあたらないように操作する」**ことが大切です．

●ALCパネル

　工場で ALC（軽量気泡コンクリート）にタイル張りしたパネル．ALC パネルを外壁の縦壁として取り付ける際，変形追従性の高い**ロッキング構法**を採用すれば，地震時に躯体が変形してもパネルが回転（ロッキング）することで，変形の影響を最低限にとどめることが可能になります．

【鉄筋工事】

●鉄筋工事における重要事項

①鉄筋相互のあきは，鉄筋の呼び名の数値の 1.5 倍，粗骨材の最大寸法の 1.25 倍，25mm のうち最も大きい数値以上とする．

②**スラブのスペーサーは原則として鋼製**とする．

③梁筋の柱内定着において，縦に折り曲げて定着する場合は，柱幅の 3/4 以上のみ込ませて折り曲げる．

④継手は，原則として応力の小さい位置，また，コンクリートに常時圧縮応力が生じている位置とする（**梁の上端筋はスパンの中央 L/2 以内**）．

⑤直径の異なる重ね継手の長さは，**短い方の鉄筋径の倍数**とする．

⑥D35 以上の異形鉄筋においては，かぶりコンクリートの割裂をともないやすいので，原則として重ね継手は設けない．

⑦鉄筋には点付け溶接は行わない．

⑧ガス圧接後の鉄筋の**中心偏心量（くい違い）は鉄筋径の 1/5 以下**とする．

⑨継手が 1 カ所に集中しないように，隣接するガス圧接継手の位置を 400mm 以上ずらして設ける．

⑩**全圧接部を目視により外観試験**を行う．

⑪外観試験の後の**抜き取り試験は**，超音波探傷試験または引張試験で行う．

【杭地業工事】

●地業工事
<ruby>地業工事<rt>じぎょうこうじ</rt></ruby>

　地業工事とは，地盤に杭や敷砂利・割栗石・捨てコンクリートなどを布設する工事のことです．それによって基礎スラブを下から支えます．

●既製コンクリート杭の施工方法

　打ち込み工法と**埋込み工法**があります．また，埋込み工法の代表的な工法にプレボーリング工法があり，その代表例が以下に示す**セメントミルク工法**です．

●セメントミルク工法

　主に建築工事で使われるプレボーリング工法の代表的工法です．オーガースクリューの軸芯より，掘削溶液（一般にセメント＋ベントナイト安定液＋水）を噴出させて孔壁崩壊を防止しながら削孔し，支持層付近に達してから根固め溶液（セメント＋水）に切り替え，それと支持層中の砂や砂レキと十分に撹拌混練させます．その後，スクリューを引抜き，地盤と杭を一体化させます．なお，アースオーガーの支持地盤への掘削深さは1.5m程度とし，杭の支持地盤への根入れ深さは1.0m以上とします．また，アースオーガーヘッドの径は杭径＋100mm程度としなければなりません．

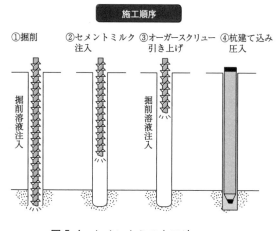

図5-4　セメントミルク工法

●場所打ちコンクリート杭の施工方法

　場所打ち杭とは，施工現場で特殊な機械を用いて孔をあけ，鉄筋かごを建て込んでコンクリートを打設する工法．その施行方法には，人力や各種機械を組み合せて掘削する**<ruby>深礎工法<rt>しんそこうほう</rt></ruby>**と図5-5に示すような機械掘削による**ベノト工法**，**アースドリル工法**，**リバース工法**などがあります．なお，場所打ちコンクリート杭のコンクリート打設において，トレミー管内のコンクリートの逆流や泥水の浸入を防ぐため，**トレミー管の先端をコンクリート中に常に2.0m以上埋まった状態を保持**します．また，場所打ちコンクリート杭の施工においては，杭上部

のコンクリートに不良箇所ができる可能性があるため，通常，所定の高さより 50cm～100cm 程度余分に打設します．

(1) 深礎工法
構造物の基礎や場所打ち杭の孔などを掘削するのに，全断面機械掘削を行わず，人力や各種機械を組み合せて，崩壊を防ぎつつオープン掘削していく工法．大口径杭の施工が可能です．

(2) ベノト工法（オールケーシング工法）
機械により振動させながらケーシングチューブ（鋼製の管）を圧入し，ハンマグラブなどによりチューブ内の土砂を排土して所定の深さまで掘削する工法．

(3) アースドリル工法
孔壁の崩壊を防護するため，孔内にベントナイト安定液（人工泥水による安定液）を満たした状態で，回転バケットに刃を付けて掘削し，排出はバケットを用いて地上に引き上げて処理する工法．なお，発生した廃ベントナイト泥水は，産業廃棄物の汚泥として処理します．

(4) リバース工法（リバースサーキュレーション工法）
表層部はケーシング（スタンドパイプ）で，ケーシングより深部では孔内に満たしたベントナイト溶液の静水圧で孔壁を保持しつつ，ドリルパイプの先端に取り付けた回転ビットによって土砂を掘削し，掘削した土砂は水と一緒にドリルロッドの内部を通じて地上に排出する工法．

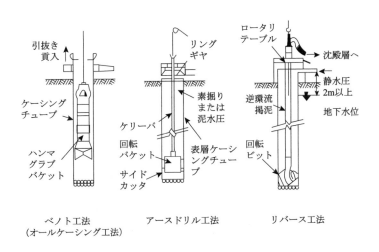

図 5-5　場所打ち杭

【問題 5.3（鉄筋工事）】 鉄筋工事の施工に関する記述[ア]～[エ]の正誤を答えなさい.

[ア] 梁の主筋を異形鉄筋で配筋する際, 鉄筋相互のあきを鉄筋の呼び名の数値の 1.5 倍, 粗骨材の最大寸法の 1.25 倍, 25mm のうち最も大きい数値とした.

[イ] 柱主筋の継ぎ手位置を下端部および上端部とした.

[ウ] 床配筋のかぶり厚さを確保するためにプラスチック製のスペーサーを使用した.

[エ] 梁主筋をガス圧接するとき, 圧接する主筋の鉄筋中心軸が偏心したが, $d/5$ 以下の偏心だったので合格とした（d は鉄筋の径）.

（国家公務員 II 種試験）

【解答】[ア]＝正（「梁の主筋を異形鉄筋で配筋する際, 鉄筋相互のあきを鉄筋の呼び名の数値の 1.5 倍, 粗骨材の最大寸法の 1.25 倍, 25mm のうち最も大きい数値とした」とするこの記述は正しい）, [イ]＝誤（柱で応力が小さい位置は真ん中付近ですので, 継ぎ手位置はこの付近に設けます）, [ウ]＝誤（**スラブのスペーサーは原則として鋼製**です）, [エ]＝正（「梁主筋をガス圧接するとき, 圧接する主筋の鉄筋中心軸が偏心したが, $d/5$ 以下の偏心だったので合格とした（d は鉄筋の径）」とするこの記述は正しい）

【問題 5.4（鉄筋工事）】 わが国の建築物における鉄筋工事に関する記述[ア]～[エ]の正誤を答えなさい.

[ア] 径が異なる異形鉄筋の重ね継手の長さは, 細い方の鉄筋径を基準として定めた.

[イ] ガス圧接継手において, 圧接面のずれが鉄筋径の 4 分の 1 を超えた圧接部については, 再加熱して修正した.

[ウ] 鉄筋の組立に用いるスペーサーの材質は, スラブおよび梁の底部ではプラスチック製とし, 柱, 梁および壁の側面では鋼製とした.

[エ] 地上階における梁の上端筋の継手は, 引張応力の小さい梁中央部に設けた.

（国家公務員 I 種試験）

【解答】[ア]＝正（直径の異なる**重ね継手の長さ**は, 短い方の鉄筋径の倍数とします）, [イ]＝誤（**ガス圧接後の鉄筋の中心偏心量は, 鉄筋径の 1/5 以下**です）, [ウ]＝誤（**スラブのスペーサーは, 原則として鋼製**です）, [エ]＝正（**梁の上端筋の継手は, スパンの中央 $L/2$ 以内に**設けます）

【問題 5.5（防水工事）】 わが国における防水工事に関する記述 [ア]〜[オ]の正誤を答えなさい.

[ア] アスファルト防水に用いる溶融アスファルトの溶融温度は，軟化点温度に 170℃を加えた温度を上限にし，かつ，200℃以下とならないように管理する.

[イ] アスファルト防水に用いるルーフィングは，水下から水上に張り上げ，かつ，縦横方向とも 50mm 程度重ね合わせて張り付ける.

[ウ] アスファルト防水に保護コンクリートを採用する際，コンクリートの伸縮目地は 5m 間隔に設け，かつ，パラペットなどの立ち上がり部から 600mm 以内に最初の目地を設ける.

[エ] 塗膜防水とは，下地にプライマーを塗布した後に液状の合成樹脂の防水剤を塗布する工法で，他の防水工法に比べ，層の厚さの管理が難しく，複雑に入り組んだ部位に対する施工も難しい.

[オ] マスキングテープは，シーリング目地の施工において，目地の周辺を汚さず，かつ，目地の通りを良くするために用いるもので，シーリング材の打設後，硬化する前にはがす.

(国家公務員 II 種試験)

【解答】 [ア]＝正（記述の通り，アスファルト防水に用いる溶融アスファルトの溶融温度は，軟化点温度に 170℃を加えた温度を上限にし，かつ，200℃以下とならないように管理します），[イ]＝誤（**アスファルトルーフィング類の継ぎ目**は，縦横とも 100mm 程度重ね合わせます），[ウ]＝誤（**伸縮目地**は，縦横とも 3m 程度ごとに設けます），[エ]＝誤（**塗膜防水**は，液状のウレタンゴムやアクリルゴム，FPR などをハケなどで広げて膜を作る方法であるため，防水工事をする範囲が複雑な形状をしていても適応できます），[オ]＝正（記述の通り，マスキングテープはシーリング材の打設後，硬化する前にはがします）

【問題 5.6（アスファルト防水工事）】 アスファルト防水工事に関する記述[ア]〜[エ]の正誤を答えなさい

[ア] アスファルトルーフィング類の継ぎ目は，縦横とも 10mm 程度重ね合わせる.

[イ] アスファルトルーフィング類は，張り付け前に表裏の石粉を十分に取り除き，空気を追い出しながら張り付ける.

[ウ] 防水層押さえ及び上部の仕上げの伸縮目地は，縦横とも 3m 程度ごとに設ける.

[エ] 出隅・入隅・立ち上がりの曲部などは，モルタルで半径 50mm 程度の丸面または，45°の傾斜で 30〜70mm 程度の面を付ける.

(国家公務員 II 種試験)

【解答】[ア]＝誤（**継ぎ目は縦横とも 100mm 程度重ね合わせます**），[イ]＝正（記述の通り，アスファルトルーフィング類は，張り付け前に表裏の石粉を十分に取り除き，空気を追い出しながら張り付けます），[ウ]＝正（記述の通り，防水層押さえ及び上部の仕上げの伸縮目地は，縦横とも 3m 程度ごとに設けます），[エ]＝正（記述の通り，出隅・入隅・立ち上がりの曲部などは，モルタルで半径 50mm 程度の丸面または，45°の傾斜で 30〜70mm 程度の面を付けます）

【問題 5.7（外装工事）】わが国の建築物における外装工事に関する記述[ア]〜[エ]の正誤を答えなさい．

[ア] 外装の張り石工事において，乾式工法に用いるファスナーはステンレス製とした．

[イ] タイル後張り工法において，タイル剥離防止のために，タイル厚さの 2 分の 1 以上になるまで目地モルタルを充填した．

[ウ] タイル型枠先付け工法において，棒状振動機によりコンクリートの締め固めを行う際，振動機をタイルに押し当てることにより，タイル周りがよく充填されるようにした．

[エ] ALC パネル工事において，ALC パネルを外壁の縦壁として取り付ける際，ロッキング構法に比べて建物の変形に対する追従性がよいスライド構法を採用した．

(国家公務員 I 種試験)

【解答】[ア]＝正（乾式工法は，モルタルを充填による固定ではなく，ファスナーと呼ばれるダボピンの付いたステンレス製金物で保持する工法です），[イ]＝正（記述の通り，タイル厚さの 2 分の 1 以上になるまで目地モルタルを充填します），[ウ]＝誤（**棒状振動機**は，タイルにあたらないように操作することが大切です），[エ]＝誤（追従性は，**ロッキング構法**の方が優れています）

【問題 5.8（仕上げ材料）】建築物の仕上げ材料に関する記述[ア]〜[エ]の正誤を答えなさい．

[ア] 床タイルは吸水率の低いものが望ましく，釉薬（うわぐすり）を用いるのが一般的である．

[イ] 一般に，陶器質タイルは吸水率が高く，外装や床の仕上げには適さない．

[ウ] 合成樹脂調合ペイントは油性であるのに対し，合成樹脂エマルションペイントは水性で比較的短時間で乾燥する．

[エ] エナメルペイントのうち，アクリル樹脂エナメルは塩化ビニル樹脂エナメルに比べ，耐候性や耐アルカリ性に優れ，内部・外部ともよく使われる．

(国家公務員 II 種試験)

【解答】[ア]＝誤（**床タイル**は耐候性や吸水性の低さのほかに，耐摩耗性，耐衝撃性に優れていることが要求され，さらに汚れにくく，汚れが落ちやすいことも必要です．施釉するかどうかには関係しません），[イ]＝正（**陶器質タイル**は寸法精度が高く，内装に適しています），[ウ]＝正（記述の通り，**合成樹脂調合ペイント**は油性であるのに対し，**合成樹脂エマルションペイント**は水性で比較的短時間で乾燥します），[エ]＝正（記述の通り，**アクリル樹脂エナメル**は，塩化ビニル樹脂エナメルに比べ，耐候性や耐アルカリ性に優れ，内部・外部ともよく使われます）

【**問題 5.9**（建築材料）】ALC パネルに関する次の記述の[ア]，[イ]，[ウ]にあてはまるものの組合せとして最も妥当なものを解答群から選びなさい．

　「ALC パネルは，　[ア]　されたコンクリートパネルで，　[イ]　を多く含むことから軽量であり，断熱性や耐火性に優れ，主に鉄骨造の外壁や間仕切り壁，屋根，床などに使用されている．ALC パネルを外壁に用いる際の取付け構法としては，地震時等の躯体の変形に対し，パネルが 1 枚ごとに微少回撃して追従する　[ウ]　構法，パネル上部がスライドして追従する縦壁スライド構法，また，上下段のパネル相互が水平方向にずれ合って追従する横壁ボルト止め構法がある」

	[ア]	[イ]	[ウ]
1.	高温・高圧養生	繊維質原料	縦壁フットプレート
2.	高温・高圧養生	内部に気泡	縦壁フットプレート
3.	高温・高圧養生	内部に気泡	縦壁ロッキング
4.	押出成形	繊維質原料	縦壁フットプレート
5.	押出成形	内部に気泡	縦壁ロッキング

（国家公務員総合職試験[大卒程度試験]）

【解答】ALC は"Autoclaved Lightweight aerated Concrete"（高温高圧蒸気養生された軽量気泡コンクリート）の頭文字をとって名付けられた建材で，板状に成型したものを「ALC パネル」と呼びます．このことを知っていれば，正解は 2 か 3 のどちらかになります．**縦壁フットプレート構法**は，フットプレートでパネル下部の中央部を挟み込み，スラブに固定して取り付ける乾式間仕切構法です．ちなみに，**乾式工法**とは，水を必要とするコンクリートや漆喰などの材料を使わずに，建築物を組み立てる方法のことをいいます．一方，ALC パネルを外壁の縦壁として取り付ける際，**変形追従性の高いロッキング構法**を採用すれば，地震時に躯体が変形してもパネルが回転（ロッキング）することで，変形の影響を最低限にとどめることが可能になります．

　以上より，正解は 3 となります．

【**問題 5.10（カーテンウォールの施工）**】カーテンウォールの施工に関する次の記述のうち，最も妥当なものを選びなさい.

[ア] プレキャストコンクリート製のカーテンウォール工事は，カーテンウォール部材の製作から取付けまでを工事現場で行う.

[イ] プレキャストコンクリート製のカーテンウォールでは，カーテンウォールが周囲のカーテンウォールと一体的に挙動するように，カーテンウォール部材同士を固定ファスナーで取り付ける.

[ウ] カーテンウォールの工事では，カーテンウォールの取付けやパネルジョイント部のシーリングの施工のために外部足場を設ける.

[エ] 層間変位の大きな鉄骨造などでは，大きな地震のときプレキャストコンクリート製のカーテンウォールが建物の構造を拘束しないよう，建物の変形に対して追従できるような機構の可動式ファスナーが用いられる.

[オ] 縦部材の方立等の長い部材を用いたアルミニウム合金製のメタルカーテンウォールを取り付ける場合，部材の長さ方向のジョイントは雨水の浸入と脱落を防止するため，溶接接合とする.

（国家公務員Ⅱ種試験）

【**解答**】**カーテンウォール**を知っていれば，最も妥当なものは[エ]であることがわかると思います. なお，[ア]と[イ]の「**プレキャストコンクリート製**」とは"（現場とは違う別の場所で）あらかじめつくられたコンクリート製"という意味です.

【**問題 5.11（建築工事）**】わが国の建築工事におけるコンクリートの施工に関する記述［ア]〜[エ]の正誤を答えなさい.

[ア] コンクリートの練り混ぜから打込み終了までの時間は，外気温が 25℃ 未満の場合は 120 分以内とする.

[イ] 降雨中のコンクリートの打込みは，品質に悪影響を及ぼすおそれがあるので，避けなければならない.

[ウ] 梁および床スラブの鉛直打継ぎ部は，スパンの端部に設ける.

[エ] コンクリートの打継ぎに際しては，打継ぎ面のレイタンスやぜい弱なコンクリートなどを取り除く.

（国家公務員Ⅰ種試験）

【**解答**】[ア]＝正（コンクリートを練り混ぜてから打ち終わるまでの時間は，一般的な基準では外気温 25℃以上で 1.5 時間以内，25℃以下で 2 時間以内となっています），[イ]＝正（記述の通り，降雨中のコンクリートの打込みは，品質に悪影響を及ぼすおそれがあるので，避

けなければなりません），[ウ]＝誤（打継目はできるだけせん断力の小さい位置に設け，打継面を部材の圧縮力の作用する方向と直角にするのが原則です．それゆえ，**梁や床スラブの鉛直打継ぎ部**は，スパンの端部ではなく，スパン中央部付近のせん断力が小さい部分に設けます），[エ]＝正（記述の通り，**コンクリートの打継ぎ**に際しては，打継ぎ面の**レイタンス**やぜい弱なコンクリートなどを取り除きます），

【問題 5.12（コンクリート工事）】 コンクリート工事に関する記述[ア]〜[エ]の正誤を答えなさい．

[ア] コンクリート打込み後，豆板，空洞等の有無の確認は，せき板の取外し後に行った．

[イ] 運搬後の圧送の際，型枠の隅々までコンクリートが充填されるように，コンクリートに加水して流動性を高めてから打ち込んだ．

[ウ] コンクリートの練混ぜ開始から打込み終了までの時間は，外気温が30℃であったので，120分以内とした．

[エ] 工事期間中に凍害を受けるおそれがあったので，コンクリート打込み後，5日間にわたってコンクリート温度を2℃以上に保つ養生を行った．

（国家公務員Ⅱ種試験）

【解答】 [ア]＝正（当然，せき板の取外し後に行います），[イ]＝誤（水分が多すぎるコンクリートはヒビ割れやすいので，**コンクリートに加水してはいけません**），[ウ]＝誤（コンクリートの練混ぜから打込み終了までの時間は，**外気温が25℃未満の場合は120分以内**とします），[エ]＝正（**コンクリート温度を2℃以上に保つ養生**を行えば，コンクリートに含まれる水分は凍りません）

【問題 5.13（鉄筋コンクリート工事）】 わが国における鉄筋コンクリート工事に関する記述[ア]〜[エ]の正誤を答えなさい．

[ア] コンクリートの締固めは，鉄筋に棒形振動機（バイブレーター）をしっかりと接触させることで確実に行った．

[イ] コンクリートの強度試験は，その日の打設工区のうち1箇所から，供試体を一個採取して行った．

[ウ] 梁に鉛直打継ぎ部を設ける必要があったため，その位置をスパンの中央付近とした．

[エ] コンクリートの養生において，直射日光や高温によるコンクリート表面の乾燥を防ぐため，散水し，シートを掛けた．

（国家公務員一般職種試験）

【解答】[ア]＝誤（**棒形振動機**は鉄筋や型枠などに接触させてはいけません），[イ]＝誤（強度試験における「1回の試験結果」とは，供試体3個に対する圧縮強度の平均であることを知っていれば，この記述は誤であることがわかります），[ウ]＝正（**打継ぎ部の位置**は，構造部材の耐力への影響が最も少ない位置に定めるものとし，梁および床スラブの鉛直打継ぎ部は，スパンの中央または端から1/4付近に設けます），[エ]＝正（コンクリートは，適切な温度管理や湿潤状態（水分で湿った状態）を保てないと，強度の発現が遅れたり，ひび割れが起きやすくなります．それゆえ，**コンクリートの養生**では，直射日光や高温によるコンクリート表面の乾燥を防ぐため，散水し，シートを掛けたりします）

【問題 5.14（コンクリート工事）】わが国におけるコンクリート工事に関する記述 [ア]〜[エ]の正誤を答えなさい．

[ア] 型枠を設計する際のコンクリートの側圧は，部位，打込み高さ，打込み速さ等を考慮して計算した．

[イ] 配筋における異形鉄筋の間隔（鉄筋の中心間の距離）は，呼び名の数値の 1.25 倍，粗骨材最大寸法の 1.5 倍および 25mm のうち最も大きい数値とした．

[ウ] 壁のコンクリート打設においては，コンクリートの材料が分離しないように，できる限り一箇所にまとめて打ち込み，その後型枠内でコンクリートを横に広げて充填する．

[エ] 打重ねの場合の締固めにおいて，コンクリート棒形振動機（バイブレーター）を，その先端が先に打ち込んだ層に入るように，かつ，ほぼ鉛直に挿入した．

（国家公務員総合職試験[大卒程度試験]）

【解答】[ア]＝正（記述の通り，型枠を設計する際のコンクリートの側圧は，部位，打込み高さ，打込み速さ等を考慮して計算します），[イ]＝誤（**鉄筋相互のあき**は，鉄筋の呼び名の数値の 1.5 倍，粗骨材の最大寸法の 1.25 倍，25mm のうち，最も大きい数値以上とします），[ウ]＝誤（コンクリートは低い位置から打ち込み，型枠内部の横流しは避ける必要があります），[エ]＝正（記述の通り，**打重ねの場合の締固め**においては，コンクリート棒形振動機（バイブレーター）を，その先端が先に打ち込んだ層に入るように，かつ，ほぼ鉛直に挿入します）

【**問題 5.15（改修工事・保全）**】改修工事・保全に関する記述[ア]〜[エ]の正誤を答えなさい.

[ア] アスベスト含有材の除去にあたっては, 石綿作業主任者の選定を行わなければならない.

[イ] タイル張り仕上げ外壁の改修にあたり, 浮き部の補修範囲の確認は, 目視により行う.

[ウ] 降雨等のおそれがある日は, 屋根防水層および外部に面するシーリング材の撤去等の作業は行わない.

[エ] 維持保全には, 事後保全と予防保全の考え方があり, 十分な予防保全を行うと, 大きな異常や故障を防ぐことができ, 保全全体の費用が低く抑えられる.

（国家公務員Ⅱ種試験）

【**解答**】[ア]＝正（**アスベスト**の健康被害リスクが明らかになっています. 当然, アスベスト含有材の除去にあたっては, 石綿作業主任者の選定を行わなければなりません）, [イ]＝誤（タイルの浮き補修・補修範囲の確認は, **テストハンマー**などで**打診**し, 浮きの状態と範囲を調べてマーキングして行きます）, [ウ]＝正（記述の通り, 降雨等のおそれがある日は, 屋根防水層および外部に面するシーリング材の撤去等の作業は行ってはいけません）, [エ]＝正（記述の通り, **維持保全**には, 事後保全と予防保全の考え方があり, 十分な予防保全を行うと, 大きな異常や故障を防ぐことができ, 保全全体の費用を低く抑えることができます）

【**問題 5.16（建築工事）**】わが国の建築工事における鉄骨工事の施工に関する記述[ア]〜[エ]の正誤を答えなさい.

[ア] トルシア形高力ボルトの締付け完了後の目視検査において, 「共回り・軸回りがないこと」, 「ナット回転量およびナット面から突き出したボルトの余長が十分であること」および「ピンテールが破断しているもの」を合格とした.

[イ] 高力ボルト接合部の摩擦面については, 適切なすべり係数を確保するために, 屋外に自然放置して, 表面が一様に赤く見える程度の赤錆を発生させた.

[ウ] 鉄骨部材の組立てにおいて, 溶接後の精度を確保するために, 溶接により生じるひずみを考慮して, あらかじめ, そのひずみの逆方向に鋼材をひずませて溶接した.

[エ] 施工者が行う工場製品受入検査については, 鉄骨製作工場の社内検査のすべてに合格し, 塗装を行った後に実施した.

（国家公務員Ⅰ種試験）

【**解答**】[ア]＝正（**トルシア形高力ボルト**とは, 一定のトルク値（締付け値）が得られるとボルト先端部分であるピンテールが破断して, 軸力が導入される機構の高力ボルトです）,

[イ]＝正（記述の通り，炭素鋼では，黒皮等を除去した後に自然放置して表面に赤錆が発生した状態，またはショットブラストなどの方法によってこれと同等以上の**すべり係数**を有する状態にしておく必要があります），[ウ]＝正（溶接歪み防止対策の一つに，あらかじめ材料を逆方向に反らしておく逆歪み法と呼ばれる方法があります），[エ]＝誤（塗装を行ってしまうと，溶接部の外観検査に支障が生じます）

【問題 5.17（杭地業工事）】 わが国における杭地業工事の施工に関する記述［ア］〜［エ］の正誤を答えなさい．

［ア］場所打ちコンクリート杭のコンクリート打設において，トレミー管の先端をコンクリート中に常に 0.5m 程度入れるようにした．

［イ］埋込杭をセメントミルク工法により施工する場合，アースオーガーヘッドの径を杭径と同じとした．

［ウ］アースドリル工法による場所打ちコンクリート杭工事において，発生した廃ベントナイト泥水は，産業廃棄物の汚泥として処理した．

［エ］セメントミルク工法において，アースオーガーの支持地盤への掘削深さは 1.5m 程度とし，杭の支持地盤への根入れ深さは 1.0m 以上とした．

（国家公務員Ⅱ種試験）

【解答】［ア］＝誤（常に 2m 以上入れるようにします），[イ]＝誤（アースオーガーヘッドの径は杭径＋100mm 程度とします），[ウ]＝正（記述の通り，アースドリル工法による場所打ちコンクリート杭工事において，発生した廃ベントナイト泥水は，産業廃棄物の汚泥として処理します），[エ]＝正（記述の通り，セメントミルク工法において，アースオーガーの支持地盤への掘削深さは 1.5m 程度とし，杭の支持地盤への根入れ深さは 1.0m 以上とします）

【問題 5.18（工事中の安全衛生管理）】工事中の安全衛生管理に関する次の記述のうち，最も妥当なものを選びなさい.

[ア] 建築工事の現場で設置される安全衛生の協議組織である協議会は，現場で指導的立場にある元請業者の作業所長が招集して開催する.

[イ] 労働安全衛生法において，工事現場の安全衛生に関する統括管理責任の義務を履行すべき者は，当該工事の発注者から工事監理業務の委託を受けた者である.

[ウ] 下請業者の作業員に対する安全衛生教育は，その作業員を直接雇用している下請業者の責任であり，下請業者の作業員に対して元請業者が安全衛生教育を行うケースはほとんどない.

[エ] 元請業者が仮設計画を定めるに当たっては，仮設工事の下請けの専門工事業者の意見を取り入れるよりも，設計者の意見を取り入れて計画を定める方が，安全管理上有効である.

[オ] クレーンの運転についての合図は，他の工事現場で広く用いられている合図よりも，独自の合図を使用する方が，作業員の事故防止を図る上で有効である.

（国家公務員Ⅱ種試験）

【解答】[イ]＝工事管理は主にゼネコンが，工事監理業務は主に設計事務所が，担当します，[ウ]＝下請業者の作業員に対しても元請業者が安全衛生教育を行います，[エ]＝仮設工事の下請けの専門工事業者の意見を取り入れた方が安全管理上は安全です，[オ]＝「巻け」を「ゴーヘイ」，「下げ」を「スラー」といわれてもわかりにくいですよね.

　以上より，最も妥当なものは[ア]であることがわかります.

参考文献

[1] 米田昌弘：土木職公務員試験　専門問題と解答　[必修科目編]　第 5 版, 大学教育出版, 2020 年.

[2] 米田昌弘：土木職公務員試験　専門問題と解答　[選択科目編]　第 3 版, 大学教育出版, 2019 年.

[3] 米田昌弘：土木職公務員試験　専門問題と解答　[数学編]　第 3 版, 大学教育出版, 2021 年.

[4] 米田昌弘：土木職公務員試験　専門問題と解答　[物理編]　第 3 版, 大学教育出版, 2018 年.

[5] 米田昌弘：土木職公務員試験　専門問題と解答　実践問題集　[必修・選択科目編] 第 3 版, 大学教育出版, 2017 年.

[6] 米田昌弘：土木職公務員試験　専門問題と解答　実践問題集　[数学・物理編]　第 2 版, 大学教育出版, 2016 年.

[7] 米田昌弘：公務員試験にでる構造力学, 森北出版, 2005 年.

[8] 山田　均, 米田昌弘：応用振動学（改訂版）, コロナ社, 2013 年.

[9] 米田昌弘：構造力学を学ぶ〜基礎編〜, 森北出版, 2003 年.

[10] 米田昌弘：構造力学を学ぶ〜応用編〜, 森北出版, 2003 年.

[11] 建築資格試験研究会 編著：2011 年版　スタンダード二級建築士, 学芸出版社, 2011 年.

[12] 建築資格試験研究会 編著：2011 年版　スタンダード一級建築士, 学芸出版社, 2011 年.

[13] 全日本建築士会 編：二級建築士合格セミナー, オーム社, 2010 年.

[14] 日建学院教材研究会 編著：2011 平成 23 年度版 1 級建築士, 2010 年.

[15] 日建学院教材研究会 編著：2010 平成 22 年度版 1 級建築士　分野別厳選問題 500+125, 2009 年.

[16] 日建学院教材研究会 編著：2011 平成 23 年度版 2 級建築士　分野別厳選問題 500+100, 2010 年.

索　引

【あ行】

RC造　205

アースドリル工法　250

圧縮側鉄筋　207

圧縮力を受ける鉄筋コンクリート柱　210

圧着張り工法　249

圧密　194

あばら筋　208, 218

網入りガラス　179, 181

アルカリ骨材反応　169

アルカリシリカ反応　169

合わせガラス　179

安全限界　144

硫黄　159

異形鉄筋　163, 209

維持管理　154

異種杭の混用　194

一軸圧縮試験　193

一次締め　228

1次設計　141

一般構造用圧延鋼材　177

一般構造用鋼材　160

イニシャルコスト　154

芋目地　183

ウェブ　227

打ち込み工法　250

打継ぎ部の位置　258

馬目地　183

埋込み工法　250

裏足　187, 248

裏当て金　231

AE剤　169, 173

ALCパネル　249

液状化現象　194

SR材　163

SRC造　206

SS400　160

S-N曲線　161

SN490B　176

SMA400　160

SM材　176

SM400　160

S造　227

SD材　163

N値　193

エネルギー法　74

FR鋼　163

LVL　157

延性　161

延性破壊　161

エンドタブ　231

エントレインドエア　169

応力図　8

応力度　53

応力度とひずみ度　160

応力の符号　7

応力の求め方　7

大壁仕様　202

大引き　200

オールケーシング工法　251

遅れ破壊　162, 227

踊り場　160

帯筋　207

温度変化による伸び　53

【か行】

カーテンウォール　247

外的不安定構造　1

回転支点　1

改良圧着張り　187, 249

外力　135

核　104

核点　104

格点法　35

各部工事　247

荷重　135

加水　248

カステリアーノの定理　74

ガスト影響係数　136

風圧力　135

風荷重　135

仮想仕事の原理　75, 101

型板ガラス　179, 181

可動支点　1

加熱加工　232

かぶり厚さ　209

壁式構造　205

壁式ラーメン構造　206

ガラス　179

ガルバリウム鋼板　185, 192

乾式工法　248, 255

含水率　155

完全溶け込み溶接　235, 241

寒冷期における養生　247

木組み　238

木構造　200

基準強度　156

基準風速　135

既製コンクリート杭　250

基礎構造　193

脚長　230

吸水率　170

共役梁法　72

強化ガラス　179

共振現象　144

許容応力度設計法　137

杭の設計　194

クリープ　155, 162

クリティカルパス　243

黒皮　163

クロム　159

形状係数　141, 142, 151, 240

珪素　159

計測震度　136

月間工程表　243

限界耐力計算　137

減水剤　169, 177

けた行方向　199, 206

建築構造用耐火鋼　163

建築施工　243

剛心　140

鋼材　159

剛性率　140
構造計算　138
構造特性係数　141, 142, 151, 240
工程計画　243
剛度　116
合板　157
剛比　116
降伏棚　160
降伏点　160
降伏比　162
降伏モーメント　128
剛節接合部材数　2
硬木　155
広葉樹　155
高力ボルト接合　227
高力ボルト接合に関する重要事項　229
高力ボルト引張接合　228
コーキング材　247
コールドジョイント　169
五大元素　159
骨材の含水状態　170
固定荷重　135
固定支点　1
固有周期　143
コンクリート工事　247
コンクリート混和剤　174
コンクリートのヤング係数　170
コンクリートの養生　212, 258
コンシステンシー　167, 176

【さ行】
細骨材　167
細骨材率　168
最小仕事の原理　74
サイズ　230
再生棒鋼　163
最早開始日　244
最大せん断応力度　55
最遅完了日　244

座屈荷重　105
座屈長さ　105
座屈長さ係数　105
三軸圧縮試験　193
仕上塗材　186, 192
支圧接合　227
CLT　157
地業工事　250
軸応力度　53
軸ひずみ度　53
時刻歴応答解析　144
地震層せん断力　136
地震層せん断力係数　136
地震地域係数　136, 142
地震力　136
地震力によって各階に生じる水平力　142
湿式工法　248
地盤　193
締め付け　228
シャルピー試験　161, 163
週間工程表　243
重心　140
主筋　207
集成材　157
住宅性能表示の耐震等級　202
常温加工　232
仕様規定　138
心材　155
伸縮目地　248
じん性　161
靭性　209
深礎工法　250
進捗管理　245
振動機　248
振動特性係数　136, 142
震度階　136
針葉樹　155
水素脆性　161
スウェーデン式貫入試験　194
図心　42
スターラップ　208
スペーサー　249

すべり係数　199, 227
隅肉溶接　229, 231, 235, 241
隅肉溶接の有効長さ　231
スランプ試験　168
スランプの値　176
制振構造　144
制振ダンパー　176
脆性　161
脆性破壊　161
ぜい性破壊　209
静定構造物　2
せき板　247
積載荷重　135
積雪荷重　135, 215
設計用1次固有周期　143
節点法　35
セメントミルク工法　250
繊維飽和点　156
線形計画法　245
全塑性　129
全塑性モーメント　129
全体の不静定次数　5
せん断応力度　54
せん断スパン比　209
せん断補強筋　208
せん断補強筋比　208
線膨張係数　205
層間変形角　140, 151
早強ポルトランドセメント　168
相反作用の定理　71
速度圧　135
粗骨材　167
塑性設計法　139
塑性ヒンジ　128
損傷限界　144
存置期間　212

【た行】
第1定理　74
耐震計算　232
耐震計算ルート　142
耐震設計　140

耐震設計に関する重要事項　212

耐震壁　206

第2定理　74

耐用年数　154

耐力壁　202, 206

タイル型枠先付け工法　249

タイル張り工事　248

高さ方向の地震層せん断力係数
　の分布係数　136, 142

建入れ直し　242

縦壁フットプレート構法　255

縦弾性係数　53

ダミー作業　244

ダルシーの法則　194

たわみ　71

たわみ角　71

たわみ曲線　71

単位荷重法　75, 101

単位水量　167

単位セメント量　167

短期荷重　215

短期許容応力度　164

短期に生じる力　135

弾性荷重法　72

弾性曲線　71

弾性限度　160

弾性設計法　137, 139

炭素　159

弾塑性　129

単板積層材　157

断面係数　54

断面2次半径　105

断面2次モーメント　42

断面の回転半径　105

断面法　35

力のつり合い　6

地表面粗度区分　135

中立点　195

超音波探傷試験　249

長期荷重　215

長期許容応力度　164

長期に生じる力　135

超高層建築物　138

調質鋼　162

束　200

突き合わせ溶接　235, 241

土のせん断強さ　193

つり合い鉄筋比　209

低温脆性　161

低降伏点鋼　162, 176

出来高予定曲線　243

鉄筋工事　249

鉄筋コンクリート造　205

鉄筋コンクリート造の設計上の
　留意点　213

鉄筋コンクリート柱の軸応力度　53

鉄筋コンクリート用棒鋼　172

鉄筋相互のあき　258

鉄筋のかぶり厚さ　178

鉄筋の長期許容応力度　207

鉄骨工事での曲げ加工　232

鉄骨造　227

鉄骨鉄筋コンクリート造　206

電食　163

陶磁器質タイル張り工事　248

透水係数　194

到達モーメント　116

帳壁　247

トータルフロート　244

トラスの軸方向力　35

トルシア形（型）高力ボルト　228

【な行】

内的不安定構造　1

長い柱　104

軟木　155

2次設計　141

ニッケル　159

ネガティブフリクション　194

根太　200

熱可塑性樹脂　185, 192

熱間加工　163

熱硬化性樹脂　185, 192

熱線吸収板ガラス　179

熱線反射ガラス　179, 181

ネットワーク　245

ネットワーク工程表　243

のど厚　230

【は行】

バーチャート工程表　243

PERT　243

場所打ちコンクリート杭　250

柱・梁に関する重要事項　211

柱の最小径　209

柱の設計　210

柱の短期許容せん断力　210

柱の長期許容せん断力　210

破断点　160

発泡層　192

幅厚比　238

幅止め筋　208

腹筋　208

張り間　206

梁せい　209

梁の圧縮鉄筋　211

梁の許容曲げモーメント　210

梁の終局曲げモーメント　210

梁の設計　210

梁のたわみを求める式　76

反力の公式　6

反力の求め方　6

火打梁　201

ひずみ硬化　160

ひずみ度　53

引っ張り試験　249

引っ張り接合　227

引っ張り強さ　156, 160

必要保有水平耐力　141

PDCA　245

ビニル系シート床材　192

微分方程式による解法　71

標準加速度応答スペクトル　144

標準せん断力係数　136, 142

標準貫入試験　193
比例限度　160
疲労限度　161
疲労破壊　161
ヒンジ支点　1
フープ　207
風力係数　135
複筋梁　218
複層ガラス　179
部材に蓄えられるひずみエネルギー　74
不静定構造物　2, 116
不静定次数　1
不静定次数の判別式　2
縁応力度　54
不同沈下　194
負の摩擦力　194
プラスチック　185
フランジ　227
ブリージング　169
ブリージング水　169
プレキャストコンクリート工法　206
プレストレストコンクリート構造の重要事項　213
プレテンション方式　213
フローダイアグラム　244
フロート　244
分割モーメント　116
平均せん断応力度　55
平衡含水率　156
平板載荷試験　193
併用継手　229
壁倍率　199, 207
壁量　207
ベノト工法　250
偏心率　140
辺材　155
偏心荷重　104

ポアソン比　160, 171
崩壊荷重　128
棒形振動機　258
法定耐用年数　154
補助筋　207, 218
ポストテンション方式　213
細長比　105
保有水平耐力　141, 143
保有水平耐力計算　212
本締め　228

【ま行】
マーキング　228
真壁仕様　202
曲げ応力度　54
曲げ剛性　71
摩擦接合　227
マスコンクリート　177
丸鋼　163
マンガン　159
短い柱　104
水セメント比　167
ミルスケール　163
目地深さ　248
免震構造　144
免震レトロフィット　144
モールの定理　72
木材　155
木材の燃焼性　155
木材のヤング係数　156
木質系材料　155
木質系内装材料　247
木造軸組工法　200
モリブデン　159

【や行】
焼入れ　159
焼なまし　159
焼ならし　159

焼戻し　159
屋根勾配　201
破れ目地　183
ヤング係数　53
床の積載荷重　135
床の設計に関する重要事項　211
洋小屋　202
養生　171
溶接構造用圧延鋼材　177
溶接構造用鋼材　160
溶接構造用耐候性鋼材　160
溶接継手　229
溶接に関する重要事項　231
溶接部の欠陥　230
溶融亜鉛めっき　227
与系　72
余盛り高さ　230

【ら行】
ラーメン構造　205
ラーメンの水平変位を求める式　76
ラーメンの柱材の座屈長さ　232
ランニングコスト　154
リバース工法　250
リバースサーキュレーション工法　251
リラクゼーション　162
リン　159
冷間加工　163
レイタンス　169
レイタンス処理　169
ロッキング構法　249, 255

【わ行】
ワーカビリティー　167, 176
和小屋　201

■著者紹介

米田　昌弘（よねだ・まさひろ）

1978 年 3 月	金沢大学工学部土木工学科卒業
1980 年 3 月	金沢大学大学院修士課程修了
1980 年 4 月	川田工業株式会社入社
1989 年 4 月	川田工業株式会社技術本部振動研究室　室長
1995 年 4 月	川田工業株式会社技術本部研究室　室長兼大阪分室長
1997 年 4 月	近畿大学理工学部土木工学科　助教授
2002 年 4 月	近畿大学理工学部社会環境工学科　教授
2021 年 3 月	近畿大学　定年退職
2021 年 4 月	近畿大学キャリアセンター（キャリアアドバイザー）
	（工学博士（東京大学），技術士（建設部門），特別上級技術者（土木学会））

建築職公務員試験 専門問題と解答
構造・材料ほか編 ［第 3 版］

2012 年 1 月 10 日　初　版第 1 刷発行
2014 年 5 月 30 日　第 2 版第 1 刷発行
2017 年 3 月 20 日　第 2 版第 2 刷発行
2021 年 6 月 15 日　第 3 版第 1 刷発行

■著　　　者──米田昌弘
■発 行 者──佐藤　守
■発 行 所──株式会社　大学教育出版
　　　　　　　〒700-0953　岡山市南区西市 855-4
　　　　　　　電話（086）244-1268　FAX（086）246-0294
■印刷製本──モリモト印刷㈱

ISBN978-4-86692-133-4